Contre-histoire de la philosophie

III

LES LIBERTINS BAROQUES

LA CONTRE-HISTOIRE DE LA PHILOSOPHIE COMPREND :

I. LES SAGESSES ANTIQUES
II. LE CHRISTIANISME HÉDONISTE
III. LES LIBERTINS BAROQUES
IV. LES ULTRAS DES LUMIÈRES *(à paraître)*
V. L'EUDÉMONISME SOCIAL *(à paraître)*
VI. LES RADICALITÉS EXISTENTIELLES *(à paraître)*

(autres parutions de l'auteur en fin de volume)

MICHEL ONFRAY

Contre-histoire de la philosophie

III

LES LIBERTINS BAROQUES

BERNARD GRASSET
PARIS

ISBN 978-2-246-68911-9

SOMMAIRE

(Contre-histoire de la philosophie, troisième partie)

LES LIBERTINS BAROQUES

« Si l'étude de l'histoire n'était pas toujours une théodicée chrétienne déguisée, si elle était écrite avec plus de justice et plus d'ardeur sympathique, elle serait vraiment loin de pouvoir rendre les services auxquels on l'emploie maintenant : comme opium contre toute tendance révolutionnaire et novatrice. »

NIETZSCHE, *Considérations inactuelles*, 3, IV.

Contre-histoire de la philosophie, troisième partie

Les libertins baroques

INTRODUCTION

Un autre Grand Siècle : les libertins baroques

1

Identités du Grand Siècle. L'historiographie classique parle du Grand Siècle pour caractériser le XVIIe. Grand, certes, probablement, mais pourquoi, par quelles raisons, et selon qui? Les questions ne se posent pas. L'affaire est entendue... De sorte qu'à se demander d'où vient l'expression, à qui on la doit, ou quelle personne en est l'auteur, on se trouve bien en peine. La locution circule, mais jamais explicitée, racontée ou démontée.

Le XVIIIe est celui des *Lumières*, le suivant celui de la *Révolution industrielle*, le XXe n'a pas encore de nom de baptême – ce pourrait être le *siècle des Fascismes...* –, si tant est que chaque époque puisse se réduire à quelques termes, une expression, voire un seul mot. Ainsi *l'obscur Moyen Age* condamne cette période à n'être rien d'autre qu'une zone de brutalités, de cruautés, de barbarie, un temps ne méritant pas qu'on s'y attarde... *Grand Siècle*, donc...

Cette étiquette recouvre une marchandise diverse présentée comme un tout cohérent : la philosophie de Descartes et les tragédies de Corneille, les *Pensées* de Pascal et l'*Athalie* de Racine, les oraisons funèbres de Bossuet et les satires de Boileau, les lettres de la marquise de Sévigné et les comédies de Molière, les portraits de La Bruyère et les *Maximes* de La Rochefoucauld. Un peu de cogito, un siège pour Cinna, un roseau pensant, deux infinis, le cadavre d'Henriette de France, un *Art poétique*, une écritoire de campagne à Grignan, un Tartuffe, un Dom Juan, des Alcestes ou des aphorismes, le Grand Siècle triomphe dans les morceaux choisis.

On ne sait qui prélève ces bibelots, et quand, ni dans quelles circonstances, pour produire une vitrine française. Elle suppose, bien évidemment, des choix qui écartent des auteurs, des pensées, des courants qui travaillent en profondeur le XVIIe siècle et le constituent dans sa totalité foisonnante. N'y aurait-il eu que cartésianisme et jansénisme, quiétisme et jésuitisme, christianisme et classicisme pendant ces cent ans ? Des héros romains, mais des enjeux d'Eglise ? Des figures grecques pour des problèmes catholiques ? Un retour des Anciens, mais pour un temps présent ? Sophocle et Euripide ressuscitant chez Corneille et Racine ? Phèdre et Esope travestis en Jean de La Fontaine ? Plaute et Térence réincarnés chez Jean-Baptiste Poquelin ? Théophraste dans le costume de La Bruyère ? L'âme et le corps de Platon devenus substance pensante et substance étendue chez Descartes. Et pourquoi nulle part, dans ce banquet d'Anciens, Démocrite, Leucippe, Epicure ou Lucrèce ? Comment ce siècle peut-il parvenir à être si grand en sacrifiant autant de grands penseurs –

gênants il est vrai dans la perspective hagiographique...

2

L'ombre de Voltaire. On peut trouver, peut-être, un coupable à cette histoire : un certain François Marie Arouet, dit Voltaire. La pièce à conviction ? *Le Siècle de Louis XIV.* Certes, le siècle n'y est pas explicitement dit *Grand* à la lettre mais, dans l'esprit, l'idée infuse les cinq cents pages de cet ouvrage apologétique, opportuniste et intéressé. Grand par sa diplomatie, son histoire, ses conquêtes, son régime (monarchique), sa religion (catholique), ses faits d'armes, sa politique étrangère, ses travaux, ses traités de paix, son commerce, son gouvernement. Bien sûr, ses beaux-arts, ses belles-lettres, son architecture, sa culture, ses pensées, ses penseurs...

Voltaire écrit ce monumental ouvrage sur deux dizaines d'années. Il crée une fiction – la grandeur du XVIIe – utile pour dénigrer en regard la petitesse du règne de Louis XV, qui a eu le tort de lui rendre la vie impossible. L'ouvrage fait un *grand* château de ce XVIIe siècle rêvé pour les besoins de la *petite* cause personnelle d'Arouet. A cette fin, tout ce qui n'entre pas dans l'entreprise polémique n'y a aucunement droit de cité. Certes, la liste de ce qui perdure dans le Lagarde et Michard s'y trouve déjà, avec quelques noms périmés – Pellisson, Saint-Réal et autres Patru. Mais, plus grave, ce qui contribue à un autre Grand Siècle, et combien plus subversif celui-là, ne s'y trouve pas.

Exemples : pas un mot, ni même une mention furtive, sur Pierre Charron, qui a écrit *De la sagesse* en 1601 et réalisé avec ce pavé un immense succès de librairie ; des années de rééditions constantes efface-ront d'ailleurs au passage le nom de Montaigne qu'on se dispensera dès lors de lire ; rien sur La Mothe Le Vayer, l'un des adversaires de prédilection de Pascal dans ses *Pensées* ; nulle mention de Pierre Gassendi, l'immense Gassendi, auteur de livres considérables qui réactualisent la philosophie épicurienne, l'un des bretteurs contre lesquels Descartes ferraille ; pas de référence à Cyrano de Bergerac et à son *Autre Monde* épicurien et matérialiste ; silence sur Hobbes, l'auteur d'une politique libertine, radicalement immanente ; pas plus sur Spinoza ! Evidemment, François Bernier, Samuel Sorbière ou Gabrielle Suchon n'apparaissent pas plus que ces poids lourds refusés à l'entrée du Grand Siècle selon Voltaire !

En revanche, un chapitre entier sur le jansénisme de Port-Royal ; un autre consacré au quiétisme de Mme Guyon ; des considérations sur Bossuet et autres propagandistes de la foi – Bourdaloue, Massillon, etc. Pas étonnant, dès lors, que Montaigne apparaisse, dans ce bouillon de culture bien-pensant, comme un grossier personnage ne devant sa fortune et sa gloire qu'à des qualités populacières... Voltaire en héraut des Lumières et de la philosophie ? Voilà un autre mythe à combattre de toute urgence...

Voltaire dessine donc un Grand Siècle classique : catholique et monarchiste, épris de symétrie et d'ordre, d'harmonie et de conformisme. Son historiographie ressemble au château de Versailles, aux dessins des jardins d'André Le Nôtre, aux théâtres mondains du Roi-Soleil, à la musique des contemporains de Louis XIII, aux potagers de La Quintinie.

Tout y est sage, calme, reposé, à sa place. De la géométrie avant toute chose : le triomphe d'Apollon !

3

Forces et puissances baroques. Or le Grand Siècle n'est pas qu'apollinien, il est aussi dionysiaque, et ce en même temps. Certes, côté Apollon, on trouve l'ordre, la lumière, la sobriété, le calme, la mesure, l'épopée dramatique, la simplicité, la transparence, la dialectique, le chiffre, mais, simultanément, avec Dionysos, on y remarque également la musique et l'ivresse, le chant et la danse, la vie exaltante, l'ardeur, les forces mystérieuses, la jubilation, la nature. Voltaire pose Apollon sur un socle, mais, ce faisant, il oublie l'existence d'une autre moitié du monde. Le baroque, voilà le nom de cet autre monde de vitalités, d'énergies et de puissances conjuguées. Le libertin évolue dans ce théâtre des forces, le philosophe libertin à ses côtés.

Le terme *libertin* existe, mais depuis toujours il sert à peu près à tout. Au départ, il discrédite et disqualifie un homme, une pensée : le libertin dénomme autrement l'*athéiste*, comme on dit à l'époque, le réformé, l'hétérodoxe, l'hérétique, l'homme libre, ou tout autre personnage ne croyant pas au Dieu des chrétiens avec la ferveur et l'abnégation mentale exigées par l'Eglise catholique, apostolique et romaine. Au XVIe siècle, date de son apparition, le mot sert à Calvin pour attaquer de probables affidés du courant des Frères et Sœurs du Libre-Esprit. L'étymologie le confirme, le libertin – le *libertinus* des Romains – définit l'affranchi.

Quand Molière – qui connaissait très bien les milieux matérialistes et épicuriens – écrit son *Dom Juan* en 1665, il met en scène un libertin. Qui est-il ? Le personnage de la pièce, on le sait, collectionne les femmes, les aime toutes, ne regarde pas à la morale quand il s'agit d'un jupon à trousser, mais il se moque du bien et du mal sur bien d'autres terrains. Cynique, il l'est avec un pauvre auquel il promet un louis s'il jure, avec son père ou avec un créancier. Sans foi ni loi, dit-on, il ne se reconnaît effectivement aucun devoir de compassion, d'amour filial, ni de dette envers quiconque.

Pour autant, il ne professe pas le nihilisme car il croit que deux et deux font quatre, et quatre et quatre font huit. Ce qui, au-delà de la formule, permet un manifeste intellectuel aux conséquences considérables. Molière emprunte ce bon mot à Maurice de Nassau, rapporté par Guez de Balzac dans son *Socrate chrétien*. Pareille profession de foi scientiste, matérialiste et expérimentale engage une rupture méthodologique : le libertin s'affranchit de tout ce qui est foi, croyance, il accorde son crédit à ce qui est démontrable, vérifiable, évident. *Clair et distinct* affirme qui nous savons...

Le libertin ne nie pas l'existence de Dieu. Pour cette bonne et belle nouvelle, il faut attendre Jean Meslier et son *Testament* publié après sa mort en 1729. En revanche, ce grand seigneur méchant homme évolue sur un spectre qui rassemble déistes et fidéistes, piétistes et panthéistes ou autres croyants, mais pas d'athées. Dieu existe, certes, mais, sur le mode épicurien, il vit sa vie, ne s'occupe guère de l'existence des hommes. Son être n'oblige à rien sur terre, ni en morale, ni en politique. D'où la nécessité de soumettre ces deux instances au régime de la raison pure.

Le libertin veut bien croire en Dieu mais n'a pas envie que cette croyance produise trop d'effets sur sa raison, son intelligence, ses mœurs, l'usage de soi, de son temps, de son corps, de sa chair. Tallemant des Réaux rapporte dans ses *Historiettes* que Des Barreaux, fameux libertin, se régale d'une omelette au lard un vendredi saint quand, soudain, la foudre apparaît et le tonnerre gronde. Pas plus affecté que cela, il jette l'objet du délit par la fenêtre et conclut : « Beaucoup de bruit pour une omelette ! » Dieu y trouve son compte, le libertin aussi.

4

Du libertin dit érudit. A l'évidence, ce Dieu qui se trouve doucement congédié, tranquillement, à qui on signifie qu'il existe, certes, qu'on l'aime, bien sûr, mais qu'il pourrait aussi s'occuper un peu plus de lui et moins des hommes, laisse le champ libre à la liberté et à ses possibles. Le libertinage philosophique entretient donc une relation intime avec le libertinage de mœurs. Théophile de Viau, condamné pour ses vers libertins, vivait la vie qui va avec. L'affranchi de Dieu l'est aussi de la morale, du moins du péché, de la crainte du châtiment éternel, de la faute et de la culpabilité.

La distinction faite en 1943 par René Pintard dans sa thèse monumentale – *Le Libertinage érudit dans la première moitié du XVIIe siècle* – entre « libertins érudits » et « libertins de mœurs » résiste difficilement à l'examen. Certes, un Pierre Charron ou un Pierre

Gassendi procèdent exclusivement du libertinage érudit. Tous deux vivent une vie chaste, pieuse et chrétienne tout autant qu'épicurienne – les amis, la recherche de l'ataraxie, la diététique des désirs, l'éthique voluptueuse... Mais pour tel ou tel de ce format-là, combien sacrifient aussi aux joies des filles faciles, des tripots, des tavernes, des salles de jeu ! Gassendi, le parangon de vertu, fréquente aussi Luillier, l'ami du poète à l'omelette.

René Pintard continue à faire autorité : son ombre menace et plane en Commandeur des spécialistes en libertinage – une poignée d'universitaires qui pensent à partir de lui, avec lui, contre lui, n'osent pas toujours s'attaquer au monument et ne dissocient pas assez son immense travail de défrichage de textes de ses a priori idéologiques. « Libertin érudit » ? « Libertin d'idée » ? « Libertin critique » ? Parfois « libertin épicurien », le personnage évolue suivant qualités et qualificatifs. Pintard distingue bien plutôt le « libertinage érudit » du XVIIe et le « libertinage de mœurs » du siècle suivant, celui de Sade, Laclos et Crébillon fils.

Certes, la distinction mérite d'être faite : le libertinage de Gassendi et des siens n'a pas grand-chose à voir avec celui des sofas de soie, des alcôves de Fragonard et autres occasions de pousser l'escarpolette ou de philosopher dans le boudoir. *Les Prospérités du vice, Les Liaisons dangereuses, Les Egarements du cœur et de l'esprit* évoluent sur un autre terrain que le *Syntagma philosophiae Epicuri*... D'où la nécessité de nommer avec précision.

5

Le libertinage baroque. Pourquoi pas, dès lors, un « libertinage baroque » ? L'expression pourrait qualifier la constellation de philosophes et de penseurs qui se soucient plus des hommes que de Dieu ; plus de la vie ici-bas, précieuse, que de l'existence d'un au-delà très hypothétique ; plus de la nature et de ses lois que des prescriptions de la religion ; plus de la matérialité du monde réel, de la diversité sur la planète ici et maintenant, que du peuplement du ciel ; plus du *tetrapharmakon* épicurien que du décalogue chrétien ; plus de l'eudémonisme ou de l'hédonisme antique que de l'idéal ascétique issu de la Bible ; plus de l'éthique immanente que de la théologie transcendante ; plus d'Epicure l'atomiste que d'Aristote le scolastique ; en un mot, plus de Dionysos que d'Apollon...

Le baroque – le *pli* selon Gilles Deleuze – ce peut être aussi le *clair-obscur,* le jeu de la lumière dans l'obscurité, avec elle. Tache de lumière et trou de clarté dans les ténèbres, puissance du feu dans la nuit. Disons-le autrement : vertus des lumières, déjà. Qu'on se souvienne : le XVIIe siècle c'est aussi, au Pays-Bas, celui de Rembrandt – voisin de Spinoza... – et son *Philosophe sous l'escalier,* de l'Italien Caravage et son *Petit Saint Jean à la source,* du Français Georges de La Tour et sa *Madeleine pénitente,* autant de variations sur la puissance de la lumière dans les ténèbres. Le philosophe libertin, le libertin baroque, le penseur affranchi apportent les lumières dans un temps enténébré.

La constellation de ces penseurs tient également au

baroque par de multiples fils : le style de Pierre Charron, contourné, chantourné, son mode d'exposition redondant, divisé, subdivisé, son architectonique luxuriante, sa rhétorique des volutes, ses jeux de forces et contre-forces, les tourbillons de pensée, les répétitions, ses effets de miroir également; la citation du cabinet de curiosités de François de La Mothe Le Vayer, avec ses accumulations d'étrangetés, de bizarreries, d'anecdotes inattendues, d'objets atypiques, de références inédites, de collections quantitatives; l'art des pointes de Saint-Evremond, doué pour l'éphémère, comme un artiste de la pyrotechnie : la conversation, le dialogue, les bons mots, la capacité de produire un trait d'esprit comme un rai de lumière, un jaillissement de sources, des jeux d'eau dans un jardin; l'extrême virtuosité d'un Cyrano de Bergerac construisant ses œuvres dites fautivement de fiction, quand elles effectuent une habile démonstration des puissances de l'anamorphose qui, à sa manière, transforme la façade du bâtiment classique en décors de théâtre baroque et métamorphose l'histoire amusante en leçon de philosophie; le talent de Gassendi réactivant les naumachies, les gigantomachies, les machineries de l'opéra ou du théâtre pour animer sur sa scène philosophique un Aristote ayant trop servi, un Epicure trop peu, un Descartes inutile et incertain, en un combat perdu avec panache par le chanoine de Digne; ou enfin, l'architecture *more geometrico* d'un Spinoza dont l'*Ethique* propose un château aux formidables potentialités existentielles.

Dans cette constellation baroque, on trouve également un médecin à la cour d'un prince indien, François Bernier, également l'auteur d'un

Abrégé de la philosophie de Gassendi... en sept tomes; le sceptique Samuel Sorbière, traducteur de Thomas Hobbes en France; Fontenelle, le presque centenaire Bas-Normand qui philosophe avec les marquises en regardant les étoiles; la nonne défroquée Gabrielle Suchon, auteur sublime en 1700 d'un ouvrage intitulé *Du célibat volontaire ou La vie sans engagement...*

6

L'archipel libertin baroque. Les libertins baroques fonctionnent comme les îles d'un archipel : ils constituent une entité cohérente, certes, mais chacun avec sa spécificité. Une définition du libertinage peut être donnée, bien sûr, mais toujours au détriment de la précision et de la particularité. On décrit la configuration générale, on appréhende de loin des contours, on efface le détail pour mieux tracer une figure lisible. Ainsi, on contraint à rentrer dans les limites de quelques pages la vitalité débordante de pensées et de penseurs dont la valeur réside justement dans leur irréductibilité.

Qu'est-ce qui réunit en effet Gassendi, prêtre à l'indéfectible piété, et Cyrano de Bergerac le philosophe dionysiaque? Peut-on intégrer Charron dans cet archipel, et si oui, comment le faire coexister avec le voluptueux Saint-Evremond? Et La Mothe Le Vayer, lui-même constitué d'îlots qui paraissent tellement séparés? Le pliage baroque travaille les auteurs, les œuvres, les pensées, certes, mais aussi la constellation. Un fil conducteur traverse pourtant *De la sagesse* et *L'Autre Monde, Vie et Mœurs d'Epicure* et les *Dialogues faits à l'imitation des Anciens* ou la *Lettre au Maréchal de Créqui* : un travail dialectique de la pensée qui rend possible la philosophie des Lumières.

Si l'on se risque à des approximations en voulant définir le contenu du libertinage baroque, on va également au-devant de problèmes en découpant dans l'histoire des idées une période artificielle : quelles dates de naissance ou de décès? Selon quels critères? Faut-il solliciter une œuvre d'art ou un fait politique, une guerre ou un livre, la naissance d'un tragédien ou la mort d'un philosophe? Là encore l'arbitraire règne...

Quelle date de naissance? La parution des *Essais* – mais quelle édition? La mort de Montaigne (1592) – c'est aussi la naissance de Gassendi –, la naissance de Descartes (1596), une toile du Caravage – laquelle? –, l'assassinat d'Henri IV (1610), l'exécution de Giordano Bruno (1600)? Pourquoi pas... Et comme date butoir? La révocation de l'édit de Nantes (1685), la publication des œuvres de Saint-Evremond (1705), l'enterrement de Louis XIV (1715), *L'Embarquement pour Cythère* (1717) de Watteau, le trépas de Fontenelle (1757)? Avec ces chiffres, on peut augmenter ou raccourcir les périodes suivant qu'on choisit les plus anciennes en amont ou les plus tardives en aval. Soit quatre-vingt-cinq ou cent cinquante-huit ans...

Tant qu'à constater la subjectivité, autant la revendiquer : en travaillant sur cette période d'abord floue, on lui trouve finalement une cohérence qui permet d'opter pour deux dates qui signifient ce que l'on veut faire dire à cet archipel des libertins baroques. Retenons 1592 et 1677, soit deux dates de décès de deux philosophes. Pour quelle raison? Parce que la mort physique d'un penseur signe la date de naissance du devenir de sa pensée.

Donc : mort de Montaigne et mort de Spinoza. Autrement dit : naissance du montanisme et avènement du spinozisme. Je tiens la pensée libertine baroque comme le commentaire, dans ce Grand Siècle, des *Essais* de Montaigne. A quoi la parution posthume de l'*Ethique* met fin, car cette œuvre considérable cristallise à sa manière le libertinage baroque dans une pensée radicalement alternative. Le fameux jeu de conservation et dépassement dialectique : les libertins baroques s'y trouvent, mais invisibles, parce que digérés. Donc utiles, nécessaires, indispensables.

Entre ces deux dates, ces philosophes – mais dans ce même temps il existe aussi des poètes, des auteurs de chansons, des écrivains, des romanciers, des gens de théâtre... – travaillent en vue d'un même objectif, même s'il n'est pas forcément clair et distinct, car la suite seulement – le siècle des Lumières – permet d'en percer le mystère. Leur œuvre commune? Construire une raison occidentale à même de contrebalancer les assertions de la foi, les enseignements religieux qui recourent aux arguments d'autorité. Le libertin, souvenons-nous de l'étymologie, veut s'affranchir : tous partagent ce même désir. Penser librement pour vivre librement.

7

Qu'est-ce qu'un libertin baroque? Une définition s'impose, même incomplète, même parcellaire, même arbitraire. Les libertins baroques procèdent de conditions historiques semblables : premièrement, ils relèvent d'une *généalogie montanienne*; deuxièmement, ils proposent une épistémologie singulière qui active une *méthode de déconstruction sceptique*; troisièmement, ils développent une morale particulière en promouvant une *éthique radicalement immanente*; quatrièmement, ils avancent des considérations inédites sur les questions de religion en posant les bases de *croyances religieuses fidéistes*. Une même origine et trois révolutions, donc : méthode, éthique et religion. De quoi constituer une ébauche de définition.

Premier temps, donc : *le libertin baroque lit Montaigne*, attentivement, précisément. On sait la filiation de la bibliothèque de Montaigne et de sa pensée, d'abord via Marie de Gournay, puis François de La Mothe Le Vayer, personnellement attaché par des liens amicaux à la « fille d'alliance » du philosophe. Marie hérite de Montaigne, La Mothe Le Vayer, de Marie de Gournay. Les *Essais* constituent le livre de chevet des baroques autant que *De la sagesse* de Charron, qui pense lui aussi avec et à partir de ce livre sans pareil. L'ouvrage permet une thématique importante et l'on ne trouve guère une idée libertine qui n'existe déjà implicitement ou explicitement dans le corpus du Bordelais.

De même, *le libertin baroque pense en regard de la découverte du Nouveau Monde*. 1492 fonctionne chez lui comme une date métaphysique majeure. On sait que nombre d'ouvrages de la bibliothèque de Montaigne contenaient des récits de voyages, devenus partie de celle de La Mothe Le Vayer après la mort de Marie de Gournay. Le sauvage épargné par la civilisation, l'homme naturel, le barbare qu'est toujours l'autre, voilà une série thématique majeure : un Nouveau Monde ontologique et métaphysique voit le jour. Il n'est plus européen, blanc et chrétien, mais planétaire, coloré et naturel. La vérité une laisse place à des vérités multiples. D'où un perspectivisme et un relativisme méthodologiques.

Par ailleurs, *le libertin baroque réfléchit en se souvenant des guerres de Religion.* Les massacres de la Saint-Barthélemy constituent un traumatisme considérable. Le sang versé, les guerres, les déchirures sociales, les blessures communautaires du temps du maire de Bordeaux persistent : les conversions d'Henri IV, les enjeux de politique étrangère, les guerres européennes, les dragonnades plus tard, l'édit de Nantes, puis sa révocation, montrent que cette question n'était pas réglée. Le souci d'une paix civile anime ces philosophes. D'où la création d'une singulière posture religieuse : le fidéisme.

Deuxième temps : *le libertin baroque recourt à une méthode sceptique.* Une méthode, pas plus. Son cheminement est pyrrhonien, sa démarche convoque Pyrrhon et Sextus Empiricus, mais personne ne conclut à la suspension du jugement ou à l'incapacité de conclure. Le doute est méthodique, comme chez Descartes d'ailleurs, et non conclusif. Même chez La Mothe Le Vayer, probablement le plus actif pyrrhonien de la bande, les certitudes abondent – notamment les certitudes libertines ! Le doute travaille la vieille vérité ancienne, il attaque et corrode l'antique certitude morale, religieuse et politique. On doute, mais pour une table rase utile et nécessaire à la reconstruction. La table rase n'est pas l'édifice, mais la fondation.

De manière induite, ces penseurs activent l'instrument du doute pour produire des effets. *Le libertin baroque effectue des dissociations d'idées.* Cette déconstruction suppose un démontage en règle, une décomposition en bonne et due forme. Ce qui semble une vérité définitive fait l'objet d'un souci conceptuel : les stratifications intellectuelles, les couches de sens cristallisées dans une idée, une pensée, un concept, une notion, subissent l'analyse et le scalpel libertin. La Vérité, la Loi, la Religion, la Morale et autres idoles majuscules, mais aussi les idoles minuscules – les coutumes, les mœurs, les croyances –, subissent le décapage critique.

Dès lors, on remarque que *le libertin baroque revendique une liberté philosophique totale* : l'affranchi signalé par l'étymologie. Il exerce un droit d'inventaire intellectuel à l'endroit des certitudes d'une époque, d'un monde, d'une civilisation. Son principe ? Ne pas faire confiance à ce qui se trouve habituellement colporté sans avoir pris soin de l'examiner avec soin. On verra Descartes partager ce souci avec les libertins, comme tant d'autres, et viser son assurance personnelle avec l'aide de moyens proprement individualisés.

Ainsi, *le libertin baroque crée une raison moderne.* Au regard de l'Histoire, on le sait, la chose semble entendue depuis le *Discours de la méthode* et les échecs de Gassendi à préserver la religion catholique des usages abrasifs de la raison. Mais les démarches, les analyses et les conclusions du penseur poitevin entretiennent une relation intime avec le contexte libertin qu'il connaissait très bien. Sa prudence légendaire lui fait éviter de laisser des traces qui témoignent, mais ni lui ni Pascal n'auraient pensé et conclu comme ils l'ont fait sans le débat philosophique avec la constellation des fameux esprits forts. La raison devient un instrument, au même titre que le doute. Suivant l'un ou l'autre, on lui donne plus ou moins de pouvoir, on lui fixe des limites, ou pas du tout. La raison économe de Gassendi est loin de la raison prophétique de Cyrano ou de la raison prudente de Charron, voire de la raison désinvolte de Saint-Evremond.

Malgré les divergences sur le degré de confiance à accorder à la raison, sur les pouvoirs accordés ou pas, limités ou non, *le libertin baroque généralise le modèle scientifique*. Nombre de ces philosophes pratiquent les sciences, et pas seulement en amateurs : Gassendi découvre les lois de l'inertie, pratique l'anatomie et la dissection, s'adonne à l'astronomie, comme La Mothe Le Vayer et Cyrano de Bergerac, ou plus tard Fontenelle. D'où une confiance faite aux résultats scientifiques, aux observations, aux déductions effectuées à partir du réel. La vérité se déduit, se calcule, elle ne procède plus d'un argument d'autorité.

Troisième temps : *le libertin baroque réactive les sagesses antiques*. Certes, la Renaissance avait remis l'Antiquité au goût du jour, mais plutôt sous le signe de Platon. La scolastique aussi avait puisé dans le vivier préchrétien, mais pour asservir Aristote à sa cause. Le stoïcisme, noyé dans le dolorisme catholique, pouvait aussi produire quelque effet. Mais on passait sous silence le relativisme sceptique de Pyrrhon et de Sextus Empiricus, l'antiplatonisme cynique d'Antisthène et de Diogène, l'hédonisme dynamique d'Aristippe et des Cyrénaïques, l'homme mesure de toute chose du sophiste Protagoras, enfin, et surtout, le matérialisme atomiste et voluptueux d'Epicure et des siens.

Cette mise au jour d'un continent grec et romain oublié témoigne d'un souci de philosophie vivante, incarnée dans la vie de tous les jours. *Le libertin baroque propose une sagesse existentielle*. Gassendi confiait dans les premières pages de son livre sur Aristote qu'il avait beaucoup souffert sur les bancs de l'université, où se distillait la scolastique à longueur de temps. Il avouait préférer les sagesses susceptibles de produire des effets dans l'existence personnelle. Le théorétique pur? Voilà bien nourriture d'école et de Sorbonne. Le pragmatique, voilà le nouvel enjeu.

Dans ce travail de l'Antiquité, tout peut servir selon les occasions : le doute des sceptiques, le naturalisme et le nominalisme cynique, l'hédonisme cyrénaïque, le perspectivisme sophiste, mais surtout la morale d'Epicure. Car *le libertin baroque réhabilite la morale immanente épicurienne.* Après avoir précisé en quoi consiste l'ataraxie et mis en perspective le plaisir avec l'absence de troubles physiques et psychiques, il en appelle à une morale réduite à une règle du jeu des hommes pour leur propre usage. La vertu? Une affaire qui concerne moins le ciel, Dieu et la vie post mortem, que la béatitude sur terre, ici et maintenant. Fin du règne de la transcendance en morale.

Cette immanence suppose un souci de la Terre, du Réel, de l'Ici-Bas. *Le libertin baroque cherche ses modèles dans la Nature.* Le sauvage, cet homme primitif récemment découvert en Amérique par les voyageurs, fournit un modèle de simplicité. Loin des entraves de la civilisation, loin de ce qui recouvre le bon et le sain en lui, cette créature encore à l'aise et à sa place dans la Nature doit servir de modèle. L'ensauvagement cynique n'est pas loin, le Montaigne des Brésiliens dans le port de Rouen non plus...

De même, *le libertin baroque pratique une zoophilie philosophique*: en émule de Diogène de Sinope, qui prend des leçons philosophiques chez les souris frugales, les harengs saurs électifs, les poissons masturbateurs, les grenouilles ascétiques, le coq antiplatonicien, il convoque le ciron, mais aussi un nombre considérable d'animaux, pour en tirer des enseignements philosophiques. Ancêtres des éthologistes, et petits-enfants du Montaigne de l'*Apologie de Raymond Sebond*, la bête joue chez les libertins un rôle cardinal, elle permet de voir ce qui semble humain en elle, voire ce qui reste d'animal en l'homme, avant de conclure qu'entre un singe et un homme, il existe moins une différence de nature qu'une différence de degrés. Leçon retenue par Darwin quelques siècles plus tard.

Dans ce même ordre d'idées, *le libertin baroque traite le corps en complice* pendant que la civilisation issue de la culture judéo-chrétienne pratique la haine paulinienne des corps, la détestation des désirs et des plaisirs, la déconsidération de la matière corporelle. D'abord, aucun ne maltraite son corps, ensuite, presque tous s'en soucient de manière philosophique : du végétarisme abstème de Gassendi aux plaisirs bachiques de La Mothe Le Vayer ou de Cyrano de Bergerac, le spectre est large. Mais dans tous les cas, il s'agit de donner le meilleur au corps pour en faire un partenaire.

Car seul le corps permet de connaître. Un corps sensuel qui sent, goûte, touche, regarde, entend et informe un cerveau qui construit la réalité, fabrique des images, et produit des représentations. Le sensualisme empirique de Gassendi témoigne : nous ne parvenons à connaître le monde qu'avec l'aide de cette chair. D'où l'intérêt de ne pas la condamner, ni la maltraiter. Le corps peut un certain nombre de choses, mais pas tout. Il se trompe, est imprécis, certes, mais impossible de faire sans lui. L'idéal ascétique ne trouve aucune justification : pour quoi faire? Plaire à Dieu? Quelle idée... D'où une ontologie matérialiste et une éthique hédoniste.

Le libertin baroque développe une éthique par-delà le Bien et le Mal. Non pas immorale ou amorale, mais utilitariste. On chercherait en vain les concepts de Bien et de Mal, on trouverait difficilement des considérations sur ces notions. En revanche, il existe des invitations à viser le *bon* et à éviter le *mauvais* définis en relation avec un objectif : la réalisation de l'ataraxie individuelle ou la tranquillité collective. Est bon ce qui permet l'exécution de ce projet. Leur morale n'est pas prescriptive, mais conséquentialiste. Cet au-delà du Bien et du Mal au profit d'un Bon et d'un Mauvais se retrouvera dans l'*Ethique* de Spinoza – et plus tard chez les *utilitaristes français* (voir *Contre-histoire de la philosophie*, tome IV).

Par ailleurs, *le libertin pratique la communauté philosophique rieuse et discrète.* Loin de ce que l'extérieur exige et nécessite (la conformité au principe éthique et politique du pays dans lequel on vit), il crée des micro-sociétés électives utiles pour les expérimentations et la pratique de nouvelles possibilités d'existence construites sur le principe de l'amitié épicurienne. Le dehors veut la soumission aux valeurs grégaires, le dedans permet le for intérieur libertin. Les réunions dans la maison philosophique de Charron, la Tétrade, l'Académie Putéane, les salons parisiens, l'hôtel particulier de Luillier, les balades dans la Provence de Gassendi, s'inspirent, en plein Grand Siècle, du Jardin d'Epicure.

Quatrième temps : *le libertin baroque sacrifie au fidéisme.* Aucun libertin baroque n'est athée. La critique universitaire l'a bien souvent supposé, mais il fallait pour ce faire négliger ce qui était écrit, sous prétexte que l'affirmation valait mise en règle hypocrite avec la censure, mais aveu d'athéisme en sous-main. Sauf à faire fi de la plume des philosophes, on ne peut en tirer aucun du côté de la franche et nette négation de Dieu. Certains sont théistes, ainsi Gassendi, catholique et épicurien, d'autres plutôt déistes, ou encore panthéistes – ainsi Cyrano de Bergerac. La plupart sont franchement fidéistes : Charron, Saint-Evremond ou La Mothe Le Vayer : on épargne la « religion de son roi et de sa nourrice » – pour reprendre l'expression de Descartes –, on laisse de côté la critique de la religion, même si l'on disserte ironiquement sur les fables, les mystères et les oracles. Mais l'heure n'est pas à l'athéisme. Trop tôt.

Personne ne part en guère contre Dieu. On le laisse là où il est, on le pense épicurien, insoucieux du destin des hommes. Cette façon de délaisser ce sujet contribue à la séparation des deux domaines bien distincts : la Foi et la Raison, la Religion et la Philosophie. D'un côté la croyance, de l'autre les usages d'une raison bien conduite. En agissant de la sorte – et très tôt : avec Charron en 1601 –, *les libertins baroques créent la laïcité*, le principe de séparation des ordres qui autorise le développement d'une sagesse immanente, déconnectée de la religion catholique, apostolique et romaine. Certains restent proches de la chrétienté avec une fidélité pieuse, ainsi Gassendi, d'autres s'en éloignent avec une joyeuse insolence, Cyrano par exemple, mais tous composent avec Dieu...

Enfin, peu adepte des arrière-mondes, des destins post mortem, pas très doué pour le Paradis ou l'Enfer, *le libertin baroque défend un matérialisme sotériolo-*

gique: si le monde se réduit à une combinaison d'atomes dans le vide, si la matière semble le fin mot de toute réalité, comment envisager ce qui nous advient après la mort autrement que sur le terrain chimique des molécules? Immortalité des atomes qui les composent... Survie de l'âme? Immatérialité de l'esprit? Subtilité des atomes qui le constituent... La mort devient moins l'occasion d'une crainte – la damnation par exemple, les tourments éternels – que la fin d'une combinaison moléculaire. Ainsi, elle cesse d'être un mal.

8

Achever et accomplir le libertinage. La pensée libertine ne naît pas de rien. Elle procède de Montaigne, on l'a dit. Elle ne disparaît pas non plus d'un seul coup sans laisser de traces dans l'histoire des idées, sans produire d'effets dans les temps qui suivent. Bien au contraire : c'est probablement parce que ses effets dans le siècle dit des Lumières se mesurent dans le bruit et la fureur de l'Histoire qu'on oublie trop le rôle du libertinage baroque dans la généalogie de la Révolution française. Une raison moderne pimpante, un fidéisme vécu comme un progrès vers l'athéisme, une liberté philosophique sans limites, une célébration de l'immanence, un découplage de la pensée et de la religion, tous les ingrédients se trouvent réunis pour générer le génie colérique de 1789...

Tant que les libertins baroques épargnent la religion catholique, apostolique et romaine, tant qu'ils respectent Dieu et les principes de la monarchie française, pour éviter les désordres et la guerre civile, ils limitent leurs potentialités radicales et critiques. Il fallait avant cela apprivoiser un certain nombre d'idées : la possibilité de vivre sans Dieu, de penser sans religion, de réaliser une communauté politique sans roi. L'heure n'est pas venue, sous un Louis XIV qui gouverne d'une main de fer avec l'Eglise catholique que l'on sait, d'un monde sans Dieu et sans Maître. Trop d'imprégnation chrétienne des esprits, même forts...

Pour jeter par-dessus bord le Dieu des catholiques – Dieu tout-puissant, créateur du ciel et de la terre, de l'univers visible et invisible... Dieu punisseur des pécheurs, Dieu qui ouvre les portes du Paradis ou de l'Enfer... Dieu omnipotent, omniprésent, omniscient... – et le roi, incarnation de Dieu sur terre, il fallait un philosophe qui ne fût pas français, pas formaté par la pensée chrétienne. Un penseur épargné par le moule de l'épistémè apostolique et romaine.

Ce philosophe existe : il écrit pendant que bambochent certains libertins baroques; il en rencontre un en la personne de Saint-Evremond; il lit attentivement Descartes, écrit un texte sur lui, son premier livre, et le publie en 1663; il écrit contre la monarchie, pour la démocratie et la république dès 1670; il n'a pas l'esprit encombré par les histoires pour enfants auxquelles sacrifient les catholiques, car il est juif; il n'est pas plus coupable de sacrifier aux fables de sa communauté d'origine, puisque celle-ci l'a très violemment rejeté; il polit tranquillement des lunettes au Pays-Bas pour subvenir à ses besoins et ne quémande aucune pension royale; en conséquence, il est absolument libre; il écrit un livre sans pareil dans lequel il en finit avec le Dieu séparé du monde, le Dieu créateur et la nature créée, un livre majeur avec lequel on peut enfin cesser de voir la morale par le prisme paulinien.

Cet homme a pour nom Baruch Spinoza. Son œuvre achève, accomplit, conserve, dépasse et réalise le libertinage baroque français – entre autres traits de génie de ce penseur majeur. Sa force de frappe et sa puissance conceptuelle déclassent et surclassent les libertins baroques. Mais ils ont travaillé à ce qu'une pensée comme celle de l'*Ethique* devienne possible. Pas forcément directement, car Spinoza ne lit pas le français et ils ne sont pas traduits dans les langues pratiquées par lui, mais les conversations et les échanges épistolaires avec nombre de correspondants n'ont pas manqué de lui apporter le détail des débats libertins : avec et autour de Descartes par exemple. Peut-être même, malgré qu'on en croie, avec Vossius et Saint-Evremond... Toujours est-il qu'avec Spinoza, un moment philosophique s'achève pendant que se prépare l'immense aventure des Lumières. Ce tome troisième de la *Contre-histoire de la philosophie* propose l'histoire de la généalogie de la pensée critique du siècle des Lumières.

PREMIER TEMPS

Les libertins fidéistes

I

CHARRON

et « la volupté prudente »

1

Une mauvaise réputation. Dans l'historiographie de la philosophie, la réputation de Pierre Charron est exécrable : comment dès lors pourrait-il être vraiment mauvais ! Les textes ou notices consacrés à son travail dans les Histoires de la philosophie ou les Encyclopédies assènent une série de malveillances sur la personne et ajoutent un ramassis de lieux communs sur sa pensée et sa philosophie. La meilleure chose qui puisse lui arriver c'est que ces fâcheux l'oublient et passent son existence sous silence. Au moins on évite d'associer son nom à ce qu'il n'est pas et n'a jamais été.

D'où vient cette mauvaise réputation ? Car il faut bien des raisons pour fusiller ainsi un honnête homme et contribuer à la négation d'un travail qui eut sur l'histoire et le développement de la philosophie occidentale une influence considérable. On sait peu, en effet, que, très probablement, Descartes lui doit en partie sa conception du doute et son talent sophistique pour épargner la religion de son roi et de sa nourrice ; Pascal sa théorie du pari et son tableau de la misère de l'homme sans Dieu ; Bayle sa révolutionnaire doctrine de l'athée vertueux ; Spinoza un nombre considérable de pensées de l'*Ethique* : l'identification de Dieu et de la nature, la définition de la Liberté comme consentement à la nécessité, elle-même autre nom de Dieu, de la Nature et de la Raison ; son développement sur les passions tristes, l'identification du souverain bien à la joie ; Montesquieu lui emprunte sa théorie des climats ; Rousseau le lit quand il affûte sa doctrine de l'homme naturellement bon ; etc.

D'où lui vient donc ce peu de considération ? Le coupable a un nom, on le connaît. Le lieu du forfait ne présente aucun mystère, on l'a identifié. Les raisons de cet assassinat sont connues. La date de naissance de cette machination aussi. Le nom : Garasse, François. Ses dates : naissance à Angoulême en 1585, mort à Poitiers à l'âge de quarante-six ans le 14 juin 1631. Sa profession : tueur à gages pour le compte des Jésuites – ils trouveront du reste son zèle tellement excessif qu'eux-mêmes lui causeront des soucis ! Le lieu du crime : un fort livre, rempli d'insultes, d'attaques ad hominem, truffé de déconsidérations personnelles, lardé de perfidies à toutes les pages, saturé de ragots. Le titre de cette machine à tuer : *Doctrine curieuse des beaux esprits de ce temps, ou prétendus tels : contenant plusieurs maximes pernicieuses à la religion, à l'Etat et aux bonnes mœurs, combattue et renversée par le Père François Garasse de la Compagnie de Jésus*, autrement connu sous le titre *La Doctrine curieuse.* Date : 1623 – avec privilège et approbation.

On n'y compte plus les formules assassines, les noms d'oiseaux – au sens propre, puisque Charron s'y trouve comparé à un « toucan pour n'avoir que le bec et la plume », avant de devenir, quelques pages plus loin, « une vieille roue cassée, déglinguée »... « Yvrognets », « bélîtres », « ânes » et « pourceaux » se partagent la rhétorique de Garasse avec « lâches », « poltrons », « pitauds », « roturiers » ou « taverniers », ou encore « pécores de la populace », « conscience tarée », « cervelle fêlée », « dogmatistes auteurs de bouffonneries », « tiercelet d'athéiste », et autres joyeusetés langagières...

Quand il qualifie le travail des esprits forts, Garasse ne recule devant aucune outrance, ni même aucune approximation. Sa constante utilisation mal à propos de quelques termes rend problématique leur usage depuis des siècles : ainsi « idolâtre », « hérésiarque », « épicurien », ou plus encore « athéiste » et « libertin ». Pour n'y mettre aucun contenu théorique, il transforme ces substantifs en insultes – comme fasciste, stalinien, nazi aujourd'hui... – interdisant ainsi qu'à l'avenir on puisse les utiliser pour leur sens véritable : un adorateur de divinités polythéistes; un chrétien déviant de l'orthodoxie, mais chrétien tout de même; un disciple d'Epicure; un franc et net négateur de Dieu ou des dieux; un penseur libre et affranchi des dogmes de son époque.

2

Charron insulté, outragé, méprisé. Le Père Garasse attaque donc Pierre Charron sur sa vie privée, ses mœurs. Puisqu'il veut en faire un athée, l'immoral prince des libertins, il sera donc épicurien, dans la lignée dépréciative stoïcienne, paulinienne et chrétienne, un pourceau d'Epicure. Sa vie doit donc le démontrer. Pour ce faire, il suffit de pratiquer la calomnie. On sait qu'en utilisant ce poison on obtient toujours quelque intoxication. Pour Garasse et les siens le bénéfice est considérable, car on en ressent encore les effets au XXIe siècle.

Etat du dossier : Charron fait l'éloge de la continence et de la chasteté, mais seulement pour ceux qui vouent leur vie à Dieu ; il entreprend des démarches pour entrer dans un monastère ; il vit avec un chanoine et sa nièce en tout bien tout honneur pendant plusieurs années dans sa maison de Condom ; on ne lui connaît aucune frasque avérée. Eh bien sous la plume du sicaire chrétien, il devient un amateur de petits garçons – la « garçonnaille » qui courait et voletait dans sa maison, un coureur de filles, un mondain, etc.

En chaire on l'aurait entendu dire que ce qui se passe dans l'intimité d'une chambre et d'un lit ne génère aucun mal. Trop fin pour cela, trop avisé des graves conséquences sociales et politiques de ce genre de provocation, trop théoricien des vérités destinées aux esprits avisés à ne pas livrer aux gens du commun, Charron a certes écrit des pages sur ce sujet – dans *De la sagesse*, il dissocie clairement la sexualité et la culpabilité ou la honte –, mais on l'imagine mal ayant l'imprudence, lui le théoricien de la prudence, de tenir ce discours à ses paroissiens !

En épicurien convaincu, le philosophe théorise le refus du luxe, du superflu, puis légitime la seule satisfaction des désirs naturels et nécessaires. Il prend l'exemple du vêtement en disant qu'il doit permettre de protéger du froid et des intempéries, rien de plus. D'où sa critique des soies, brocarts, perles, tissus précieux. Que fait Garasse? Il lance le bruit d'un Charron vêtu d'un long manteau de taffetas gris sur une soutane de la même couleur et de semblable texture, portant col en fourrure de castor, une autre fois s'affichant avec des habits colorés – pourpoint blanc ou couleurs voyantes –, une autre avec ceux de sa mission.

Evidemment, selon la logique du jésuite, Charron ne peut vivre que dans un lieu dispendieux, meublé avec ostentation grâce aux sommes considérables gagnées avec ses prédications. Or, sa maison est un objet philosophique, un endroit idoine, un genre de Jardin d'Epicure à Condom. Sur la porte, il fait écrire : « *Je ne sais* ». Dans une lettre à La Rochemaillet, il parle de ce lieu sain, beau, qui lui permet de recevoir ses amis, de converser avec eux dans une belle bibliothèque. C'est ici, dans le calme de la province, qu'en 1601 il termine son gros livre après plus de trois ans de travail. Ni un bouge, ni un bordel.

Pour n'avoir pas tout dépensé dans sa maison (!), Pierre Charron laisse une somme importante en mourant. Outre une partie destinée à la sœur de Montaigne, son ami, il destine post mortem cet argent à des jeunes de Condom : à des garçons pour leurs études, à des filles pour leur dot. Perfide, le Père Garasse écrit sans l'ombre d'une preuve qu'il peut bien depuis sa tombe se soucier des enfants, lui qui en a tant conçu illégitimement et jamais reconnus. Décidément, le jésuite a du mal avec l'amour du prochain et le respect de la vérité : ni pédophile, ni luxurieux, ni caricature de dandy, ni dispendieux, ni géniteur insoucieux, Pierre Charron semble avoir vécu en sage. Son portrait réel ? Un philosophe solitaire, travailleur, amateur de tranquillité et de sérénité. Une authentique existence philosophique. Sa devise ? « Peu et paix ».

Pierre Charron souffre de ce que déjà Diogène Laërce remarque dans sa *Vie d'Epicure* : calomnier l'homme pour éviter l'œuvre, déconsidérer la personne afin d'empêcher la lecture de son travail, salir la mémoire d'un être dans le dessein d'interdire l'accès à ses pensées. Car qui peut vouloir lire les livres d'un personnage qui couche avec des petits garçons dans une maison transformée en lupanar ; qui se dandine et promène avec des tenues extravagantes dans les rues de sa petite ville ; qui écrit des livres de morale et transforme sa paroisse en terrain vague pour les filles-mères ? Qui ?

3

Portrait d'un sage. Sa vie et son œuvre témoignent en faveur de sa moralité, de sa droiture et de sa cohérence. Chrétien, il l'a toujours été, du premier livre au dernier. Sûrement pas comme l'Eglise aime qu'on le soit, mais en philosophe intelligent qui pense sa foi, son christianisme et se paie même le luxe, dans *Les Trois Vérités contre les athées, idolâtres et juifs* (1593), de proclamer le catholicisme vérité du christianisme. Sur cette idée, il ne reviendra jamais.

Ce fils de libraire a vingt-quatre frères et sœurs. Après ses études de droit, il devient avocat, abandonne le barreau par incapacité à faire sa cour au monde juridique. Dès lors, il utilise ses talents d'orateur pour des prêches et des sermons très courus en province – Angers, Agen, Cahors, Bordeaux, Condom – car il n'aime pas Paris, officiellement pour son climat. On se presse partout où il apparaît en chaire. Il devient d'ailleurs le prédicateur ordinaire de la reine Marguerite de Valois en sa cour de Neyrac. Dans l'Eglise catholique, il occupe un certain nombre de postes et de fonctions : prêtre, prédicateur, chanoine, théologal, écolâtre – directeur de l'école épiscopale –, délégué au chapitre provincial, chantre, vicaire général, recteur de nombre de paroisses. Un temps, il veut devenir chartreux ou célestin – les moines lui refusent l'entrée du monastère. Voilà beaucoup de fonctions catholiques pour un athée, un impie, un bambocheur...

Dans la décennie 1580-1590, Pierre Charron rencontre Michel de Montaigne. L'événement constitue une chance et une malédiction. Une chance, car l'écolâtre de Bordeaux fréquente le philosophe au quotidien et dans son intimité. Leurs conversations demeureront celées : ni l'un ni l'autre ne parlent de leur amitié dans leurs livres. Le nom même de l'ami n'apparaît aucune fois dans les *Essais* ni dans *De la sagesse* qui, pourtant, l'un et l'autre comportent de longs et substantiels développements sur le sujet – Montaigne en Romain, Charron en lecteur de l'*Ethique à Nicomaque*.

Une malédiction, car quand on n'a pas attaqué Charron sur sa personne et ses prétendues frasques, on l'a assassiné comme philosophe : soit on s'appuie sur sa carrière de religieux, on rappelle son bref engagement, vite regretté, dans la Ligue, et on met en avant les *Discours chrétiens* (1600) pour le confiner dans la théologie et l'apologétique chrétienne, option catholique, voire militante anti-Réforme; soit, quand on lui concède une épaisseur philosophique, on le traite de voleur pillant Montaigne et n'écrivant rien en propre ; soit on reprend purement et simplement les allégations perfides de Garasse et on le tient pour un libertin aux pires sens du terme ; soit, dans le sillage d'un Hegel, jamais en retard pour des sottises, on lui dénie la qualité de philosophe car il ne prend pas la pensée pour objet de sa réflexion (postulat ridicule !) ; soit, enfin, quand on s'accorde à lui laisser une petite place dans la pensée, on le transforme en sceptique, l'étiquette permettant d'éviter d'aller voir plus loin, notamment dans le texte...

4

La consistance d'une pensée. Quid de ces allégations ? Laissons de côté les plus ridicules. Quand Hegel écrit, dans ses *Leçons sur l'histoire de la philosophie*, que Charron et Montaigne ne relèvent pas de la philosophie mais de la « culture générale », on mesure le ridicule du philosophe allemand qui tolère seulement d'hypothétiques précurseurs à son œuvre. Autre malentendu, Charron récrivant les *Essais* de Montaigne en y ajoutant confusion, désordre, lourdeur. *De la sagesse*, in fine, résumerait les *Essais*. Huit cents pages, en voilà un résumé !

Abordons enfin Charron en tant que tel. Car, pendant très longtemps, on lit moins son œuvre pour elle-même que pour y trouver l'influence de Montaigne. Puisqu'ils étaient amis, trouvons-en la preuve, notamment en faisant de l'un le maître et de l'autre le disciple, voire l'esclave. Les spécialistes en choses montaniennes traquent chez Charron des citations de phrases, d'idées, de métaphores en provenance des *Essais.* Or il faut lire avec les yeux de l'époque : le droit d'auteur n'existe pas, la propriété littéraire et sa protection non plus, les conventions typographiques – les guillemets qui signalent l'emprunt, les notes en bas de page, les bibliographies – non plus. Montaigne larde son texte de la même manière avec les pensées antiques, et parfois contemporaines, sans qu'on crie au scandale.

Montaigne s'y trouve ? Oui, mais d'autres également. Ainsi Guillaume du Vair ou Juste Lipse, qui fonctionnent en interlocuteurs intellectuels au même titre que le Bordelais. *De la constance* (1590) de Du Vair fournit à Charron nombre d'occasions de réflexion : la relation raison-imagination-production des passions tristes ; la relativité des maux comme la pauvreté, la perte d'enfants ou d'amis, la mort ; la nécessité de la tempérance et de la modération ; l'universalité des religions comme preuve de l'existence de Dieu ; la croyance au bien naturel ; l'usage thérapique de la philosophie ; et tant d'autres thèmes...

De même avec Juste Lipse qui, avec *De la constance* (1584), lui aussi fournit une autre série thématique : la nécessité d'une diététique des passions pour parvenir à la sagesse ; la construction d'une force à même de triompher des coups du sort ; le nécessaire empire de soi sur soi ; la possibilité de construire une sagesse à partir de la seule raison ; l'utilité de la pensée antique pour échafauder une réflexion contemporaine... Et bien d'autres idées qui, pour n'être pas spécifiquement de Montaigne, Guillaume du Vair ou Juste Lipse, existent dans l'air du temps.

Qu'on ne prête donc pas à Pierre Charron une

mentalité de voleur là où il reflète une partie de l'esprit du moment! *De la sagesse* prouve moins l'absence d'originalité de son auteur qu'elle ne fournit un exemple d'une pensée à l'écoute de ce que l'histoire du moment demande : une sagesse pratique découplée de la théologie chrétienne, un recours au corpus de l'Antiquité grecque et latine, une véritable envie de philosophie thérapeutique et non plus théorétique.

5

Le contraire d'un sceptique. Quand on évite les embûches empêchant l'accès à son œuvre, qu'on prend le soin de travailler le texte, on découvre la nécessité d'en finir également avec un autre lieu commun : Pierre Charron, philosophe sceptique. Chacun connaît l'anecdote d'un Montaigne faisant graver une médaille avec ces mots : « *Que sais-je ?* » Si d'aventure Charron inscrit sur la porte de sa maison de Condom : « *Je ne sais* », un flot de sottises apparaît chez les commentateurs : il n'a pas compris la portée de cette citation de Montaigne, il transforme et transfigure une question en affirmation, il appauvrit le message montanien, etc.

Outre qu'une affirmation semble peu dans le style et la nature du sceptique, il paraît péremptoire de transformer en pyrrhonien un philosophe qui passe sa vie à énoncer, dans tous ses livres sans exception, les mêmes thèses, les mêmes idées, les mêmes invites. Avec cette inscription, Charron affirme ceci : les certitudes s'obtiennent difficilement, avec prudence; toute vérité paraît fragile; le doute a une fonction heuristique – Descartes s'en souviendra, on le sait... –, mais pas systématique : doute méthodique là encore, non pas comme une certitude de vérité, mais comme une technique de pensée. Dans ses œuvres, Charron examine avec précision ce qui passe pour vérité et qui, souvent, relève du lieu commun, de l'opinion publique et de la croyance populaire. Contre la *doxa* du plus grand nombre il propose la « *sophia* » du sage.

Pas plus qu'on ne peut découper Montaigne en tranches et enfermer sa pensée dynamique, héraclitéenne, dans des cases utiles pour coller des étiquettes – périodes stoïcienne, sceptique, épicurienne à la queue leu leu... –, Charron ne se range dans une catégorie. Certes, un travail de prélèvement permet toujours d'en faire un disciple du Portique, ou un émule de Pyrrhon, à moins qu'on n'isole des citations qui le réduisent au seul Jardin ou au Cynosarge...

Tout ceci paraît partiellement vrai : il est simultanément tout cela parce que travaillé, comme tous les penseurs à l'époque, par la totalité de la philosophie antique, sans exclusive. Charron sceptique ? Si l'on veut. Charron stoïcien ? On peut. Charron épicurien ? Possible... Charron cynique ? Bien sûr. Mais sûrement pas l'un à l'exclusion de tous les autres. *De la sagesse* vaut moins par les références, les citations, les emprunts – toujours faciles à pointer, commenter, puis juger – que par la couleur, le style, le ton, la tonalité générale de l'œuvre.

6

Le travail de l'Antiquité. Aux stoïciens, il emprunte un morceau essentiel de sa vision du monde :

l'identification de la Raison, du Cosmos et de la Nature, l'idée qu'il existe, dans ces instances susceptibles d'être ramassées sous une même réalité, une force, une puissance, une énergie qui parcourt, fonde, génère et entretient la totalité du vivant. Un genre de Dieu n'ayant pas grand-chose à voir avec le christianisme, mais plus avec le panthéisme païen. A cette cosmologie qui génère une ontologie puis une théologie immanente, Pierre Charron ajoute un goût pour la morale stoïcienne : la fameuse maxime « Supporte et abstiens-toi » fait des merveilles à toutes les époques !

Au Portique, mais aussi au Cynosarge dont la proximité originelle est grande (Zénon, Chrysippe, Cléanthe et Antisthène partagent nombre de pensées majeures), *De la sagesse* emprunte l'excellence des lois de la nature et le rôle pédagogique des animaux, indicateurs de la bonne voie. On se souvient de la souris étique, du hareng sélecteur, du poisson masturbateur, du poulpe métaphysique de Diogène... En regard des leçons du Montaigne de l'*Apologie de Raymond Sebond*, Charron célèbre la bête humaine – ou décrit l'animal humain.

Du stoïcisme et du cynisme, il retient l'idée que la liberté coïncide avec l'obéissance à la nécessité, donc aux lois de la nature. Voie royale pour parvenir au bonheur, à la sagesse : demander à la nature comment on doit se comporter, ce que l'on peut et doit faire. Les chiens et les chats, les oiseaux et les cirons nous l'enseignent... Contre l'option chrétienne qui soumet l'animal à l'homme, puis installe Adam au sommet de la création et le serpent, puis les siens, bien en dessous, Pierre Charron défend l'idée d'une différence non pas de nature mais de degrés entre les deux. Darwin donnera à cette excellente hypothèse sa formulation scientifique...

Le philosophe ajoute que parfois, souvent même, les animaux montrent une grandeur supérieure aux humains : eux, en effet, n'enlèvent pas la vie pour le plaisir de mettre à mort, ils ne jouissent pas d'infliger douleur et souffrance ; ils tuent pour manger, sans aucune autre raison cruelle. Pas plus, d'ailleurs, ils n'agissent comme les fils d'Adam et Eve qui jouissent de retourner contre eux la pulsion de mort, passion funeste, et n'ajoutent à leurs misères, déjà bien nombreuses, celles qu'ils fabriquent de toutes pièces. Supériorité du chien (cynique) sur l'homme (chrétien) !

Cette option hédoniste – critique de la haine de soi – travaille le texte même de *De la sagesse*, notamment dans les nombreux moments épicuriens du livre. Certes, comme Montaigne, Charron ne croit pas plus aux Atomes d'Epicure qu'aux Idées de Platon ou aux Nombres de Pythagore. Mais tel l'auteur des *Essais*, il ne déconsidère pas la vie ni l'œuvre d'Epicure. Il loue la rigueur, l'austérité, la droiture, l'honnêteté, la tempérance, la moralité du « grand docteur de volupté » (III,39). Puis il reprend à son compte : la diététique des désirs et leur distinction à partir des critères naturel/nécessaire ; l'identification de l'ataraxie – la « vraie tranquillité d'esprit » – au souverain bien (II, préface et II,12) ; les thérapies du *Tetrapharmakon* sur la mort, la souffrance, la douleur, le bonheur...

On ne trouve pas chez lui de références à Platon. Ni en bien, ni en mal. Pas d'éloges du dualisme, Charron tient pour le corps et l'âme très intimement unis, indissociables – même si une fois (I,2) il parle du « fumier » du corps et du « petit dieu » qu'est l'âme, mais en quasi-ouverture de l'ouvrage, comme pour donner des gages aux lecteurs malintentionnés et pressés... ; pas de références au *Phédon* et à sa thanatophilie, Charron la critique, mais a l'habileté de ne renvoyer ni au platonisme, ni, bien sûr, au christianisme... ; pas de citations enjouée de *La République,* la politique du philosophe de Condom procède du Prince doux, éclairé, tempérant, juste, et non du Roi aux pleins pouvoirs.

Aristote, le philosophe emblématique de la scolastique, n'apparaît jamais. Pourtant, quand Charron consacre un chapitre entier à la question de l'amour et de l'amitié, quand il poursuit sur l'économie domestique, lorsqu'il entretient de la famille, dans ses considérations sur la médiété comme vertu, du juste milieu, de la tempérance et de la prudence, on imagine une lecture de l'*Ethique à Nicomaque* plus qu'un démarquage de Montaigne !

On pourrait à l'infini récrire *De la sagesse* sous le signe du travail de l'Antiquité. Sans intérêt... Les couleurs sceptiques, stoïciennes, cyniques, épicuriennes, mais aussi l'absence de chromatismes platoniciens ou aristotéliciens, produisent une peinture singulière. Pour donner une unité à ce marché effectué sur l'agora et le forum des grands Anciens, il existe une figure synthétique, cardinale, emblématique : Socrate. Pas celui de Platon, mais le philosophe qui, à la manière de Diogène et Aristippe, entreprend une construction de soi, vise et veut la sagesse, met tout en scène dans son existence pour construire une vie philosophique. *De la sagesse* avance une proposition socratique pour tous.

7

Chercher ce qui remue en soi. L'entreprise de Pierre Charron se place plus effectivement sous ce patronage intempestif : un projet socratique, une volonté de réactiver les principes de sagesse du Silène pour ce siècle nouveau. D'abord chercher à se connaître, savoir qui l'on est. En ce sens, et seulement là, il excelle en disciple de Montaigne. Mais en bon disciple se déprenant d'un maître qui n'aurait ni souhaité ni voulu une pâle copie, Charron se fait fidèle – il part à la quête de l'homme en s'interrogeant lui-même –, puis infidèle : car ce qu'il trouve c'est lui, et non pas son ami... Montaigne parle de lui, raconte des anecdotes, esquisse une autobiographie littéraire, puis philosophique, sans distinguer les deux registres. Charron évacue le recours à la première personne. Jamais il ne dit jamais je – sauf deux fois, en révélant sa devise – « Peu et paix » –, puis en parlant de sa maison philosophique à Condom. Deux ou trois lignes seulement.

On s'en souvient, l'ancien raconte son accident de cheval, les mystères de son chat, ses rencontres avec des cambrioleurs dans les bois ou au château, il donne des nouvelles de son petit pénis, se souvient du goût des baisers féminins dans sa moustache, raconte son vin clairet et sa passion des huîtres, etc. Rien de tout cela chez le théologal : il regarde en lui, certes, mais pour extraire une théorie, sortir une quintessence. Il part à la recherche de l'homme avec, par et pour lequel il construit sa sagesse immanente.

D'où un éloge de l'introspection : tâchons de connaître ce que l'on est pour savoir ce que l'on peut, puis ce que l'on doit. Travail long, considérable, qui nécessite une attention de tous les instants et un souci de la minutie. S'observer comme un autre soi-même avec la patience de l'entomologiste. S'arrêter sur les paroles et les actions, les faits et les gestes. Dans le corps du livre, Charron invite même à aller plus loin, à questionner les pensées les plus secrètes, leurs origines, mouvements, durées et répétitions. Pointer « ce qui remue en soi », écrit-il. Ne rien négliger : trous, coins, recoins, détours, cachots et secrets. A quoi il ajoute la nécessité de se préoccuper des rêves – les songes venus pendant la nuit. Souci baroque – et moderne...

8

L'invention d'une sagesse laïque. Retour à Montaigne. Pierre Charron dirige l'école épiscopale de Bordeaux quand il rencontre probablement le philosophe pour la première fois dans le cadre de leurs fonctions respectives. A l'époque, Montaigne a publié les deux premiers livres des *Essais*, il a été maire et s'apprête à un nouveau mandat. Nous sommes sûrs d'une date, celle du 2 juillet 1586, peu après la peste qui ravage la région. Ce jour, dans la tour de Montaigne, le philosophe offre à Pierre Charron un volume de Bernardino Ochino (1487-1564), *Le Catéchisme ou la véritable institution chrétienne* (1561). Sur une page intérieure, le propriétaire du lieu rédige une dédicace, signe, date et ajoute, en latin : « *livre interdit* »...

Pourquoi interdit? Que contient cet ouvrage d'assez sulfureux pour que l'Eglise catholique, apostolique et romaine en défende la lecture? Quelle relation entretiennent ces deux amis pour que le livre de l'Italien – Bernardin Ochin en français – fasse l'objet d'un cadeau du philosophe au théologal? Y a-t-il eu des discussions sur, autour, avec, à partir, à propos, ou en regard de ce *Catéchisme*? Probablement, mais on n'en connaîtra jamais les raisons. Sauf hypothèses...

Car on peut supposer, supputer à partir du contenu : Bernardino Ochino – le petit Bernard au petit œil... – ne cesse d'intriguer! Prédicateur hors pair – il fait pleurer les pierres... –, ce franciscain devenu capucin se convertit au protestantisme mais ne démissionne pas de son poste de prêtre, afin de promouvoir la religion réformée dans ses prêches! Notamment l'idée de la prééminence de la foi sur le reste. Inquiété, pourchassé, exilé, puis finalement pasteur en Suisse, marié, père de famille, veuf, il erre dans l'Europe de la seconde moitié du XVIe siècle. La mort le trouve dans une communauté anabaptiste morave en 1564. Il a soixante-dix-sept ans...

Et l'œuvre? Ochino plaide pour l'abolition de la peine de mort, mais surtout pour la séparation des registres spirituels et temporels. Il souhaite que magistrats et religieux évoluent chacun dans leur registre. Certes, l'idée n'est pas neuve puisque en Italie, Marsile de Padoue la soutient dans *Le Défenseur de la paix* en 1324. Très tôt donc. Cette idée n'est pas d'athée, de mauvais croyant, d'infidèle, contrairement à ce que laisse croire l'Eglise, mais de laïc. Chacun chez soi, pas d'immixtion des affaires politiques dans la religion, ni l'inverse.

Montaigne, évidemment, défend cette idée d'une autonomie de la philosophie, donc de la morale, et de la théologie, mais Pierre Charron franchit le pas et le fait savoir clairement au début de son livre majeur : il n'écrit pas pour les théologiens, les prêtres, pour l'Eglise, il ne veut pas « instruire pour le cloître ou la vie conciliaire » – comme il le précise dès les premières lignes – mais « pour la sagesse humaine et non divine ». Coup de tonnerre dans l'histoire de la philosophie : noir sur blanc, voici sans ambages l'acte de naissance de la morale laïque. Nous sommes en 1601...

Entendons laïque comme ce qui s'émancipe de la religion, de la théologie, des Evangiles. S'émanciper ne veut pas dire renier, tourner le dos, prendre le contre-pied systématique. Le temps de la transvaluation n'est pas venu, il faut attendre Nietzsche – qui, pour mémoire, rend hommage à Pierre Charron et à « ses côtés forts »... Indépendance, autonomie, séparation, démarcation. D'une part, d'autre part; d'un côté, de l'autre; ici, là. Deux registres, deux mondes, deux univers disposant chacun de ses lois. Autant dire une révolution, en ces heures où les cendres de Giordano Bruno reposent, à peine froides, sur le Champ des Fleurs romain...

Baldassarre Castiglione effectue dès 1528 un travail d'émancipation discrète de la morale et de la religion avec *Le Livre du courtisan*, un traité où il fait l'éloge de la grâce, du style, du pathos de la distance, de la grandeur d'âme, du corps et de l'âme sublimes, mais à destination des gens de cour, de l'aristocratie, loin de l'homme en général et de tout homme en particulier; Giovanni Della Casa procède de même en 1558 dans *Galatée*, un manuel du raffinement, un art du savoir-vivre et des bonnes manières – l'urbanité, la politesse, la courtoisie, la délicatesse, la conversation –, mais là encore, le public visé est très restreint : la noblesse, à l'exclusion de toute autre catégorie sociale. Un peu plus tard, Baltasar Gracián et ses traités (*L'Homme de cour*, 1647, et *L'Homme universel*) leur emboîte le pas. Mais le peuple n'est pas concerné par ces choses-là, l'Evangile lui suffit bien. Qu'il travaille et souffre en silence, voilà tout ce qu'on lui demande.

Pierre Charron écrit un livre pour tous et pour personne. Son public n'est pas la cour de France, l'aristocratie du pays, les têtes couronnées; ni les théologiens de l'Eglise catholique ou les membres du clergé; pas plus les philosophes spécialistes de scolastique aristotélicienne; mais il s'adresse dès la préface à « l'homme comme homme ». Montaigne se parle à lui-même, surtout, accessoirement aux autres hommes si d'aventure ils trouvent de quoi glaner dans les *Essais* matière à leur propre édification. Pour sa part, Charron destine son propos à tout le monde. Laïc, donc, mais aussi explicitement universel...

9

La progéniture d'un prêtre. Encore un nouveau détour par Bordeaux : Montaigne déplore sa descendance sans garçons. Dans cette famille où son épouse, sa mère et les filles tiennent toute la place, il regrette également l'absence d'un gendre à qui transmettre. Lui qui a construit sa noblesse avec force détermination – pour laisser loin derrière lui de récentes origines plébéiennes de marchands de poisson... –, lui qui aimait ses armes au point de les faire peindre dans la chapelle de sa Tour, lui qui fit disparaître toute trace de roture fraîche dès la mort du père, le voilà qui transmet à Pierre Charron les armoiries du Sieur

Michel Seigneur de Montaigne. Qu'est-ce à dire? Que le théologal peut s'en prévaloir, certes, mais au-delà de cet aspect anecdotique, que signifie cette transmission d'armes, de nom, de distinction nobiliaire, à un homme d'Eglise, tenu comme tel au célibat, à la virginité et à la chasteté? Car Charron ne pouvait avoir d'enfants, son statut lui interdisant une descendance en chair et en os.

Dès lors, le geste peut signifier que Montaigne attend de son ami une occasion de poursuivre un combat, de défendre des idées, d'accoucher d'une lignée spirituelle dont il n'aurait pas eu à rougir. *De la sagesse* voit le jour après la mort de Montaigne ; le livre existe comme un enfant : fidèle et infidèle, venu de soi, mais parti ailleurs, dépendant et indépendant, issu de son corps et de son âme, mais disposant de sa propre chair et de son esprit, capable de profiter de ce don pour le nier, l'oublier, le dépasser. Au-delà de la mort, Montaigne et Charron réalisent dans cette opération une amitié dont l'historiographie ne tient pas compte à sa juste valeur... Car il y eut chez Montaigne un après et un au-delà d'Etienne de La Boétie.

10

Rognons, couillons et autres abattis. Quand il commence son immense travail en quête d'une sagesse immanente et laïque, Pierre Charron désire répondre d'abord à cette question : qu'est-ce que l'homme? Il tient son pari de ne pas résoudre ce problème en allant voir du côté des théologiens ou des philosophes si souvent complices et cherche plutôt dans les traités d'anatomie, de physiologie et de médecine.

Un homme, c'est d'abord un assemblage de matières, d'organes, de sens – des pièces qu'il trouve presque toutes « rondes ou orbiculaires » ! Os, moelle, muscles, veines, sang, nerfs, artères, tendons, ligaments, cartilages, humeurs, graisse, viscères, estomac, chyle, rate, reins, boyaux, cœur, poumon, cerveau, nez, bouche, etc. On ne fait pas plus matériel, voire matérialiste, comme départ ! L'homme en tant qu'homme, c'est d'abord l'homme physique : un corps.

Ce corps n'est pas mutilé, coupé, séparé, avec l'âme d'une part, la chair de l'autre. Certes, Charron tient pour deux principes, mais ses digressions sur la première n'en font pas une entité immortelle, éternelle, incorporelle, mais plutôt une « forme essentielle vivifiante » (I,7) à l'œuvre aussi bien dans les volutes de la plante, l'âme sensitive de l'animal que la vie intellective de l'homme. De fait, moins une âme catholique, apostolique et romaine, plutôt une âme stoïcienne – « *pneuma* », « *physis* »...

D'ailleurs, il ne sépare pas l'âme du corps. On n'isole pas ces deux principes à la manière de deux substances dissociables. Leur union est absolue, leur liaison totale. Montaigne enseigne cette vérité découverte à l'occasion de son accident de cheval. Charron défend également cette thèse qui, pour n'être pas matérialiste, n'en est pas moins moniste : « l'âme est toute en le corps » (I,7), l'une gît dans l'autre, comme la forme dans la matière, impossible à considérer séparément, et constituant une seule « hypostase », un sujet entier : l'animal.

Charron voit l'âme dans les lieux stratégiques du corps : les génitoires pour la libido, le foie pour les facultés naturelles, le cœur pour les vitales, le cerveau pour les intellectuelles. Immatérielle, donc, mais localisable, visible et repérable. Ce monisme constitué de foyers rayonnants avec des parties spécifiques ressemble à une vision des plus immanentes ! Après la mort, le philosophe pense que l'âme relève de la religion – et, malin, conclut que ça n'est pas le sujet du livre !

11

Un Dieu pas très catholique. A l'évidence, Pierre Charron est chrétien. Pas question de l'imaginer en personnage duplice : le jour catholique, disant la messe, confessant, donnant les sacrements, écrivant des livres où il vante les mérites de la religion chrétienne ; la nuit athée, bambocheur, ami des bougres, fomentant des pensées impies. D'aucuns, malintentionnés, croient voir une contradiction entre les *Trois Vérités* et *De la sagesse* : le premier ouvrage défendant la religion catholique contre toutes les autres, le second énonçant des propos pas très catholiques.

Or, de 1594 – date de son premier ouvrage, *Trois Vérités contre tous athées : idolâtres, juifs, mahométans, hérétiques et schismatiques* – à 1603, année de sa mort, Charron défend une seule et même idée : la supériorité du catholicisme sur le judaïsme, le protestantisme, l'islam et l'athéisme. Pour une raison bien simple : c'est la religion de son pays et il tient à la paix civile dans une France sortant à peine de guerres de Religion fratricides, sanguinaires et déplorables. Démonstration simple : Dieu est universel, mais les formes prises par son culte, multiples et particulières. Dans le sillage de Montaigne, il sait qu'on naît catholique comme périgourdin ou allemand. La religion ?

Un facteur de cohésion sociale, un ciment communautaire. L'Eglise, évidemment, n'apprécie pas ce genre d'argument. La Sorbonne non plus, qui déclare ce livre irrecevable en 1603 pour motif de fidéisme. Pas mal vu...

Le Dieu de Pierre Charron n'a pas grand-chose à voir avec celui des *Pensées* : le fameux Dieu d'Abraham, d'Isaac et de Jacob. Charron ne tient pas pour un Père du Christ – dont il n'est pas du tout question dans ce livre ; ni pour une figure anthropomorphe en représentant la forme du corps, le visage, ni pour les sentiments, les passions et affections qu'on lui attribue : un Dieu jaloux, vengeur, comptable des actions humaines, un Dieu colérique, fâché, quelles inepties ; ni même une puissance avec laquelle on entre en communication sur le mode des offrandes, du sacrifice, de la prière ou de l'invocation ; pas plus, donc, Dieu n'entre en relation directe, personnelle et particulière avec les hommes. Devant toutes ces croyances, l'auteur de *De la sagesse* utilise un mot que ne renieraient pas Lucrèce et les épicuriens : des « superstitions » (II,5)...

Conclusions : on n'a rien à attendre de Dieu, certes, mais, mieux encore, on n'a rien à craindre ou à redouter. Le Jugement dernier ? Impossible dans ce cas de figure. La balance divine, le trébuchet des âmes, la destination infernale ou paradisiaque ? Des histoires qui ne concernent pas le sage ou le philosophe. Une damnation définitive, un salut pour toujours sous forme de vie éternelle ? Pas de craintes, ces hypothèses ne sont pas retenues par l'ami de Montaigne – qui, lui, n'y croyait pas non plus...

12

Deux régimes de Dieu. Dieu des philosophes alors, pour reprendre le terme de l'alternative pascalienne ? Oui, si l'on veut. Dieu d'un philosophe. D'un philosophe laissant la théologie aux théologiens, aux gens d'Eglise, certes, mais qui, sur le terrain de la sagesse humaine, immanente, convoque un autre Dieu : Dieu, c'est la Raison, la Raison, la Nature, et la Nature, la Nécessité. Voilà résolu le problème de la manière la plus simple. Quand sous la plume de Pierre Charron on lit l'un de ces trois mots, on peut tout aussi avantageusement le remplacer par les deux autres, au choix (III,38).

En amont, l'idée existe chez les stoïciens ; en aval, on la retrouve quelques années plus tard sous la plume de Spinoza, puissamment travaillé par les idées libertines. On connaît la formule célèbre « *Deus sive natura* » – Dieu ou la nature – repérable dans la préface du livre quatrième de l'*Ethique*. Cette formule « Dieu ou la Nature » se trouve explicitement dans *De la sagesse* (III,2). Et avec elle, les thèses qui en découlent : ce Dieu-là, bienveillant, agit en idéal de la raison pure pratique, il organise le réel, lui donne un sens, il structure la réalité et ses modalités, car il coïncide avec la raison, le réel, le sens, le monde et ce qui est. Pas de séparation entre Dieu et le monde.

Dieu ? La nature nous l'apprend. Elle nous enseigne à le trouver. L'introspection y conduit, l'interrogation de ce qui, en nous, relève de la nature, débouche sur sa vérité. Les animaux mènent à cette raison essentielle : les hommes, dénaturés, oublient leur destination qui consiste à suivre ce que la nature (leur) enseigne. Donc ce que Dieu (leur) dit. Le souverain bien, s'il s'identifie à la tranquillité d'esprit, est également la vie selon la nature (II,3). Cette indexation de sa pensée sur le vouloir de Dieu, donc de la nature, génère une joie – idem pour Spinoza... – qui témoigne de la nature hédoniste de la morale laïque de Pierre Charron.

De sorte que seules les intelligences perdues en route au cours de la lecture de ses différents ouvrages font de l'œuvre de Charron un champ de bataille athée, voire antichrétien. Car, d'une part, l'écolâtre enseigne la nécessité de la religion catholique, d'autre part, le philosophe nous dit que Dieu coïncide avec la Raison dans la Nature : la première est nécessaire à l'existence et la durée d'une communauté sociale et politique – française en l'occurrence –, la seconde permet l'existence et la durée d'une sagesse humaine et immanente – universelle de fait.

Aucune contradiction entre ces deux options, mais la manifestation d'une pensée réellement, fondamentalement laïque avec une séparation des deux ordres, et un point de jonction entre le collectif et l'individuel, la particularité d'une Nation et l'existence d'une multiplicité de souverainetés subjectives. Ainsi le théologal peut bien justifier d'aller à la messe le dimanche (II,5) – obligation du premier régime de pensée – mais pour lui, et pas pour Dieu – principe du second régime de pensée. Devant l'autel, dans une église de son pays, le catholique prie : il demande ce que Dieu ordonne, il sollicite la puissance de la Nature et de la Raison en lui. En assistant à l'office, le chrétien préserve l'essence de son pays et assure l'excellence de sa sagesse.

13

Vers la joie d'exister. Quand on a compris la théologie immanente, l'ontologie moniste, la métaphysique laïque de Pierre Charron, Dieu existe, certes, mais comme chez Epicure, Lucrèce et les épicuriens : sans danger pour les hommes, sans représenter une menace permanente dans leur vie quotidienne. Comme un cordial plutôt, une aide à être. Vivre sans cesse sous le regard de Dieu doit se lire : vivre sans cesse sous l'empire de la nature, ou encore : vivre sans cesse dans l'ordre de la raison. Voilà de quoi conjurer et congédier un motif puissant de crainte – passion triste : la peur du jugement de Dieu.

On cherche en vain, dans le pavé de huit cent quatre-vingt-six pages de *De la sagesse*, des considérations sur le péché originel, la faute, l'enfer, la damnation ou la colère de Dieu. Ou encore la condamnation de la sexualité, la déconsidération du corps, qui en découlent habituellement depuis les théories de saint Augustin. Sans Dieu travesti en Père Fouettard, la morale redevient ce qu'elle n'aurait jamais dû cesser d'être : une proposition de règles de bonne conduite visant une intersubjectivité pacifiée et joyeuse. Le travail de l'ami de Montaigne y contribue puissamment.

Premier travail, la critique du christianisme quand il chérit la douleur et la souffrance. Charron fustige ce talent des hommes à ajouter du mal à leurs malheurs habituels – « *heautontimoroumenos* », disait Térence – et l'habile utilisation de ce tropisme funeste par la religion catholique. La souffrance ? La douleur ? En disciple d'Epicure, il en fait le mal absolu (III,22), le seul, le plus grand, ce qu'il faut empêcher et éviter absolument, la tâche prioritaire de toute morale. Fondement de toute éthique hédoniste...

Dans cet ordre d'idées, les hommes, soucieux de contribuer à l'augmentation de la négativité, inventent des souffrances post mortem. Avertis par le montage métaphysique d'un Dieu-Nature-Raison-Nécessité, plus aucune raison de craindre ne subsiste. A quoi Charron ajoute qu'un Dieu jouissant du spectacle que les hommes s'infligent pour lui, en son nom – mortifications, macérations, cilices, ascétisme forcené, continence sexuelle, etc. – définirait une bien étrange divinité ! Se priver des plaisirs de l'existence, voilà une faute majeure : car, pratiqués avec modération, sans être contre nature, aucun n'est interdit.

Le but ? « Jouir loyalement de son être » (II,5). Refuser la vie ? Passer à côté de ce qu'elle offre ? Préférer la mort ? S'interdire les récréations et autres passetemps ? Détester les fonctions naturelles, telles manger, boire, faire l'amour ? Trouver la peine fascinante ? Autant de signes d'un esprit dérangé, d'une âme malade. Contre cette perversion mortifère, pathologique, visons la sagesse joyeuse à laquelle Charron invite dès la préface de son livre : une philosophie « gaie, libre, joyeuse, relevée et, s'il faut dire, enjouée, mais cependant bien forte, noble, généreuse et rare ». Voilà le programme, avis aux amateurs...

14

Les voluptés modérées. Autre signe hédoniste, la condamnation non pas du plaisir en soi, dans l'absolu, mais relativement à son usage. Charron s'attarde un peu sur la question de la sexualité. Pour quelles raisons devrait-elle être honteuse ? Elle est naturelle car voulue par Dieu. Mieux : elle est divine, puisque naturelle. Il entre dans le plan divin que la libido trouve sa justification dans la Nature qui veut l'accouplement pour parvenir à ses fins, la propagation de l'espèce. Ainsi le plaisir est une épice de la Nature. Dès lors la volupté relève de la raison bien comprise.

La religion catholique veut la continence pour tous ? Erreur. Charron ne remet pas en cause le célibat des prêtres, il n'invite pas les membres du clergé à une sexualité libre, et confirme l'excellence de l'abstinence dans le cas d'une vie consacrée au service du Dieu chrétien. En revanche, pour le quidam, quelle drôle d'idée ! S'interdire la sexualité et le plaisir qui l'accompagne ? Comment diable cette mutilation pourrait-elle être agréable à Dieu ?

La sexualité – mais il en va de même pour la nourriture, la boisson, le sommeil, et toute modalité du rapport au monde – doit éviter les excès : excès dans le manque, excès dans la dépense. Pas trop, ni trop peu. Ni ascétisme, continence ou virginité perpétuelle ; ni débauche, luxure ou stupre. Comme avec le miel : avec le bout des doigts, non à pleines mains. A vouloir faire l'ange, écrit Charron citant Montaigne, l'homme finit par faire la bête. Pascal s'en souviendra... La solution? La modération, la juste mesure, l'équilibre, la bonne distance entre privation et intempérance. En matière de sexualité conjugale, le théologal va même jusqu'à donner des conseils : trois fois par mois pour une « volupté modérée », ou bien une « volupté prudente et consciencieuse » (III,12)... Mais Charron se reprend : le chiffre, indicatif, n'oblige personne !

Leçon épicurienne : ne pas s'engager dans ce qui trouble la tranquillité acquise. La prudence a pour objet le contentement de soi et toutes les vertus qui permettent une libre et pleine jouissance de son être. Se prêter, toujours, se donner, jamais. Garder par-devers soi ce qui constitue notre force, notre autonomie, notre indépendance, notre souveraineté. Rien n'est pire, pour le sage, qu'un état, un fait, une situation, une personne mettant en péril la sérénité obtenue de haute lutte par la maîtrise des passions et des affects.

15

L'art d'une sagesse gaie. Comment réaliser cette sagesse laïque et immanente? Un corps déculpabilisé, détourné de la passion mortifère, soucieux de voluptés prudentes s'obtient par une thérapie. Charron effectue un portrait terrifiant de la misère de l'homme – Pascal ajoutera « sans Dieu »... Faiblesse, vanité, inconstance, misère, orgueil, présomption, jouet de la fortune : « or de semence en son commencement, éponge d'ordure et sac de misères en son milieu, puantise et viande de vers, sa fin »

(I, préface au chapitre 36). Phrase baroque sublime... Portrait d'une vérité crue, absolument crue, de la nature humaine.

Pour laisser derrière nous la misère, faisons table rase. Descartes utilise cette expression dans le *Discours de la méthode*, on le sait. Charron parle à plusieurs reprises de la nécessité de vider l'âme pour obtenir un support blanc à même de permettre la teinture. Et comment obtenir ce support virginal ? En supprimant les avis du plus grand nombre, en se débarrassant des lieux communs, en jetant par-dessus bord les opinions de l'homme du commun, en faisant le ménage métaphysique. Le doute méthodique, dira le Poitevin...

Une fois retrouvée cette simplicité des origines, il suffit d'en appeler à la montée de la raison en nous : elle est toujours de bon conseil. L'objectif ? Parvenir à la prud'homie, vertu des vertus. Elle définit l'art de nous accommoder à la nature par la raison ; elle permet de choisir le meilleur mode de vie adapté au naturel de chacun ; elle rend possible le réglage de ses désirs et pensées ; elle signe la piété qui est soumission à Dieu-Nature-Raison et Nécessité ; elle entraîne avec elle la douceur – entre soi et soi, puis soi et les autres ; elle ouvre sur la possibilité de la méditation juste, de l'action prudente et du comportement tempérant. Avec la prud'homie, le sage sait vivre, il peut donc mourir sans crainte ni angoisse.

Les recettes ressemblent à s'y méprendre à celles d'Epicure : une arithmétique du désir, une diététique du plaisir. Distinguer les désirs naturels, donc justes, des autres. Naturels ? Manger, boire, se vêtir, honorer sa compagne, le tout dans le juste équilibre que l'on sait. Contre nature – tous les autres... –, on les évitera, on travaillera même plutôt à empêcher leur apparition, ce qui est bien plus simple que de s'escrimer à les faire disparaître une fois là. Stratégie de l'évitement.

Parmi les choses à éviter, les « passions fâcheuses » dont on retrouve un écho chez Spinoza sous l'expression « passions tristes »... A savoir : crainte, tristesse, colère, haine, jalousie, vengeance. Le train de vie habituel pour la plupart. Un sage s'arrange pour en maîtriser la définition, le mode d'apparition, les manifestations, le danger, la perfidie, etc. Une fois théoriquement circonscrites, il évite, au moindre signe de reconnaissance, de leur laisser prise, il y va de sa sérénité.

La crainte ? Inutile : le réel a plus d'un tour dans son sac et se manifeste bien souvent sous des allures inattendues et imprévues. Et puis craindre, c'est grossir les dangers, les présentifier malgré leur absence. S'attaquer au réel, oui ; se battre contre des moulins, des fictions, des fantasmes, non. Trop de malheurs existent déjà, pas utile de souffrir de catastrophes potentielles, le réel suffit. La tristesse ? Pas nécessaire : le divertissement – une future munition pour Blaise... – paraît préférable. Détourner son esprit sur des choses plaisantes et douces offre un remède efficace à l'acédie. La colère ? Surtout pas : la laisser éclater revient à donner raison à l'adversaire qui souhaite nous mettre dans cet état. La haine ? Jamais : plaindre plutôt la personne qu'on a envisagé de détester. L'envie ? A écarter : la convoitise se paie toujours d'un renoncement à la sérénité. Même remarque quand on obtient ce que l'on désire : le conserver nous met dans le même état – du grain à moudre pour le savetier et le financier... La vengeance ? Au contraire : ce vice avilit, la clémence grandit. Evitons de consentir à ces spirales mortifères. La jalousie ? Non : si l'on doute de l'autre, mieux vaut se rendre digne de son désir.

La technique paraît simple : transformer un inconvénient en avantage, une négativité en positivité. Un écueil ? Voilà une occasion de mesurer ses forces. Une difficulté ? Une raison de mobiliser son énergie. Un ennui ? Une chance pour bander sa volonté. Toutes ces passions doivent nous aider à nous construire sage. Dans la découverte d'une émotion détestable trouvons bien plutôt la puissance d'éviter, d'endiguer, avec des techniques utiles pour forger son caractère et son tempérament.

16

Apparition de l'athée vertueux. Cette sagesse immanente, laïque, non pas sans Dieu ni sans religion, mais avec de nouvelles définitions de ces deux vieilles instances, écarte le prêtre et le théologien pour donner toute la place au sage et au philosophe. Pas étonnant que l'Eglise et la Sorbonne n'aient pas aimé *De la sagesse* ! On demande à Pierre Charron d'*adoucir*, selon l'expression consacrée, certains passages qui paraissent trop vifs à la caste christicole. Le théologal travaillait à la seconde édition quand la mort le surprend allant chez son éditeur – qui répond au joli nom de David Douceur – dans la rue Saint-Jean-de-Beauvais à Paris, le dimanche 16 novembre 1603, vers treize heures. Quelque temps en amont, des difficultés cardiaques avaient attiré son attention sur sa santé affectée. Trop tard : il tombe à genoux dans la rue, s'effondre terrassé par une apoplexie – selon l'expression de l'époque.

Les médecins le déclarent mort, puis se rétractent – ah ! Molière... Pierre Charron, dit-on, est mis au tombeau, puis sorti du caveau pour s'assurer de son trépas. Deux jours plus tard, ses funérailles sont célébrées dans l'église Saint-Hilaire. Dans la nef, on l'expose visage découvert, avec ses habits sacerdotaux. Il termine son existence où il l'avait commencée, car dans cet édifice il avait reçu le baptême soixante-deux ans plus tôt.

Après sa mort, la pensée de Pierre Charron se répand comme une traînée de poudre : un nombre considérable d'éditions, des lectures par tout ce que compte le Grand Siècle de grands et de petits, d'officiels et d'alternatifs, une influence considérable. A lire de près, on trouve aussi dans *De la sagesse* un éloge de la vertu, mais surtout cette idée révolutionnaire : on peut être impie, mécréant, athéiste même, *et* vertueux (II,3 et II,5). L'idée passe pour être de Pierre Bayle dans son *Dictionnaire historique et critique* (1696) ; elle se trouve presque un siècle plus tôt (1603) sous la plume de Pierre Charron.

A quoi – pépite pour les libertins... – on peut ajouter un éloge du masque (II,2,8,9) et des comportements dissociés. Sa conception laïque suppose la séparation de la Foi et de la Raison, de la Religion catholique et de la Sagesse philosophique. Mais comment faire quand on est un seul et même homme ? Charron résout la contradiction : dehors, dire et faire d'une manière, dedans, penser comme on voudra, librement. Ne jamais se départir de sa liberté d'esprit, de jugement et de conscience. Pour le monde, un comportement; pour soi, une pensée autre, voire en contradiction. Le corps doit dire une chose, et montrer qu'il reste fidèle aux principes, aux lois, aux mœurs et coutumes du pays; l'esprit a toute latitude de croire ce qu'il veut. Car le sage va plus vite, plus loin que la majorité des gens. S'il dit tout haut ce qu'il pense tout bas, nul doute qu'il choque ou, pire, qu'il génère des troubles. Or la paix de l'Etat – comme celle du sage – ne mérite jamais d'être troublée. Publiquement, le sage ira donc apparemment contre sa raison, mais par raison, et dans le dessein de la garder intacte par-devers lui.

A l'évidence, une fois mort et enterré, Pierre Charron absent, mais auteur de ces thèses révolutionnaires, sert d'accélérateur à une pensée réellement subversive. L'athée vertueux et le philosophe au masque, voilà matière à débats, pensées, écrits, livres, libelles, discussions à tous les niveaux de la société et de la communauté philosophique. Charron inaugure un autre Grand Siècle, alternatif, tour à tour ou simultanément sceptique, hédoniste, matérialiste, épicurien : celui des libertins baroques. Dès lors, le christianisme entame un doux mais irrémédiable effacement.

II

LA MOTHE LE VAYER

et « la jouissance de soi-même »

1

Portrait d'un discret. Dans le fatras des œuvres complètes de François de La Mothe Le Vayer – opuscules, petits traités, dialogues, discours, considérations, jugements, observations, homilies (sic), mémorial, soliloques, etc. –, on cherche en vain des considérations autobiographiques. A peine y trouve-t-on une ou deux confidences, et encore faut-il les déduire, supposer, supputer en regard de ce que l'on connaît déjà du personnage. L'œuvre entière occupe le devant d'une scène confidentielle, le personnage disparaît sous son discours... Plus discret? Impossible...

Qu'est-ce qu'un discret? Reprenons la définition donnée par un baroque contemporain de La Mothe Le Vayer, Baltasar Gracián, dans *El discreto* (faussement traduit *L'Homme universel* par Joseph de Couberville). Le discret, l'une des modalités du héros selon le jésuite..., sait attendre son heure ; il dispose d'une grandeur d'âme sans ostentation ; il excelle dans l'équanimité ; de toutes les heures, il sait se prêter en se gardant, sans jamais se donner ni s'aliéner ; pénétrant, il est impénétrable ; réservé, il sait ne pas se prodiguer ; singulier, il pratique la politesse tel un art de la bonne distance, l'essentiel étant de ne pas trop se prodiguer ; le sage de Gracián pratique la vertu, autre nom de la manière, du style, du ton, de ce que dans un autre livre, *Le Héros*, il nomme le « je-ne-sais-quoi ».

François de La Mothe Le Vayer ressemble moins à l'anguille faussement et perfidement associée à l'homme par René Pintard (le pape critique du libertinage érudit, jamais avare de bénédictions et de condamnations), qu'au chat prudent, discret, sur ses gardes, en retrait, l'œil vif, l'esprit mutin, les agissements solitaires, sacrifiant aux logiques aristocratiques. S'il célèbre ici le nuage d'encre de la seiche, c'est afin de mieux vanter ailleurs la fausse bonhomie du bœuf au jugement tardif (la suspension sceptique), ou la prétendue candeur de l'âne (l'ignorance sceptique), bestiaire d'une crèche philosophiquement détournée...

Ce mélange de chat prudent, de bœuf bon enfant, d'âne ingénu, caractérise un philosophe difficile à saisir, donc facile à emprisonner dans les clichés et à pétrifier dans les malentendus. Ce chrétien passe pour un athée, ce sceptique semble un dogmatique, ce philosophe reste dans l'ombre du polygraphe, ce baroque donne l'impression d'un opportuniste, et jamais on ne le lit vraiment, préférant ressasser sur son compte les jugements de l'historiographie bien-pensante : auteur mineur, penseur moyen, « Plutarque français ».

2

Dans la lumière du siècle. En philosophe baroque emblématique, La Mothe Le Vayer vit d'ombre et de lumière, lumières publiques, ombres philosophiques. Le beau noir prêté par Paul Valéry à Blaise Pascal le drape à merveille dès qu'il s'agit d'idées, de thèses et de théories. L'homme se cache, se dissimule, tout en poussant ses pensées sur le devant de la scène. Pendant ce temps, il reste en coulisse. D'abord une vision du monde, l'essentiel; ensuite, s'il y a lieu, un personnage, un auteur, un démiurge à peine perceptible parmi les jeux d'obscurité.

Dans la lumière de son siècle, François de La Mothe Le Vayer voit le jour en août 1588. Pendant ce temps, à Venise, dans le palais des Doges, le Tintoret peint *Le Paradis,* un déluge de corps, un fouillis de chair, un capharnaüm de volumes, un embrouillamini de contorsions, un chef-d'œuvre de mouvements, une série d'arabesques concentriques, en abyme, un modèle du genre baroque. La pensée de l'auteur des *Dialogues faits à l'imitation des Anciens* rappelle la peinture du Tintoret avec lequel il partage une vitalité végétale, une force en expansion, une vigueur dionysiaque. La Mothe Le Vayer pense comme croît une plante tropicale.

Enfance au Mans, études de droit, avocat au Parlement, substitut du procureur général dès l'âge de dix-huit ans. A trente-sept, après presque vingt années d'exercice, la chaire héritée à la mort de son père lui échoit définitivement. Quand il devient précepteur du duc d'Anjou, futur duc d'Orléans, il abandonne cette fonction. Pour plaire à Richelieu, il écrit sur commande des textes qui attaquent les visées impérialistes espagnoles, d'autres qui célèbrent les alliances protestantes de la France, ou encore un ouvrage dirigé contre les jansénistes intitulé *De la vertu des païens* qui, évidemment, exaspère Arnauld, sinon, des publications de circonstance sur l'instruction des grands. Au plus fort de la Fronde, grâce à ses relations avec Mazarin et Anne d'Autriche, il enseigne un temps le futur Louis XIV.

Habile, il rédige un *Discours chrétien sur l'immortalité de l'âme* et conclut à la preuve de l'existence de l'âme par l'excellence de ses performances dans la réalité ! Cet opuscule lui ouvre l'Académie française, malgré ses imprécations contre Vaugelas sur la pureté de langue française et son parti pris d'une langue vivante, dynamique, évolutive et non fixée par les grammairiens. A sa mort, Racine hérite de son fauteuil. Le tragédien fut si mauvais dans l'exercice, dit-on, que son discours ne fut pas conservé...

3

La pénombre privée. Familier de la cour, proche des grands, coutumier des voyages diplomatiques dans nombre de pays d'Europe, auteur d'ouvrages signés de son nom propre, éducateur des princes, auteur courtisan – étymologiquement –, La Mothe Le Vayer cache sa vie privée. Qu'en sait-on tout de même ? Un mariage tardif à l'âge de trente-trois ans avec la veuve d'un professeur royal d'éloquence grecque, une banale vie conjugale pendant trente-trois années, un fils brillant, devenu abbé, complice dans l'établissement du texte des œuvres complètes du père.

Puis, la mort de son épouse quand il a soixante-sept ans. Neuf ans plus tard, son fils aimé trépasse à son tour. Agé de trente-cinq ans, cet ami intime de Boileau et de Molière meurt à cause de l'impéritie de deux médecins qui l'ont chargé d'antimoine – le comble pour un prêtre... Molière, le grand Molière, le probable élève de son ami Pierre Gassendi, écrit un superbe sonnet de consolation qu'il envoie au père. Puis il recycle la matière de cette douleur personnelle en créant pour la scène Diafoirus et autres médecins doués pour envoyer *ad patres* leurs patients avec force vin émétique...

Veuf, privé de son fils, La Mothe Le Vayer épouse à soixante-seize ans une jeunesse quarantenaire. Moqueries de ses amis... Indifférence du vieux sage sceptique... On ne s'étonne pas de le voir mettre sa plume au service d'une défense anonyme – le sceptique est d'abord un prudent... – du *Tartuffe* (1664). On présume qu'après ce portrait à charge des dévots il apprécia particulièrement celui du libertin dans *Dom Juan* (1665) ou le jubilatoire assassinat des médecins dans *Le Médecin malgré lui* (1666)... D'aucuns songent à La Mothe Le Vayer en modèle de l'Alceste du *Misanthrope*...

Sur son lit de mort – le 9 mai 1672, il a quatre-vingt-quatre ans –, on rapporte que François Bernier, l'auteur de l'*Abrégé de la philosophie de Gassendi* en huit tomes et sept volumes (plus abrégé, on ne peut !), qui fut aussi pendant douze ans le médecin particulier de la cour d'Aurangzeb, s'entendit demander par le sceptique encore curieux : « Eh bien ! Quelles nouvelles avez-vous du Grand Mogol ? » Avant de rendre son dernier soupir.

Deux années avant sa mort, toujours vert, il avait republié son *Hexameron rustique*, un ouvrage de jeunesse qui passe pour un livre obscène alors qu'il est bien plutôt un superbe exercice ironique de déconstruction allégorique d'un épisode de la vie d'Ulysse. Le héros d'Homère revint vers l'antre des Nymphes, fidèle à Pénélope, pour retrouver ce que La Mothe Le Vayer met en évidence : moins une patrie rocheuse et géologique qu'un antre bien plus doux caché sous les jupes de la dame.

4

Une figure diabolique ? Quand il meurt, La Mothe Le Vayer le discret, le prudent, devient un parangon de personnage diabolique : athée dissimulé, mécréant caché, auteur à décoder, rhéteur habile et fourbe, adepte du double langage, chrétien dans la lumière doublé d'un libertin dans l'ombre, opportuniste à l'aise avec tous les grands, courtisés selon les mêmes méthodes – de fait, Richelieu mort, il recycle sans vergogne son nécessaire à reluire avec Mazarin, son successeur...

Les antiphilosophes du XVIIIe siècle, tout préoccupés de généalogie des Lumières, lui prêtent la paternité de l'athéisme du siècle – qui par ailleurs était déiste.... Voltaire contribue à ce malentendu en utilisant, comme avec Jean Meslier, le nom du philosophe pour lui prêter des propos étrangers à sa pensée afin d'avancer ses propres idées et de couvrir ainsi ses arrières. Arouet le roué...

La tradition universitaire contemporaine n'ajoute pas à la clarté. Familière de la méthode du prélèvement, tel exploite les citations épicuriennes pour le baptiser disciple du Jardin ; un autre y voit un parangon de strict pyrrhonien ; un troisième pointe ici ou là des références en forme de révérence à Antisthène ou Aristippe, et le voilà un peu cynique ou vaguement cyrénaïque ; ailleurs, on monte en épingle une saillie sceptique pour conclure à un athéisme avéré, bien que dissimulé ; un autre encore, soucieux de mettre en exergue telle ou telle référence à la religion catholique, apostolique et romaine, à laquelle il conseille de se soumettre par fidéisme et souci du bien public, conclut à son franc engagement chrétien ; pendant ce temps, analysant sa démonstration du pouvoir de la volonté et de la raison dans le dialogue, un ultime écarte toutes les remarques d'un revers de la main et le statufie dans le marbre stoïcien.

Or, chez lui comme chez tous les libertins baroques, le travail de l'Antiquité est constant et visible en des foyers *simultanés*. La mine de la pensée antique fonctionne en permanence et à ciel ouvert pour autant de prélèvements que nécessaire. La Mothe Le Vayer, insaisissable avec d'aussi gros instruments, ne se trouve nulle part où on l'attend. Sûrement pas en disciple bêlant de l'un de ces dogmatiques antiques détestés plus que tout. Disciple de Pyrrhon ? Bien sûr, mais sûrement pas en lecteur orthodoxe des *Hypotyposes*.

Car cet ami de Marie de Gournay, ce membre actif de la Tétrade (l'académie d'amis réunissant Pierre Gassendi, Gabriel Naudé, Guy Patin), ce lecteur de Montaigne (il hérite, via la fameuse « fille d'alliance », d'une partie de la librairie du philosophe à la Tour, passée aux mains de Marie après le trépas de son Maître), cet amateur de Pierre Charron est *d'abord* chrétien, *puis* sceptique. Un genre de mixte, une sorte de chimère produite par le siècle baroque avec un plaisir non dissimulé dans les cabinets de curiosités : un mélange de Pyrrhon et de Jésus, un saint Paul qui possède sur le bout des doigts les tropes sceptiques...

Ainsi, loin de la figure diabolique et du rire sardonique de l'ange déchu, aux antipodes de sa mauvaise réputation, La Mothe Le Vayer propose une pensée équilibrée, singulière, inédite (ou du moins très récente puisque en 1562, le traducteur des *Hypotyposes*, Henri Estienne, ne cache pas son catholicisme) de *chrétien sceptique* ou de *sceptique chrétien*. Une dose de pape, une dose de Pyrrhon... L'athéisme semble encore loin !

5

Le mode d'emploi de soi-même. Dans l'obscurité du personnage, une confidence me paraît essentielle pour saisir comment, lui comme les autres, La Mothe Le Vayer philosophe avec ses impuissances, son tempérament, sa personne et son caractère. Avec, contre, ou malgré tout cela, il pense pour vivre avec sa nature et transforme en vérités générales ce qui relève de nécessités physiologiques, biologiques et particulières. Lui aussi tâche, par l'élaboration d'un système, de devenir ce qu'il est. Leçon intempestive de Pindare !

Où se trouve cet aveu? Aucunement pointé à la manière d'une information utile pour comprendre son travail dans son entier. Mais en passant, comme ça, noyé dans le corps du texte, perdu au milieu des accumulations d'exemples, dissimulé dans les fils savamment emmêlés d'une démonstration de l'un des *Petits Traités* intitulé *De l'amitié*. La Mothe Le Vayer affirme que personne ne peut se vanter « de vivre bien en accord avec soi-même ». Pour un sceptique avare de détails autobiographiques, l'idée vaut qu'on la retienne : La Mothe Le Vayer – ce sont ses mots – « indécis » ? « Indéterminé » ? « Instable d'esprit » ? « Sujet à la contradiction » ? Probablement... Et voilà pourquoi cet homme structurellement incapable d'arrêter et de tenir fermement une position, fustige conjoncturellement le dogmatisme des autres pour célébrer le scepticisme de sa nature profonde. Il pense avec son tempérament et transforme son probable caractère subi en décision voulue, puis se réapproprie ce qui lui échappe. Dès lors, ce sceptique par nature devient ennemi des dogmatiques par culture...

De sorte qu'on tiendra pour nulles et non avenues ces scies universitaires du double langage, de l'écriture cryptée, du verbe codé, de la pratique du masque, des stratégies de la dissimulation, du libertinage comme non-dit, chez lui comme dans toute la constellation des penseurs baroques dudit Grand Siècle. La Mothe Le Vayer offre moins une occasion d'exercices de contorsions sorbonniques qu'un nouvel exemple de pensée existentielle : il cherche par l'écriture à fixer le mode d'emploi de son être. En ce sens, il brille en disciple fidèle d'un certain Michel de Montaigne...

6

Déniaisé, tragique et solitaire. La Mothe Le Vayer ne croit pas à l'amitié dans le marbre. En lisant *De l'amitié*, on songe au tombeau de papier édifié par Montaigne pour La Boétie. Cet indéterminé voit le monde tel qu'il est, en tragique, sans désir de l'embellir ou l'obscurcir. Quand il écrit vers la fin de son existence sa *Prose chagrine*, une source possible de Molière, il montre un regard extrêmement lucide sur le monde. L'amitié romaine ? Une fiction, une illusion, une belle chimère, un vœu creux, un mythe. Oreste et Pylade ? Une fable... Jamais il n'a vu, lui, une chose ressemblant de près ou de loin à cet exercice rhétorique latin. On confond le compagnonnage, les accointances d'occasion et d'intérêt avec un sentiment inexistant dans les faits. Et puis, cet homme troublé par le cours des choses et du monde, existentiellement requis par les mouvements baroques d'une âme inquiète, conclut qu'un sage n'a pas besoin d'ami, car son idéal suppose la solitude, l'autonomie, la paix avec soi-même. Le bonheur terrestre ? L'acatalepsie – autrement dit : la quiétude consubstantielle au renoncement à chercher des solutions aux problèmes.

Comment procéder ? En excluant les excès. En bon sceptique, en familier des mœurs du baudet, La Mothe Le Vayer connaît l'histoire de l'âne de Buridan : ne pas choisir c'est encore un choix. A refuser le seau d'eau ou l'auge d'avoine, son ami aux longues oreilles est mort de faim et de soif. D'où une suspension, la fameuse *époché* pyrrhonienne, non pas au profit du néant ou de rien, mais en faveur du juste milieu, de l'équilibre.

Concrètement? En amitié, par exemple, s'il ne sacrifie pas au mythe du marbre montanien, il ne donne pas non plus dans l'inverse en croyant à l'impossibilité de toute relation d'affinité élective. Lui qui participe régulièrement à la Tétrade, mais aussi à la fameuse Académie Putéane (le Cénacle Dupuy), fréquente Cyrano de Bergerac, dispose en Molière d'un véritable complice, connaît l'existence de relations privilégiées entre pairs intellectuels. Avec Pierre Gassendi, l'épicurien qu'il assiste dans ses observations astronomiques, avec Gabriel Naudé l'aristotélicien, son interlocuteur sur la question de la raison d'Etat, ou avec le voyageur Diodati, l'une de ses sources sur les coutumes du monde, La Mothe Le Vayer constitue une avant-garde discrète qui discute librement, sans préjugés, et pratique une amitié moins fictionnée que vécue. A égale distance de l'excès romain à la Montaigne ou du défaut misanthropique, La Mothe Le Vayer défend un équilibre où l'on ne se dit peut-être pas tout, mais où l'on ne saurait pour autant celer l'essentiel : une conversation, un échange dans lesquels bienveillance et concorde tiennent un rôle majeur.

En politique? Lui qu'on a pris pour un flagorneur, un habile séducteur de grands et de puissants, un individu prompt à proposer son préceptorat aux princes, se réclame d'Aristippe de Cyrène qui fréquente la cour de Denys de Syracuse, mais en homme libre, il garde son indépendance d'esprit. Le duc d'Anjou, Louis XIV enfant, Anne d'Autriche, Richelieu, Mazarin, certes, mais aussi plus petites pointures, il connaît les puissants de son époque. Mais sans y perdre son âme : ses publications philosophiques témoignent pendant presque un demi-siècle. Ni trop proche, malgré les apparences, ni trop lointain, il pratique la bonne distance.

Plus anecdotique, mais tout autant parlant pour saisir sa théorie de la juste mesure : en « gastrologie », pour reprendre le mot utilisé dans *De la bonne chère*, La Mothe Le Vayer évite l'ascèse, le jeûne, les privations autant que les excès continuels, les orgies bachiques. Ni saint Pior qui, dans son désert, mange pendant cinquante ans un petit pain sec et cinq olives par jour, ni Pétrone dégustant force vulves de truie farcies arrosées des plus beaux falernes, mais le nécessaire pour apaiser la faim, seul guide en la matière. Même s'il justifie parfois l'ivresse, voir *Le Banquet sceptique*, c'est occasionnellement, comme une manière d'obtenir la vérité grâce à la désinhibition qu'apporte l'alcool. La bonne chère suppose l'appétit et la satisfaction du corps et de l'esprit, souvenir des dîners de la Tétrade ! On suppose la fréquentation de ses amis libertins associée à des débordements en tout genre, on se trompe. Le Jardin d'Epicure est un modèle de convivialité sobre, intellectuelle et amicale et non un genre de délire comme dans le *Satiricon* de Pétrone.

Sur une multitude de sujets relevant de la vie quotidienne et de la vie philosophique (son ami Cyrano de Bergerac disait qu'il vivait en philosophe), La Mothe Le Vayer procède selon le même principe : la bonne distance. La mode ? Eviter les ridicules engouements du moment, les longues chaussures aux bouts interminables, les bottes aux soufflets de cuir gonflants sur les chevilles, et préférer le vêtement ni trop neuf ni trop usagé, des habits qui ne choquent personne utilisés sans ostentation. Le sommeil? Ne pas veiller inconsidérément, il plaint les insomniaques, ni dormir comme une marmotte, mais donner au corps ce qu'il demande. L'argent? Ni l'indigence, insupportable, ni la fortune, qui asservit trop, soit pour l'acquérir, soit pour la conserver. La règle? Ni trop, ni trop peu, un juste milieu, la prudence et la fameuse acatalepsie, l'absence de trouble générant la véritable quiétude.

7

Cohérence d'une vie philosophique. La Mothe Le Vayer fréquente la cour pour vivre, car il est sans fortune familiale. Pintard le dit se reniant. Or jamais il ne se contredit, il tient des discours incomparables parce que destinés chacun à des personnes précises et relevant d'objectifs hétérogènes : le précepteur des enfants royaux rédige *De l'instruction de Monseigneur le Dauphin* pour proposer ses services; une fois la fonction obtenue, il ajoute plusieurs volumes, *La Géographie du Prince, La Morale du Prince, La Rhétorique du Prince, L'Œconomique du Prince, La Politique du prince, La Logique du Prince,* les travaux pratiques théoriques; le penseur au service du Cardinal publie un *Discours sur la bataille de Lützen* ou un *Discours sur la proposition de la trêve aux Pays-Bas*; l'impétrant à l'Académie dédie à Richelieu son *Petit Discours chrétien de l'immortalité de l'âme.* Chaque fois il travaille pour gagner son pain, il exerce son métier de courtisan...

Le philosophe exprime le fond de sa pensée ailleurs que dans ces textes de circonstance : notamment dans la série des *Dialogues faits à l'imitation des Anciens*, mais aussi dans les *Opuscules et Petits Traités*, autant d'occasions de formuler une pensée qui ne fléchit pas et ne contredit pas l'autre facette du personnage. Le philosophe dispose de son for intérieur, il a la liberté de manifester les idées claires de son scepticisme chrétien. En même temps, le professionnel de la politique, de la diplomatie et de la pédagogie, montre que l'*épochè* ne se double pas de l'inaction, du non-agir d'un genre taoïste, mais de l'action en faveur du juste milieu requis par l'obéissance aux lois et coutumes de son pays. Fait-on plus cohérent?

Renonçons à la *moraline* pour appréhender l'homme, la vie, l'œuvre, la pensée. L'hypocrisie dont on l'affuble depuis Pintard, suppose des procès d'intention. On lui prête des idées qu'il n'a pas, on lui attribue des comportements qui ne sont pas les siens, on aborde son travail comme si ce qu'il écrit comptait pour rien quand ce qu'il tait constituait l'essentiel. Or, ce qu'il tait, c'est toujours l'universitaire qui prétend le montrer en soumettant le texte à la torture. La Mothe Le Vayer affirme l'existence de Dieu? C'est afin de dissimuler son athéisme... Il dit la nécessité d'être chrétien? Pour mieux cacher sa mécréance.... Son œuvre ne comporte aucune confidence biographique? Evidemment, il cache une existence de débauché et de libertin! Quand il affirme, on tient ses propos pour nuls et non avenus; s'il se tait, on extrapole de ses silences le soufre de ses intentions. A ce rythme, on repeint le personnage aux couleurs qui conviennent au zélateur, certes, mais au détriment des leçons de la vie et de l'œuvre du philosophe...

8

Le cabinet de curiosités philosophique. Depuis Alexandre Koyré, on a beaucoup développé les conséquences métaphysiques et ontologiques du passage du monde clos de Ptolémée à l'univers infini de Copernic. En troquant le géocentrisme aristotélicien, chrétien donc, pour un héliocentrisme moderne, les visions du monde auraient changé. Fin du monde ancien, naissance de la modernité. Dieu, l'espace, l'esprit, la matière, l'univers, le temps, le monde, la généalogie, tout cela se pense autrement. Destruction du cosmos fini et ordonné, hiérarchisé, et permettant l'existence d'un univers intelligible, puis géométrisation de l'espace, laïcisation du ciel : l'homme se retrouve désormais dans un monde obéissant à ses propres lois, réductibles à des formulations mathématiques, et non plus à des fictions allégoriques ou théologiques. Dont acte.

Mais on oublie aussi que, parallèlement au décentrement de cette révolution astronomique, on doit compter avec la découverte d'un Nouveau Monde en 1492. Ce moment engendre lui aussi une révolution intellectuelle et conceptuelle d'un genre copernicien : on passe dès lors du monde limité de l'Europe blanche et chrétienne à un univers divers, multiple, coloré, avec une prolifération de points de vue religieux, philosophiques, métaphysiques. Le récit de voyage joue un rôle au moins aussi important que la découverte du mouvement des planètes dans l'économie du changement d'épistémè. Ce qui se joue dans le ciel de Copernic se joue également sur la terre et la mer de Christophe Colomb.

La Mothe Le Vayer philosophe dans ce mouvement baroque caractérisé par la disparition du centre et l'avènement de l'ellipse. On ne s'étonnera pas que dans le *Dialogue sur le sujet de la divinité* il recycle une idée et une métaphore d'Hermès Trismégiste, à laquelle Blaise Pascal donne sa popularité scolaire, en définissant Dieu comme une « sphère intelligible de laquelle le centre est partout, et la circonférence nulle part ». Plus de point focal, disparition du centre, fin du cercle et de la sphère, allégories de la perfection depuis au moins Parménide. Restent le mouvement écrasé, l'ovale, la courbe et sa contre-courbe, autrement dit l'essence du baroque.

L'un des objets caractéristiques de cette époque est le cabinet de curiosités dans lequel, pêle-mêle, on expose des objets rares, exotiques, étranges, insolites, pittoresques. L'œuvre philosophique de La Mothe Le Vayer ressemble à un cabinet de curiosités de papier. De fait, on y trouve tout un bric-à-brac apparemment hétéroclite, divers, irréductible, mais qui, malgré le désordre et l'incohérence du premier abord, invite à une vision du monde nouvelle où la vérité unique laisse place aux vérités multiples, autant dire au désordre consubstantiel à l'absence de référent unique.

Nicolas Peiresc, l'ami de Gassendi, donc de La Mothe Le Vayer, le correspondant de Rubens, l'interlocuteur de Galilée, dispose de l'un des plus beaux cabinets de l'époque. Dans ce genre de musée en germe, on trouve souvent des objets venus de loin, soit dans le temps, soit dans l'espace : momies égyptiennes, manteau de plumes brésilien, chaussures tibétaines, becs d'oiseaux rares, gemmes extravagantes (les pierres d'aigle, les fossiles, l'ambre...), les mandragores qu'on croit produites par le sperme des pendus, les roses de Jéricho qui éclosent seulement le soir de Noël ou les jours d'accouchement, les dents de narval devenues appendices de licorne, ou encore des monstres, des chimères : un dragon ou une hydre, en fait un habile travail de couture entre une raie et un lézard ou un lapin et un serpent...

Lire l'œuvre de François de La Mothe Le Vayer équivaut à promener son regard sur un cabinet de curiosités ; le concept, certes, mais aussi le meuble qui le porte, souvent incrusté de pierreries, de métaux précieux, d'écailles rares, peint par des artistes de renom. Quand il s'exprime en penseur, en philosophe, il s'exécute avec le style et le tempérament d'un artiste baroque familier des accumulations, de l'exubérance, de la quantité, du désordre, de l'expansion vitale. L'apollinisme ? Une vertu aux antipodes de La Mothe Le Vayer qui ne construit pas avec lignes droites, verticales et horizontales, plans nets, façades sobres et agencements radicaux, mais avec des forces, des énergies, des efflorescences.

9

En deçà du bien et du mal. Le plan mouvant sur lequel le philosophe installe ses démonstrations empêche la lecture moralisatrice. La Mothe Le Vayer n'utilise pas l'éloge ou l'anathème, la célébration ou la déconsidération. Son travail ne se situe pas *par-delà*, mais *en deçà* du bien et du mal. Avant, dans un état d'innocence, comme aux beaux jours d'un avant la faute et le péché originel. Sur la terre australe, au pied des montagnes tibétaines, sur les berges d'un fleuve chinois, à l'ombre des architectures péruviennes, dans le vent glacé des terres islandaises, sur le sable brûlant de l'Anatolie, dans les pas de Marco Polo ou de Vasco de Gama, le philosophe développe sa pensée : un propos optique sur le monde, une considération voyeuriste de l'univers. La Bible ? Pas plus ou pas moins que l'Alcoran ou les récits de voyage. Cet homme regarde comme un découvreur de nouveau monde, réfléchit à la manière d'un conquistador, conclut en capitaine de vaisseau transatlantique.

La morale judéo-chrétienne balise nos comportements ? Elle légifère sur les usages du corps ? Certes. La Mothe Le Vayer n'écrit ni ne dit rien contre. Mais il précise qu'en dehors de la terre européenne, on pense autrement, on vit différemment, on aborde les choses d'une autre manière. Ici on utilise des cuillères, là on mange avec les doigts ; dans un pays on maudit l'inceste, dans un autre les pères déflorent leurs filles ; tel peuple enterre ses morts et les destine aux vers, tel autre les mange après les avoir cuits ; tel croit que Dieu juge le comportement des hommes, tel autre que les dieux hantent les pierres, les plantes, les animaux ; etc.

De sorte qu'en ethnologue qui philosophe, ou en philosophe appuyé sur l'ethnologie, le sceptique chrétien pense moins avec des livres et des bibliothèques qu'en regard des us et coutumes des hommes en des lieux et espaces différents. Sur les mœurs, par exemple, la doctrine judéo-chrétienne importe moins que la leçon du cabinet de curiosités planétaire. Certes, il existe un décalogue, des invites testamentaires, mais le philosophe pense non pas contre, ni au-delà, mais en deçà de ces contraintes intellectuelles. Exemples.

10

Zoophile, cannibale et coprophage. Dans la perspective de dialogues prétendument faits à l'imitation des Anciens, La Mothe Le Vayer joue comme l'auteur avec des personnages sur la scène d'un théâtre. On le sait depuis Calderón de la Barca, « la vie est un songe », le théâtre aussi vrai que le réel, le monde une fiction avec une consistance égale à celle des fumées. Les personnages jouent leur rôle sur le proscenium et ne diffèrent aucunement de ce qui échoit à chacun dans le détail d'une vie quotidienne. Marcellus, Orasius, Diodorius, Divitiacus, Xénomanes, Eraste échangent dans *Le Banquet sceptique* à la manière de discussions d'amis en temps normal.

Eraste (celui qui aime, l'actif dans l'amour grec...) engage la conversation avec les convives. Il s'appuie sur les découvertes faites dans le Nouveau Monde d'une nature moins corrompue. Que nous apprend-elle ? Que l'anthropophagie relève de raisons rationnelles et raisonnables, et pas de logiques barbares ; l'omophagie, la coprophagie, la zoophilie, l'homosexualité, l'inceste également, idem pour la masturbation – « gentille chirurgie » ou « déception des nerfs ». Tout cela n'est nullement contre nature, puisque les animaux, les peuplades primitives, les civilisations originaires pratiquent ainsi...

Nulle part il n'est question des interdits de la religion catholique, apostolique et romaine. Bien mieux,

La Mothe Le Vayer ne recule pas devant d'abondantes citations de l'Ancien Testament pour montrer que les peuples anciens, dans les temps et géographies reculés, montrent bien plutôt leurs tropismes naturels. La somme vétérotestamentaire témoigne pour le philosophe sceptique et ironique qui transforme la Bible en document ethnographique épistémologiquement aussi valable qu'un récit de voyageur au Tibet !

Entrons dans le détail : prenons le cas de la zoophilie. Les grands textes mythologiques témoignent, Homère et Virgile en tête, voir Pasiphaé et son taureau, Sémiramis et son cheval... Les historiens également, ainsi Hérodote racontant des femmes égyptiennes accouplées à des boucs. Lecteur de Cyrille de Novogardia, La Mothe Le Vayer sait qu'en Moscovie aussi on a pratiqué la copulation avec des bêtes, puisque l'auteur légitime la consommation de la chair et du lait d'une vache... qu'un homme a sexuellement honorée !

Et puis nombre de récits de voyage confirment : ainsi les Portugais ont découvert en Inde Orientale que les autochtones trouvent qu'un poisson nommé « *Pescadomuger* » ressemble assez à leurs femmes pour qu'ils en usent à l'identique. Même remarque avec les Nègres du Mozambique. De même, non loin de la rivière Cochin, Nicolo Conti rapporte qu'un même genre d'animal sort de l'eau, allume des feux sur la berge, attire d'autres poissons, et les consomme bibliquement. D'autres preuves ? Qu'à cela ne tienne : sur les berges du lac Titicaca, les Uros d'Acosta se définissent moins comme des hommes que comme des créatures aquatiques, ce dont leur sexualité témoigne. Et puis, retour aux sources antiques connues, Pline raconte les amours d'un oison et d'Olenus dans Argos, pendant que Glaucé, une joueuse de guitare, subit les assauts séducteurs d'un bélier. Ailleurs : cette histoire entre un veau marin amoureux d'un pêcheur d'éponges. Ou bien : rapportée par Jean Léon, cette habitude de certains lions de pardonner aux femmes (on ne sait d'ailleurs quoi...), si elles soulèvent leurs jupes !

En amateur de cabinet de curiosités où les chimères tiennent une place de choix, le philosophe renvoie aux accouplements extravagants et donne la recette du dragon : le résultat d'une union entre un aigle et une louve. Ou celle de l'autruche : un chameau copulant avec un volatile... Idem avec des poissons. Ainsi des amours pittoresques entre le squatine et la raie, générateurs du rhinobatos ou squatinorhaja... Qu'on se le dise ! Le dialogue de La Mothe Le Vayer, dans une seule page, propose l'inventaire d'un cabinet de curiosités, zoophilique en l'occurrence.

11

Plier, déplier la pensée. Que vise La Mothe Le Vayer avec ces séries d'un genre fouriériste? Créer un trouble par l'accumulation, étourdir, empêcher la certitude établie, inquiéter, susciter un doute : et si ces vérités multiples invalidaient la vérité à laquelle je crois depuis toujours? Si le monde entier a raison : j'ai tort; en revanche, s'il a tort, j'ai raison. Mais qu'est-ce qui va me prouver que l'un des protagonistes a raison plutôt qu'un autre? Si Montaigne a raison en affirmant que nous nommons barbarie ce qui n'est pas notre fait, alors rien n'est barbare, tout est possible, du moins tout semble se valoir... Plus de haut, plus de bas, plus de droite, plus de gauche, aucune boussole, rien pour se repérer, mais une ivresse mentale, une ébriété conceptuelle : le prélude, la méthode pour parvenir au moins à une certitude qui stoppe le trouble, l'*épochè* pyrrhonienne.

Chaque thèse appelle son antithèse, une courbe entraîne une contre-courbe, une affirmation génère sa négation. La dialectique sceptique propose une arithmétique où toute valeur surgit accompagnée de sa contre-valeur visant un résultat nul ou neutre. Blanc et noir, donc absence de couleur; droite et gauche, haut et bas, donc absence de positionnement; ici et là, d'une part et d'autre part, l'un dit, l'autre ajoute, selon tel, puis selon tel autre. A ce jeu dynamique, dialectique, en perpétuel mouvement, baroque en ce sens, le gain égale zéro. Tout ces trajets produisent du surplace...

Etrangement, La Mothe Le Vayer utilise une métaphore dont Gilles Deleuze s'empare pour qualifier le baroque : le Pli. Dans l'un des *Cinq Dialogues faits à l'imitation des Anciens, De l'opiniâtreté*, il parle de ces « images pliées qui nous représentent des figures toutes différentes selon l'endroit d'où nous les regardons ». Une phrase enrôlable dans la démonstration du penseur contemporain des forces et des lignes de fuite! En disciple lointain de Protagoras, pour qui l'homme est la mesure de toute chose, le philosophe sceptique croit à la vérité du perspectivisme, donc à l'inexistence d'une vérité unique. Mais à cela, il croit dur comme fer!

La biographie est pliée; la philosophie aussi; l'écriture également; le personnage ensuite; les démonstrations pour suivre; les conclusions enfin. Sans parler de stratégie volontaire de la part de La Mothe Le Vayer qui affirme la prégnance d'une forme et d'une force venues de l'époque et qui infusent la musique, la peinture, la littérature, l'architecture, mais aussi la philosophie qu'on oublie presque toujours. L'œuvre sceptique chrétienne s'inscrit, avec ce sublime oxymore, dans l'esprit du temps, à la manière d'un corps peint par Rubens, d'un marbre taillé par le Bernin ou d'un opéra de Gesualdo.

12

Effacement de l'auteur. Le pliage de l'auteur suppose la disparition de son nom propre, son retrait dans l'ombre et la mise en lumière, sur le devant de la scène, de sa seule pensée. François de La Mothe Le Vayer laisse donc place à des pseudonymes en clin d'œil lancé aux Anciens. Passé la quarantaine il publie son premier livre : les *Quatre Dialogues faits à l'imitation des Anciens.* Mais sous le nom d'Orasius Tubero. Lorsqu'il fait paraître, puis reparaître passé quatre-vingts ans, son *Hexameron rustique,* il signe Tubertus Ocella...

Via le latin *ocellus,* diminutif d'*oculus,* l'œil, Ocella signifie la vue, ce qui correspond à Le Vayer, forme évoluée de Le Voyer, donc le voyeur; Tubertus renvoie à *tubero,* le tertre, l'éminence, La Mothe donc... Le philosophe voit juché sur la motte, à partir d'elle, il voit aussi la motte. Bien voir, mieux voir, tout en se cachant... Et puis la motte, soyons freudien, le licencieux auteur de « L'antre des nymphes », la quatrième journée des six de l'*Hexameron*, n'aurait pas récusé l'allusion sexuelle !

Pliage du nom sous le pseudonyme, mais aussi pliage de son apparition dans des lieux eux aussi pliés : l'ouvrage paraît avec de fausses dates (antidaté 1506 au lieu de 1630, la vraie date pour les quatre premiers dialogues, 1606 pour les cinq autres), chez un faux éditeur (Jean Sarius), dans un faux lieu d'édition (Francfort). L'ouvrage est tiré à trente-cinq exemplaires seulement, dont un arrive entre les mains de Descartes qui en parle à Mersenne le 6 mai 1630 comme d'un « méchant livre »...

Prudence, probablement, désir de tranquillité animent La Mothe Le Vayer. Les bûchers de Giordano Bruno et Jules César Vanini ne sont pas bien loin... Un sage sceptique ne va pas au-devant d'ennuis en prenant des risques pour des idées, importantes à ses yeux, certes, mais pas au point de mettre en péril sa précieuse acatalepsie obtenue par une constante ascèse ! Ce qui importe ? La scène, le théâtre, la pièce, les acteurs, le jeu, l'intrigue, les leçons, pas l'auteur. Le *deus ex machina* reste dans les coulisses...

13

Pliages, dépliages, surpliages. Continuons la variation sur le thème du pli. La Mothe Le Vayer opère les mêmes torsions dans le corps, le creux et le cœur de son texte. L'auteur effacé, la pensée ne se donne pas pour autant. Le jeu d'ombre et de lumière se poursuit dans le texte. Là encore, l'historiographie classique, autrement dit l'approche universitaire, privilégie une stratégie de masques et de dissimulations cryptées, de travestissements agencés sur le principe de la mise en abyme.

Moins prosaïquement, voyons-y plutôt un effet du clair-obscur pictural prisé à l'époque : La Mothe Le Vayer (1588-1672), rappelons-le, est contemporain du Caravage (1571-1610), de La Tour (1593-1652) et Rembrandt (1606-1669). Or, que je sache, ces trois-là ne cachent rien dans les beaux noirs de leurs peintures... L'obscurité agit en valeur nécessaire à l'épiphanie de la lumière, elle rend possible une clarté tranchant sur les ténèbres. Les livres du philosophe activent la même dialectique de l'ombre et de la lumière, en partie pour des raisons de prudence, certes, mais aussi par consubstantialité à la pensée baroque du moment.

Le philosophe baroque tourne le dos au désir cartésien du clair et distinct. Le clair-obscur lui va, il préfère le jeu des ombres et des lumières. Travaillant avec la clarté du jour et l'obscurité de la nuit comme matières de prédilection, il propose parfois l'obscurité du jour contre la clarté de la nuit. Dans les belles nuits du texte touffu se tiennent prêts à surgir les éclairs de la pensée qui brillent de tous leurs feux sous forme de maximes potentielles : les thèses majeures de La Mothe Le Vayer.

Contenons donc ainsi cette pensée ondulante, sinueuse dans son architecture générale, dans quelques idées claires : la vérité n'existe pas, mais seulement le vraisemblable ; les excès sont condamnables, désirons le juste milieu ; la raison est impuissante, soumettons-nous aux coutumes ; le dogmatisme gâche la vie, le scepticisme l'enchante ; l'intranquillité est détestable, l'acatalepsie nous sauve. L'ensemble de cette philosophie conduit à l'essentiel : « la jouissance de soi-même », leçons délivrées dans *De la vieillesse.*

14

Les logiques de la nuit. Précisions sur l'obscurité baroque du philosophe : l'une des manières de fabriquer de la fumée, de rendre opaque l'horizon et d'obscurcir le discours consiste à *multiplier les citations.* Certes, à l'époque, peu de gens achètent et lisent des livres. La quasi-totalité de la population est illettrée, pauvre. Les prêtres, les nobles frottés d'un peu d'éducation lisent le latin. Dès lors, nul besoin de leur traduire les emprunts faits à Sénèque, Plutarque et autres vedettes de l'époque baroque. Mais à la langue de Cicéron, La Mothe Le Vayer ajoute le grec d'Aristote, l'espagnol et l'italien de proverbes cités dans leur langue originale.

On sait depuis Montaigne le rôle tenu par la citation dans l'économie d'un texte et d'une œuvre : idée empruntée, thèse d'un autre à laquelle on n'est pas obligé de souscrire ouvertement, certes, mais que l'artifice d'incrustation permet, sans en avoir l'air, de proposer à son lecteur. Lucrèce écrit dans *De la nature des choses* que les dieux procèdent des hommes qui les créent pour conjurer leur peur? Lucrèce le dit, pas La Mothe Le Vayer qui le cite, bien sûr, mais la chose s'en trouve tout de même dite...

Parfois aussi la référence n'agit pas en révérence, car elle n'est pas clairement revendiquée. A l'époque, le droit d'auteur n'existe pas, donc la législation sur la citation non plus. L'éthique n'entre pas en ligne de compte, on peut emprunter, prélever sans révéler sa source, il n'y a ni malice ni malhonnêteté. Les *Essais* se constituent de citations, certes, mais aussi d'idées venues de Cicéron, Sénèque, Plutarque. Le matériau importe moins que la construction obtenue. Ainsi, La Mothe Le Vayer écrit deux ou trois fois du bien de Pierre Charron, mais ne le cite pas quand il lui emprunte sa devise « Peu et paix » pour la mettre dans la bouche de Xénomanes, un interlocuteur du *Banquet sceptique.*

15

Le théâtre philosophique. Autre pli dans l'œuvre, après la multiplication des citations, *l'usage des dialogues.* Platon a donné ses lettres de noblesse au genre, mais en se construisant des interlocuteurs faibles, le sophiste du *Gorgias* ou du *Protagoras,* le cyrénaïque du *Philèbe,* etc. Ainsi il est plus facile de triompher avec un Socrate platonisé, paré de toutes les vertus et doué de toutes les forces ! Cicéron, bien sûr, mais dans l'objectif d'un dialogue fictionné. Ou Lucien, drôle comme Aristophane, profond comme Plutarque. Chaque fois, on donne l'impression d'un échange, mais sur le principe agonique : la vérité contre l'erreur, le bien opposé au mal, l'idée faisant face à l'opinion, etc.

La pratique du dialogue chez La Mothe Le Vayer n'obéit pas à ces logiques, car, sous sa plume, chacun à son tour a tort ou raison. Le jeu ne s'effectue pas sur le principe binaire qui suppose la vérité ici et l'erreur partout ailleurs. Car le triomphe d'une idée importe moins que le spectacle d'une pensée scénographiée et proposée au lecteur afin de produire chez lui le tournis, l'ébriété, le vertige, le déséquilibre, la déstabilisation. L'échange de parole agit comme chez les derviches tourneurs soucieux de produire un état psychique, mental et intellectuel propédeutique à l'acatalepsie.

Où est La Mothe Le Vayer ? Plié dans le tissu du pseudonyme ? Plié dans les personnages ? Tout entier dans un seul, ou un peu dans tous ? Est-il entièrement dans Eraste et ses éloges de l'inceste, de la masturbation, de l'homosexualité, de la zoophilie, etc. ? Ou seulement un peu ? Mais où et quand ? Se cache-t-il dans Télamon échangeant avec Orasius dans le *Dialogue de l'ignorance louable* et affirmant la nécessité de se conformer aux lois, coutumes et religions de son pays ? Lui qui fut vieux garçon, puis longtemps marié, veuf, et très tardivement remarié avec une jeunesse qui aurait pu être sa fille, tient-il du Cassander célibataire célébrant les vertus du mariage, ou du Philoclès marié qui vante le célibat ? Les pliages s'effectuent à l'infini : La Mothe Le Vayer incarne un genre de Molière qui regarde ses Tartuffe, Dom Juan, Alceste et autres Diafoirus s'animer sur scène, parler, occuper les planches, puis disparaître une fois le rideau tombé.

Après le premier pliage, l'*abondance de citations,* et le deuxième, l'*habileté dialogique,* voici le troisième : la *prestidigitation dialectique.* La pensée du philosophe ondule entre les prélèvements de textes anciens, la prestation des personnages sur scène, mais aussi entre les jeux de miroir des prises de parole. Car la dialectique des dialogues augmente à profusion les lignes de fuite au détriment des lignes de force. Efflorescences végétales incontrôlables plutôt qu'architectures apolliniennes... Le liquide des jets d'eau baroques contre la pierre immobile des fontaines classiques.

Un discours fini, la réfutation suit immédiatement. Puis la réfutation de la réfutation. Au bout de quelques échanges, on ne suit plus : qui réfute la thèse de qui ? La réfutation d'une réfutation déjà ? Oui, mais quel était l'objet de départ ? Quelle thèse ? Ainsi dans *Le Banquet sceptique*, ce dialogue majeur dans l'ensemble de l'œuvre qui met en scène pas moins de six personnages – Marcellus, Orasius, Diodorus, Divitiacus, Xénomanes et Eraste.

Le pliage traverse également les figures dans lesquelles se mélangent personnage conceptuel et biographie réelle : le Sceptique et le Dogmatique, autant convoqués que Naudé ou Diodati. Le Dogmatique parle, il expose ses idées ; le Sceptique emboîte le pas et critique les thèses exposées, mais pour ce faire il les reformule ; un tiers annule la perspective du second sur le premier en proposant la sienne : sur l'un, puis l'autre, faussement naïf, il renvoie tout le monde dos à dos ; restent les idées échangées, comme traces, effluves, évanescences, volutes parfumées dans un jardin pyrrhonien.

Faux registre oral, vraie construction baroque, le style ajoute aux jeux de miroir et de lumière : une forme brisée par la ponctuation, chantournée par la syntaxe, rythmée par les périodes, étirée sur la longueur, insérée dans un développement assimilable au catalogue d'anecdotes, La Mothe Le Vayer n'abuse ni de la métaphore, ni de l'allégorie, ni des figures de style, mais il ouvrage son écriture comme le menuisier le meuble de son cabinet de curiosités destiné à contenir, mis en abyme, un... cabinet de curiosités.

16

Traces de lumière dans l'obscurité. Dans l'obscurité entretenue par les pliages du pseudonyme, de la citation et de la dialectique, on trouve parfois quelques lueurs, des éclairages qui offrent autant d'éclaircissements. Mais les renseignements sont parcimonieux. Dans deux ou trois lieux, notamment les *Lettres de l'auteur* qui ouvrent les deux séries de dialogues, La Mothe Le Vayer fournit le mode d'emploi. Ces prolégomènes parlent de « liberté de style », de « marchandises de contrebande », de « fable » et de « paradoxe » – mais pour un sceptique tout est fable et paradoxe... –, de « main libertine », de « caprice » et de « fantaisie », d' « extravagance libertine de la plume », de « rire démocritéen ».

S'y ajoutent un éloge de la confidentialité, une proposition technique singulière – laisser reposer neuf années un manuscrit avant de le publier... –, un dédain des protections et des honneurs, des piques contre la conjuration de lecteurs imbéciles et envieux, un refus des contraintes, un mépris pour ce « siècle ignorant et pervers », un dégagement sur la touche des choses religieuses, une préférence affichée pour l'écriture de petits livres pas très nombreux. Et puis, et puis, pour la métaphore baroque qui nous occupe : une nette et franche préférence pour « l'obscurité d'un cabinet ami » à « l'éclat et le plein jour d'une publique lumière ». En libertin emblématique, La Mothe Le Vayer n'aime pas la « sotte multitude », le peuple, le grand nombre enténébré. A rebours, il opte plutôt pour les Lumières de la communauté réduite – Tétrade, Cénacle Dupuy, Académie Putéane... –, une autre scène philosophique où se joue l'essentiel.

On voit d'ailleurs mal comment les libertins pourraient écrire pour un peuple enchaîné, soumis à l'exigence d'assurer sa subsistance quotidienne, donc contraint à travailler de ses mains et à aliéner son corps, sa chair, son âme, sa liberté, son intelligence. Comment un paysan, un marchand de poissons, un charpentier, un pêcheur, envoyés dès leur plus jeune âge dans les champs, sur les marchés, les chantiers, l'océan, pourraient apprendre à lire, aimer la lecture, comprendre les langues étrangères, évoluer dans le monde des lettrés et des érudits, saisir les finesses dialectiques des philosophes ? Le voudraient-ils que, vu leurs revenus, le coût d'un livre les en empêcherait...

A qui s'adresse donc le libertin ? Pour qui écrit-il ? Potentiellement pour les lettrés, au sens étymologique, celles (rarissimes) et ceux (un peu plus nombreux...) qui savent lire, écrire et vaguement penser. A savoir ? Les prêtres et autres membres du clergé à qui revient la tâche d'éduquer l'élite destinée à la reproduction du système social. Une partie de la noblesse, et encore, pas toute. Une fraction de l'armée, dans les grades élevés. Peu de monde dans le siècle.

Comme ses semblables en libertinage, Charron en tête, La Mothe Le Vayer craint d'être « infecté de l'haleine du peuple » – dixit le *Petit Traité sceptique sur cette commune façon de parler : N'avoir pas le sens commun*... Ils n'ont pourtant pas grand-chose à craindre : les ouvrages rares, chers, ne tombent pas dans les mains de pauvres ou des illettrés qui se moquent bien, hier comme aujourd'hui, d'avoir à choisir entre la « Dogmatique » ou la « Sceptique », l'« acatalepsie » ou l'« aphasie »...

Donc : l'obscurité va bien au peuple, laissons-la-lui ; la lumière convient bien aux assemblées secrètes, discrètes et prudentes. Comptons plutôt avec l'avant-garde éclairée occupée à faire briller la clarté (philosophique) dans l'obscurité (doxologique) avec des moyens discrets et modérés. Les crépitements lumineux des libertins ressemblent aux brèves lumières bleues des arcs électriques, denses, vite apparues, vite disparues, augmentant par la densité de leur éphémère clarté le noir de l'obscurité qui reprend vite ses droits.

17

Les fables du philosophe. On le sait, La Fontaine excelle dans l'art de mettre en scène des animaux auxquels il prête des passions humaines, des comportements et des logiques de grands et petits de ce monde. La Mothe Le Vayer recourt lui aussi à un bestiaire afin d'user de l'humour, de l'ironie, du rire. En disciple avoué de Démocrite, l'antidote d'Héraclite qui pleure, en élève lointain de Diogène et d'Aristippe qui sidèrent les raisonnements de Platon avec des calembours conceptuels, ou de Lucien, qui donne au coq ou à la mouche le soin de servir à une démonstration philosophique, La Mothe Le Vayer convoque l'âne, pour lequel il a une affection toute particulière, et le bœuf, la seiche, ou le paon.

Commençons par la seiche. Dans les *Petits Discours chrétiens sur l'immortalité de l'âme,* l'auteur célèbre l'âme, certes, le titre le dit, mais le texte ne la montre pas si chrétienne, car les preuves de son immortalité résident dans son action et ses effets... Et l'impétrant à l'Académie (le texte sert d'abord ce projet-là...) ajoute un éloge de la seiche qui disparaît en lançant son fameux nuage d'encre. Toujours le noir, utile pour quitter la lumière et retrouver sa tranquillité.

Ensuite le paon. Dans le *Traité sur le sens commun,* La Mothe Le Vayer se réserve le droit de revenir sur d'anciens propos. Une fois encore, il recourt à la métaphore ténèbres/lumières et s'autorise à corriger les pensées du jour par celles de la nuit... Voilà pourquoi il se souhaite une plume ressemblant à celle du paon, ocellée, tachetée, chamarrée, susceptible de toutes les couleurs et capable de changer chaque fois qu'elle remue...

Enfin, le bœuf et l'âne. A l'évidence, la crèche n'est pas bien loin avec cette étable philosophique... Du bovin, François de La Mothe Le Vayer retient la « pesante tardivité »; de l'âne, la métaphore de l'ignorance humaine. De cette allégorie il extrait deux leçons de philosophie essentielles pour sa chapelle : la nécessité d'une suspension du jugement et la conclusion de l'ignorance sceptique. L'*épochè,* puis l'inscience, les deux vérités de cette pensée négatrice de toute vérité...

L'âne est son animal de prédilection. Aussi lui consacre-t-il un dialogue entier : *Des rares et éminentes qualités des ânes de ce temps.* Un chef-d'œuvre de drôlerie dans l'esprit de Lucien de Samosate, d'Apulée ou de Giordano Bruno lui aussi auteur d'un éloge de l'âne – la « sainte asinité »... – en ouverture à sa *Cabale du cheval pégaséen* en 1585. Comme parangon de la bêtise et de la sottise butée, l'animal autorise de multiples variations ironiques, des transpositions ludiques, des sous-entendus magnifiques.

Le portrait de l'âne ressemble à s'y méprendre à un autoportrait en libertin baroque : prudent, vertueux, voluptueux, modeste, rieur, indépendant, n'aimant ni obéir ni soumettre, fort, vaillant, courageux, fidèle, silencieux, endurant, rarement abattu par les pluies de coups, endurant, pratiquant le point d'honneur et le généreux mépris, le « philosophe bâté » incline vers la Sceptique, nous confie l'auteur du dialogue. Son souci? Fonder philosophiquement les secrets de la nature.

Evidemment, La Mothe Le Vayer insiste sur la réputation libidinale de l'animal : il a « le diable sous la queue », la réputation de son « lingot d'amour » n'est plus à faire depuis *L'Ane d'or*... On évitera donc de le priver de sexualité car il ne dispose pas des mains utiles pour régler simplement le problème ! L'auteur de l'*Hexameron rustique* a toujours pensé joyeusement les choses du sexe.

18

L'hédonisme sceptique. La Mothe Le Vayer aime Diogène et ses anecdotes philosophiques. Ainsi lorsque le philosophe cynique sort à reculons du théâtre – grec, mais tout aussi bien baroque... Pour quelle raison agit-il de la sorte? Non pas pour rire bêtement, mais dans le dessein d'inviter au contraire de ce que les autres font habituellement. Le peuple entre dans l'enceinte en marche avant? Le philosophe, en marche arrière... Contre le sens commun, inversons les valeurs. La vérité aux yeux du plus grand nombre désigne la plupart du temps l'erreur dans l'absolu.

Le vrai n'existe pas, au contraire du vraisemblable que fabrique un corps qui sent et perçoit à l'aide d'instruments imprécis et peu fiables. L'homme mesure de toute chose croit savoir quand son corps, plus ou moins fatigué, plus ou moins jeune, bien nourri ou affamé, en bonne santé ou malade, vif ou lent, joyeux ou triste, donne des informations subjectives. Les vérités sont aussi nombreuses que les individus prétendant les détenir. Donc aucune vérité? Nulle part? Jamais? Pour quelle raison? Nous ne disposons que d'une machine très imparfaite pour parvenir au vrai.

Puisque les choses obéissent à la relativité du lieu et du temps, aux affres de la géographie et de l'histoire, le sens se trouve la suspension sceptique du jugement, la fameuse *épochè*. Notre philosophe lui donne un rôle majeur dans la généalogie de son hédonisme : tenir son esprit en suspens, puis se contenter d'obéir au vraisemblable de notre temps et de notre lieu, de notre histoire et de notre géographie, voilà qui génère « le plus haut degré de béatitude humaine », la « parfaite tranquillité d'esprit », le « vrai repos », le « solide contentement » le « dernier point de la félicité », autant d'expressions du dialogue *De la philosophie sceptique*. Eloge du gain de l'acatalepsie : la douceur d'être et de vivre.

19

Se soumettre pour être libre. A la théorie de la suspension du jugement, le sceptique ajoute donc l'invitation à l'obéissance aux lois, usages et coutumes du pays. Sans ce deuxième temps, la logique hédoniste du philosophe demeure incomplète et incompréhensible. La France de La Mothe Le Vayer sort des guerres de Religion, des troubles avec les protestants (la Saint-Barthélemy : 1572), de trente-six années (1562-1598) de guerres civiles, d'heurs et de malheurs des monarchies européennes.

L'abjuration d'Henri IV, roi protestant devenant habilement et fort opportunément catholique (1593), la proclamation de l'édit de Nantes (1598) autorisant la liberté de croyance et de culte dans le royaume, aussi bien aux luthériens qu'aux jésuites, la nomination de Sully aux affaires, la restauration de la monarchie en Europe, donnent des gages à une politique de paix sociale et civile. Mais l'assassinat du roi par Ravaillac (16 mai 1610) met fin aux espoirs. La Régence, puis l'accès de Louis XIII au pouvoir (1614), son engagement au côté de la Contre-Réforme très catholique transforme le pays en endroit dangereux pour la politique – et pour les philosophes intéressés par cette question. La Fronde n'est pas bien loin (1648-1650).

Dans ces conditions, à quoi ressemble une politique sceptique? La Mothe Le Vayer aborde la question dans un *Dialogue traitant de la politique sceptiquement.* Politique sceptique? Ou traitement sceptique de la politique, donc de toute politique ? La formulation permet la double entrée... Suspendre son jugement, donc, sur le principe de la diversité des usages et coutumes sur le sujet : Monarchie ? République ? Aristocratie ? Tout existe, tout semble se valoir quand on regarde la planète. D'un point de vue théorique, philosophique, sceptique, la sagesse invite à suspendre là aussi son jugement. *Epoché* et tranquillité.

Mais *Que faire ?* comme dira l'autre... Concrètement, cette suspension semble bonne et belle, mais quid dans la réalité de cette France-là ? Le philosophe sceptique pense en sage, certes, mais comment agit-il ? En conformité avec cet état, bien sûr... Mais que signifie « agir en sage » dans ce cas de figure ? En héritier des *Essais* de Montaigne, puis de *De la sagesse* de Charron, La Mothe Le Vayer précise sa position dans l'avant-dernier des *Dialogues faits à l'imitation des Anciens* : obéir aux lois, coutumes et usages de son pays. Après la vérité sceptique, la soumission au vraisemblable politique : la monarchie française, catholique et héréditaire.

La France est une royauté ? Acceptons-en l'augure. Elle transmet la souveraineté sur le principe de primogéniture ? Que le fils aîné du roi devienne donc à son tour roi au moment de la mort de son père. La France, fille aînée de l'Eglise catholique, apostolique et romaine ? Accordé, ne questionnons pas la légitimité du christianisme, la raison est de toute façon trop impuissante pour cela, contentons-nous des vérités révélées et surtout de leurs conséquences : le roi est le souverain unique sur terre, car au ciel le pouvoir se trouve entre les mains d'un seul... Voilà comment on peut penser librement, en philosophe, puis agir apparemment en homme libre, mais en restant toutefois soumis à la manière du peuple obéissant dont, ailleurs et tout le temps, pourtant, on méprise la vilenie...

20

Une éthique sceptique? Comme il existe une politique sceptique, il se trouve également une éthique sceptique. Fondée sur le même principe – *épochè*, puis soumission aux coutumes. Dans *Le Banquet sceptique*, on l'a vu, Xénomanes examine les questions de la zoophilie, de la coprophagie, de l'inceste, de l'homosexualité, du cannibalisme et conclut, en disciple de Montaigne, à des pratiques non pas barbares, mais autres. Contre nature? Sûrement pas, puisqu'on les trouve dans la nature. Vicieuses? Pas du tout, par-delà ou en deçà du bien et du mal : dans le pur et simple fait brut... Dès lors, faut-il les justifier, les valider? Penser ainsi suppose-t-il qu'on agisse en conséquence? Que l'inceste soit naturel car relevant de civilisations tierces, justifie-t-il, en France, qu'on couche avec sa fille? Que nenni...

Penser en pyrrhonien, certes, mais agir conformément aux habitudes de son pays. Singulièrement, le douteur professionnel ne doute pas du bien-fondé de cette option : pourquoi serait-il mieux d'obéir aux erreurs chez soi que d'adopter les vérités du voisin? Qu'est-ce qui fait que, dans l'absence de vérité une, et dans la profusion de vraisemblables, on devrait suivre une fausseté plutôt qu'une autre? Comment et pourquoi ne pas être Persan?

Un dialogue permet d'examiner le cas concret du mariage : l'auteur s'amuse à mettre en scène un marié qui tient un discours en faveur du célibat et un vieux garçon qui vante les mérites du couple légitime. Chiasme baroque. Arguments classiques. Pour le mariage : Platon y invite; dans le célibat on s'ennuie; possibilité de déléguer l'intendance de la maison; grandeur morale des femmes, excellence de leur fréquentation; facilité de disposer à demeure d'une partenaire au lit; évitement, donc, des amours dissipés; arrangement des caractères avec le temps; conjuration de la violence des passions dangereuses pour la tranquillité d'esprit; douceur du lien ancien; etc.

Contre le mariage : fin de la sagesse et de la paix; mise d'une partie de son corps à l'aise, certes, mais au prix du renoncement au restant; sacrifice de tous les plaisirs pour un seul d'entre eux; marié, on ignore si on aime par habitude ou par amour; monstruosité du caractère des femmes : dépensières, babilleuses, superficielles, opiniâtres, entêtées, menteuses; impossibilité après le serment de leur échapper autrement que par la corde, le feu ou le précipice – à moins de feindre l'impuissance; renoncement à sa liberté pour la servitude; certitude d'être trahi, trompé, même si l'on dispose, dit-il, d'une « verge de baleine », on va vers « l'inévitable coup de corne »; impossible d'échapper aux enfants, aux ennuis de la maisonnée, aux pensums domestiques. Le mieux? Guérir un amour par des amours et célébrer le « changement des viandes » – dit Philoclès...

Retour de la question : que faire? On a compris : le philosophe sceptique suspend son jugement, pratique l'*épochè*, doute, met dos à dos le pour et le contre, génère un neutre, immobilise la dialectique. Mais l'homme sceptique? Comment se comporte-t-il? Faut-il dissocier l'homme du commun, à qui on laisse les ennuis du mariage, et le libertin qui, avisé, évite l'écueil des épousailles? Ou bien, en vertu de la méthode déjà éprouvée, garder en son for intérieur ses idées sur le sujet et, au-dehors, pour les autres, agir comme le peuple dont on moque la bêtise et convoler en justes noces à l'église du village? La Mothe Le Vayer expérimenta tous les états : longtemps célibataire, longtemps marié, pas longtemps veuf, vite remarié, toujours *théoriquement* philosophe sceptique, mais *pratiquement*, disons... Français moyen !

L'option descend en droite ligne des *Hypotyposes* de Pyrrhon : certes la schizophrénie menace entre le for intérieur libre, critique, souverain, et l'apparence soumise à la loi du plus grand nombre. Ce qui sépare le penseur du quidam? La conscience de son état, le calcul stratégique qui débouche sur l'essentiel : une jubilation, une tranquillité, une paix intérieure, ce que vise le philosophe antique de manière eudémonique ou hédonique, mais aussi le penseur du XVIIe, le libertin baroque.

21

Un chrétien sceptique. L'attelage du monarchisme politique et du conformisme éthique, le tout dans le respect du catholicisme, produit une étrange chimère, mais viable : un *christianisme sceptique.* La construction de cette architecture baroque suppose, on s'en doute, force torsions conceptuelles, changements de perspective mentale et déformations intellectuelles. Dans cette entreprise fantasque, les paralogismes pourraient bien fleurir ! Pointons-les...

La critique de la raison se fait avec l'usage de la raison, mais selon son ordre : car comment conclure à quoi que ce soit avec un instrument aussi peu fiable? La critique de la vérité s'effectue au nom d'une conception de la vérité : l'artifice qui distingue le vrai impossible du vraisemblable réel n'emporte pas les suffrages : le sceptique critique le dogmatisme, certes, mais au nom d'un autre dogmatisme. Le doute, la suspension du jugement n'épargnent rien, sauf l'essentiel : la religion catholique et la monarchie héréditaire, jamais attaquées, ménagées dans la meilleure des hypothèses, sinon respectées, honorées ou conseillées... Qu'est-ce qu'un doute qui s'arrête aux objets politiquement dangereux? Et puis : douter de tout, sauf de l'excellence du doute; interdire les vérités, sauf celle qui affirme l'inexistence de la vérité; critiquer dogmatiquement le dogmatisme, tout cela met la philosophie sceptique à la peine...

Naviguant au milieu de ces écueils conceptuels, le regard loin sur la ligne d'horizon, le menton haut, l'air faussement dégagé à la proue de son navire philosophique, La Mothe Le Vayer persiste et signe : la raison ne doit pas servir à douter des questions de religion. Laissons ces vérités à leur monde et dans leur registre, car il y va des « mystères de la Foi », d'un « Don de Dieu », des « lumières hyperphysiques du christianisme », de « vérités révélées », de « grâces surnaturelles du ciel », d'un « au-delà de l'esprit humain », toutes expressions qui, sauf malhonnêteté de lecture universitaire, témoignent contre l'athéisme d'un auteur banalement fidéiste. Laissons Dieu à ses affaires, occupons-nous des hommes, la leçon procède directement de la *Lettre à Ménécée*...

Nulle part on ne trouve chez La Mothe Le Vayer de considérations sur Dieu, sa définition, sa nature, ses noms, sa généalogie, rien non plus sur le pape, l'Eglise, Rome, ni même les miracles ou les sacrements chrétiens. Ni pour, donc, mais ni contre non plus. Sur le dieu des peuplades primitives, oui, le philosophe développe, sur les clergés polynésiens, oui, les fables grecques ou romaines, oui, les religions amérindiennes, oui, dans un ton critique, parfois moqueur, souvent destructeur, car le démontage d'un dieu péruvien laisse tranquille celui des chrétiens... Du moins tant que l'instrument se trouve entre les mains des libertins baroques du XVIIe siècle.

Pour parfaire le portrait du fidéiste, l'absence de critique du catholicisme se double chez lui d'un éloge du christianisme. En lisant les textes de Paul de Tarse, La Mothe Le Vayer énonce une thèse claire : la vérité sceptique ? Le christianisme. La vérité chrétienne ? Le scepticisme. On ne peut plus clair. L'un est l'autre. La réalisation du premier suppose celle du second, et vice versa. Comme Valla, Erasme, Montaigne, le font avec Epicure et Jésus, La Mothe Le Vayer procède pareillement avec Pyrrhon. Démonstration.

Quand Ponce Pilate adresse la parole à Jésus, que fait-il ? « Il se tait », écrit-il dans *De la divinité.* N'allons pas vérifier dans les Evangiles, car chez Matthieu (XXVII,11), Marc (XV,2), Luc (XXII,3) et Jean (XVIII,34), Jésus, qui ne parle pourtant qu'araméen... répond du tac au tac à Pilate dont la langue est le latin... Mais le philosophe sceptique tient pour un silence de Jésus qu'il met en perspective avec l'aphasie pyrrhonienne célébrée dans le *Petit Traité sceptique sur cette commune façon de parler : N'avoir pas le sens commun.* Autre exemple ? La Mothe Le Vayer va le chercher dans Paul de Tarse, la première Epître aux

Corinthiens, qui critique la science, la recherche intellectuelle, la pensée personnelle option sceptique. En probable lecteur avisé du *Banquet épicurien* d'Erasme, le philosophe sceptique ajoute que l'étymologie du nom d'Epicure (*epikouros*, celui qui sauve et secourt) ne contredit en rien le magistère de Jésus. CQFD...

Le renvoi fautif aux Evangiles pourrait sembler à l'universitaire une technique de dissimulation libertine : on affiche une référence aux textes légitimants parce que sacrés, en fait, elle est fausse, donc, mise en abyme du sens, le philosophe se moque du monde... Mais pourquoi dès lors parachever la démonstration en citant Paul, en embauchant Erasme, en débauchant Epicure, en affirmant enfin que l'*épochè* pyrrhonienne agit telle une préparation évangélique (« préparer les voies aux connaissances révélées de la divinité » ou encore : « catéchisme de la Foi chrétienne », peut-on lire dans *De la divinité*) de l'esprit dès lors vidé de l'inutile, et prêt pour accueillir les vérités de la foi catholique.

22

Une pure machine à déconstruire. Concluons donc. De quoi accouche cette philosophie baroque ? D'une redoutable machine à déconstruire. Certes, les libertins baroques ne sont pas prêts pour conduire un cheval de Troie dans l'Eglise catholique ou les palais de la royauté. Cette machine semble trop monstrueuse aux yeux de leurs constructeurs ! Séparer la Foi et la Raison, même si cette coupure s'effectue au prix d'une humiliation de la Raison, permet de faire avancer la cohorte philosophique en direction des monastères et des châteaux. Une pensée laïque, athée, se fabrique avec des avancées de cette nature.

Que veut La Mothe Le Vayer? Que veulent les libertins baroques? La paix, la tranquillité, la sérénité. Publique et privée. L'arrêt des guerres et des massacres, la disparition des violences politiques et des intolérances religieuses, la fin d'un siècle troublé et l'avènement, enfin, d'une époque heureuse. L'*épochè*, l'acatalepsie, l'aphasie permettent la douceur, vertu cardinale, idée de la raison du siècle.

D'aucuns demandent cette épiphanie de la joie à Epicure, certains à Sénèque, d'autres à Pyrrhon. Mme Guyon, pour sa part, s'abîme dans le quiétisme – rapproché du non-agir taoïste par Jean Grenier, spécialiste... de Sextus Empiricus! Mais tous veulent la sérénité, la tranquillité d'esprit, la paix de l'âme et aucun n'entend payer ce difficile équilibre par une déclaration de guerre à Dieu et à la religion catholique. La machine à déconstruire des libertins baroques travaille, elle produit des effets. Dans les cénacles, parmi les groupes de philosophes, discrètement, mais sûrement, la raison s'émancipe.

Car cette manière baroque est potentiellement dangereuse dans la longue durée de l'Histoire. Le fidéisme épargne la religion catholique et lui évite ainsi le danger des critiques, certes, mais en même temps, le christianisme reste dans son coin, sujet à l'oubli, laissé à l'abandon. Ce trop de respect affiché ressemble à s'y méprendre à un enterrement de première classe. Pas volontairement, mais, de fait, l'Histoire témoigne. A l'évidence, les libertins baroques ne sont pas athées, mais sans conteste la généalogie de l'athéisme s'y trouve.

Dans cette époque propédeutique aux orages désirés, La Mothe Le Vayer opte pour la « divine sceptique ». J'aime rappeler *in fine* que Pyrrhon accompagnait Alexandre dans ses campagnes en Orient. En Inde le penseur a rencontré des gymnosophistes, autant dire des yogis et autres philosophes bouddhistes, hindouistes. Dans un musée imaginaire de la philosophie, l'acatalepsie du sage grec s'exposerait à côté du visage sur lequel se lit la douceur du sourire bouddhiste auquel aspire, dans sa vie, son œuvre, sa chair, son corps et sa pensée, un certain François de La Mothe Le Vayer. Intempestive leçon de sagesse pour toute époque aux ciels menaçants...

III

SAINT-ÉVREMOND

et « l'amour de la volupté »

1

Le manifeste aux plis. En 1640, Philippe de Champaigne travaille à une étrange petite toile (58 × 72) intitulée *Triple Portrait de Richelieu*, un ouvrage destiné au sculpteur Francesco Mochi qui prévoit un buste du cardinal représenté simultanément de face et des deux profils. Une impression d'étrangeté surgit de ce tableau qui met en abyme un seul personnage trois fois sur un même plan, dans un temps semblable.

La peinture est destinée à un homme exerçant son art dans les trois dimensions. Pour effectuer sa statue du cardinal, il doit faire le tour du visage. Philippe de Champaigne peint des idées et montre ici la relativité selon les angles. En disciple de Protagoras, il ne propose pas une vérité unique, monolithique – comme dans les deux grands portraits en pied de Londres et du Louvre –, mais une diffraction, des perspectives, une relativité.

Les plis qui travaillent cette toile de Philippe de Champaigne paraissent bien plus intéressants que ceux de la tradition baroque dont, bien avant Gilles Deleuze, Roger de Piles a dit, dans son *Cours de peinture par principes* (1708), combien ils définissent cette période de l'art. Avant de peindre le jansénisme – Saint-Cyran, Singlin, Sacy, Arnauld d'Andilly, Omer Talon, et d'autres –, Champaigne propose ici un manifeste de l'art baroque français du début du XVIIe siècle. Je tiens le portrait de Charles de Saint-Denis, chevalier seigneur de Saint-Evremond, natif de Saint-Denis-le-Gast dans la Manche, plié dans cette apparition quant à elle deux fois pliée du cardinal de Richelieu.

Si Gilles Deleuze a raison sur ce sujet, ce que je crois, le pli fournit le concept opératoire du baroque. Pas seulement le pli des drapés, celui des pierres qui imitent les tissus, des peintures qui fictionnent l'illusion – Hyacinthe Rigaud, Simon Vouet, Nicolas Coypel, Laurent de La Hyre –, mais les plis invisibles qui organisent l'espace en plis, donc, mais aussi en surplis, replis et déplis.

Quand Saint-Evremond parle lui-même des « plis » et « retours » en notre âme, il fournit la clé pour ouvrir cette forteresse à entrées multiples qu'il est lui-même, militaire et philosophe, moraliste et historien, orateur admiré et auteur en retrait, épicurien libertin et catholique fidéiste, le tout savamment plié : l'escrimeur dans la peau de l'orateur, le chrétien vêtu des habits du jouisseur, le parleur transfiguré en écrivain, l'historien dissimulé dans le polisseur d'aphorismes. Plusieurs facettes d'un même portrait...

2

Les pliages du personnage. Cet homme d'action, présent sur le front de nombre de guerres, cet escrimeur émérite qui laisse son nom à une botte, ce blessé de guerre risquant l'amputation, c'est aussi le penseur qui ajoute aux plis en fustigeant la philosophie pour mieux la pratiquer, ailleurs et autrement : en moraliste. Pliage du militaire dans le philosophe; puis pliage en lui du moraliste. Ce familier des grands de ce monde côtoie les acteurs de l'Histoire, en même temps il y contribue, puis le penseur qui théorise ce que signifie être historien ou écrire l'Histoire. Pliage du théoricien dans le praticien.

Admiré dans les salons, animateur des cénacles les plus prisés du Grand Siècle, orateur craint pour son ironie et son art des pointes, artiste de l'éphémère, Saint-Evremond couche aussi sur le papier des pensées, des réflexions, des textes. Pliage de la conversation dans l'écriture. Dans le texte court, une lettre, une adresse, un bref, une démonstration qui a la politesse de la rapidité et l'efficacité d'un trait de plume, Saint-Evremond dissimule des pépites, des pointes, des traits brillants. Pliage de l'aphorisme et de la maxime dans la page d'écriture.

Et puis, cet amateur de volupté et de plaisirs, ce thuriféraire de Pétrone, ce disciple infidèle d'Epicure, cet homme des plaisirs basiques, dont certains sont des péchés dûment pointés par le Vatican, défend aussi la religion catholique, apostolique et romaine, celle qui, après le concile de Trente, prend le parti de la musique et des images pour accéder à Dieu. Pliage du libertin dans le catholique.

Comment déchiffrer cette énigme dans les plis? Voilà un personnage insaisissable. On le croit homme d'action? On le découvre penseur. On l'imagine adepte strict de paroles éphémères? On le surprend prosateur écrivant au scalpel et travaillant au plus près de l'os. On le lit pestant contre les philosophes? Il rencontre Hobbes, Spinoza, Gassendi, puis démonte en souriant Descartes, son cogito et sa métaphysique fumeuse. On lit sa lettre à Ninon de Lenclos *Sur la morale d'Epicure*? Prenons aussi connaissance de son éloge du « vrai catholicisme » dans un courrier adressé au maréchal de Créqui...

Qu'est-ce qui, dès lors, assure l'unité du personnage? Existe-t-il une ligne de force réunissant ces fragments d'être? Ce nom propre – Charles de Saint-Evremond – dispose-t-il d'un mode d'emploi? Oui. Voilà un homme n'ayant aimé qu'une chose : la vie sous toutes ses formes. Il l'a pratiquée, goûtée, voulue, désirée. Du jeune homme fougueux, passionné, portant beau et dont la prestance séduisait les femmes, au vieil homme exilé, affublé d'une étrange et monstrueuse excroissance – une loupe entre les deux yeux! –, vivant reclus entre ses chats et chiens, Saint-Evremond a construit son existence pour en faire ce que son maître Montaigne appelait le « grand et glorieux chef-d'œuvre : vivre à propos ». Cette vie-là constitue l'unité d'un homme adepte d'un seul Dieu diversement modifié : la volupté...

3

Sous le signe de l'Esprit. Charles de Saint-Evremond naît en décembre 1613 ou janvier 1614, on ignore la date exacte. En revanche on connaît celle de son baptême : ondoiement le 5 janvier 1614, puis baptême deux années plus tard le 3 janvier 1616, sans qu'on sache les raisons de ce délai. Déjà, il renâcle pour se mettre en règle avec les choses de la religion catholique ! L'année des fonts baptismaux, Richelieu devient secrétaire d'Etat, Agrippa d'Aubigné publie *Les Tragiques*, Shakespeare meurt, mais aussi Cervantès – Saint-Evremond plaçait le *Quichotte* à égalité avec les *Essais*.

Troisième d'une famille où chaque enfant hérite d'un surnom donné par le père, Charles devient « l'Esprit »... De quoi commencer dans l'existence sous les meilleurs auspices. La barre semble haute, mais le choix aurait pu être pire. Les frères sont : « l'Honnête homme », « le Soldat », « le Chasseur », « le Damoiseau ». Seul il pourrait concentrer la totalité des appellations. Aucun d'entre eux n'opte pour la carrière ecclésiastique. Le père avait confié sa préférence d'un modeste chevalier à un prêtre scandaleux.

A peine âgé de dix ans, il part pour Paris où les jésuites le forment au collège de Clermont – le futur lycée Louis-le-Grand. Retour à Caen vers quatorze ans où il s'inscrit à l'université de droit. A l'époque, il envisage probablement une carrière de robin – notaire royal. Déception, abandon. Dans la foulée, à l'automne 1626, il revient à Paris au collège d'Harcourt où il continue ses études tout en suivant une préparation militaire.

L'équitation (pour les parades et les combats...), l'héraldique (traiter convenablement les commanditaires et les clients...), les mathématiques (briller dans l'artillerie...), le tir et l'escrime (exceller dans le métier et le point d'honneur...), l'histoire (afin de ne pas oublier les leçons du passé sur les champs de bataille...), tout cela emballe le jeune homme à la santé vigoureuse. Quand il rentre au château bas-normand, il reste parfois embusqué des heures, la moitié du corps dans l'eau des étangs de Saint-Denis, pour tirer le canard sauvage...

Bien vite, on le retrouve sur tous les champs de bataille de France et de Navarre; on ne compte pas les sièges, les campagnes, les batailles, les promotions; il combat sous les ordres du duc d'Enghien – bientôt le Grand Condé –, puis de Turenne : il devient lieutenant d'infanterie, aide de camp du duc, puis maréchal de camp; il échappe régulièrement à la mort, se bat en duel, risque de perdre un genou dans une grave blessure de boulet de canon à Nordlingen.

4

Le clair-obscur d'un discret. Le militaire hors pair hérite de missions diplomatiques de la plus haute importance. A trente-deux ans, le futur Condé l'envoie chez Richelieu lui annoncer une victoire – Furmes, en 1646 –, mais aussi négocier les conditions d'un siège à Dunkerque. A quarante-cinq ans – 1659 – il accompagne Mazarin en Espagne : le cardinal, nommé par Richelieu sans jamais avoir été prêtre, signe le traité des Pyrénées. Pas dupe, Saint-Evremond constate que cette signature permet à Mazarin de jouir de propriétés léguées fort opportunément alors que la guerre aurait pu être gagnée. Le Normand s'en ouvre dans une lettre confidentielle : elle lui vaudra plus tard bien des ennuis une fois découverte, puis remise par Colbert à Louis XIV. Saint-Evremond devra quitter la France et s'exiler pour toujours.

En 1660, diplomate une fois encore, il accompagne l'ambassade du comte de Soissons chargée de féliciter Charles II Stuart récupérant le trône d'Angleterre. La mission dure six mois, il travaille probablement à nouer des relations avec la haute noblesse anglaise pour le compte de Fouquet. A cette heure, il ignore qu'il inaugure ainsi une longue relation avec sa deuxième patrie. Pliage du diplomate, parfois de l'agent secret, dans le militaire. Plis, replis, déplis et surplis de l'homme de pouvoir et d'action dans les sphères les plus hautes de la royauté française...

Pendant ce temps, pli entre les plis, Charles de Saint-Evremond écrit... A vingt-neuf ans, il signe une *Comédie des académistes* (1643) qui persifle les académiciens et leur manie de régenter la langue française.

Pendant l'hiver 1647 (il a trente-quatre ans), il rédige un texte partiellement dirigé contre Descartes : *L'homme qui veut connaître toutes choses ne se connaît pas lui-même*. Puis : *Sur les plaisirs*. Pliage nouveau du moraliste, du philosophe, du penseur dans l'homme d'action qui passe ses soirées de guerre ou ses hivers – on combat l'été, on se repose le froid venu... – à rédiger des cahiers pour lui-même.

En 1662, il publie des *Réflexions sur les divers génies du peuple romain dans les divers temps de la République*, dans lesquelles il montre une excellente connaissance des historiens romains, mais aussi une réelle habileté pour intégrer la psychologie à l'écriture de l'histoire – pliage du moraliste dans l'historiographe... –, puis le talent du libertin pour dénuder les chimères utiles pour fantasmer Rome.

Amateur d'histoire côté romain – Salluste et Tite-Live, Alexandre et César, Suétone et Tacite, Polybe et Dion Cassius –, Saint-Evremond pratique également côté contemporain : Richelieu, Mazarin, Condé, Turenne et autres grands du moment. On ignore la nature de ses relations avec Fouquet, son condisciple au collège de Clermont. Probablement des missions secrètes pour son compte, puis des arrangements avec le ciel une fois son ami d'enfance devenu surintendant des Finances : notamment, la cavalerie sur le papier-monnaie permet au chef de guerre philosophe de se payer sur le compte des villes et des populations assiégées. L'époque pratique ainsi... On paie sa troupe, puis on se remplit les poches. Sa fortune ainsi faite fut considérable...

Saint-Evremond tombe avec la disgrâce de Fouquet. Déjà embastillé deux fois trois mois pour avoir déplu à Mazarin (septembre-décembre 1653, puis juin-septembre 1658), on recherche l'ami de Fouquet car on a trouvé chez Mme du Plessis-Bellière la *Lettre sur la paix des Pyrénées,* qui décrit crûment Mazarin en fourbe opportuniste et cupide travaillant pour lui seul sans aucun souci de l'intérêt de la France. Colbert remet le document à Louis XIV, Saint-Evremond craint à raison pour sa liberté, se cache quelque temps en Normandie, puis gagne les Pays-Bas espagnols et la Hollande. Début d'un exil de quarante-deux ans...

5

La scène du salon libertin. La biographie témoigne, l'œuvre également : Saint-Evremond tenait l'échange verbal et la parole en très haute estime. Le Normand ne manquait pas d'esprit de répartie, d'ironie, d'humour, voire de causticité et de talent pour la moquerie. Ses mots pouvaient faire mal, blesser, autant que ravir et réjouir. Avec la galanterie, la gastronomie, la vigne et le vin, les historiens intègrent la conversation dans la liste des « lieux de mémoire » français. Nul doute que le philosophe y contribue parmi les premiers dans l'Hexagone, puis dans l'Angleterre de son exil.

Pour se reposer des campagnes militaires estivales, Saint-Evremond fréquente les salons parisiens. Comme l'Académie Putéane réunissait Gassendi, La Mothe Le Vayer, Naudé, les salons permettent aux esprits fins de l'époque de se rencontrer chez des femmes du monde, des courtisanes, en compagnie d'abbés licencieux, de nobles désœuvrés, de poètes confidentiels et autres pique-assiettes mondains.

Ainsi du salon de Marion de Lorme, une femme facile collectionneuse d'amants célèbres : Des Barreaux, le poète libertin dévoreur d'omelettes au jambon le vendredi saint, Cinq-Mars, les princes de Condé et de Conti, Buckingham et Saint-Evremond. Pas jaloux, le philosophe accepte la concurrence d'une dizaine d'hommes : en amour, il se prête toujours sans jamais vraiment se donner, leçon du bonheur. Après avoir réglé le problème du corps,

Saint-Evremond passe lui aussi rapidement à d'autres femmes mais conserve avec ses anciennes maîtresses une indéfectible relation de tendresse amicale.

C'est l'époque où, avec un groupe de Normands, pendant le carnaval, Saint-Evremond sort déguisé en fille des rues ou en capucin. On les aperçoit dans tous les bals. Parfois, cette joyeuse compagnie tente de forcer la porte d'hôtels particuliers dans le Marais avant de se faire chasser par les gardes suisses. Au salon de Marion de Lorme, on parle science et belles-lettres. A cette époque, à l'hôtel des Monnaies, la courtisane et le philosophe assistent aux conférences de Gassendi sur les astres. Cyrano de Bergerac et quelques autres libertins du moment s'y pressent également.

Marion de Lorme meurt à trente-huit ans, d'une fausse couche mal soignée à l'antimoine. Molière prend probablement encore des notes... Saint-Evremond a rencontré Ninon de Lenclos, qui l'accompagne dans les salons du Marais. Le philosophe l'initie à la conversation, à Montaigne, à Epicure. L'un et l'autre jouent du luth. Après l'alcôve commence une longue histoire d'amitié amoureuse chaste et fidèle. Pendant les quatre décennies d'exil de Saint-Evremond à Londres, ils s'écrivent de superbes lettres. Elle lui envoie des huîtres, du champagne – ils en ont beaucoup bu ensemble ; il lui fait parvenir du thé. Elle lui survivra quatre années.

Et puis, homme de groupe et de cénacle, d'amitié virile avec ses compagnons de beuverie ou amoureuse avec ses anciennes maîtresses, Saint-Evremond impose le champagne dans le Marais. Au salon de Mme de Sablé, en présence du moraliste La Rochefoucauld, Saint-Evremond converse. Sur mille sujets, dont la gastronomie, le plaisir de boire et de manger, la volupté à table, etc. Puis sur les mérites comparés des breuvages. L'époque prise les vins d'Italie ou d'Espagne saturés de sucre, de girofle et de cannelle, le fameux hypocras. On ignore le bordeaux, on ne connaît pas encore bien le bourgogne, Saint-Evremond convertit l'assemblée au champagne qu'il pratiquera, aimera, vantera toute son existence. Il crée alors, puis anime, l'« Ordre des Coteaux ». On y trouve des gens peu soucieux de jeûne et d'abstinence catholique. Quelques trousseurs de vers y célèbrent le courage des briseurs de carême. Dans cette assemblée de mangeurs et de buveurs, beaucoup de nobles portent le cordon bleu de l'ordre du Saint-Esprit fondé par Henri III. Bientôt on parlera de « cordons bleus » dans l'acception commune.

La jeunesse du philosophe se joue donc entre le bruit des canonnades du front et la conversation mondaine des salons. L'été on tue, l'hiver on cause. Avec les militaires sans vergogne, les chefs de guerre déterminés, les commandants d'armée, on assiège, pille, viole, vole, on incendie pendant les mois chauds; puis, le froid venu, avec les mêmes, on boit du champagne, on mange des plats finement cuisinés, on lutine les femmes, on compose des bouts rimés, on danse, on chante, on plaisante. Thanatos, puis Eros. L'art de la guerre puis celui de la conversation. Chaque moment fonctionne en avers et revers de la même médaille. Saint-Evremond excelle dans les deux registres : les boues de terre et de sang du champ de bataille, puis les tapis, sofas, tentures et fauteuils des salons mondains. Janus bifrons. Pliage de la vie dans la mort.

6

L'art verbal du bretteur. Saint-Evremond aime la conversation, surtout en présence des femmes : Marion de Lorme, Ninon de Lenclos, donc, mais aussi, en exil, Hortense Mazarin dont le salon au Relais Saint-James excite la marquise de Sévigné... Qui parle ? Pour qui et pour quoi ? Pour plaire et séduire. La conversation se comprend grâce à l'éthologie... Les roucoulements du pigeon, les parades du coq de bruyère, les roues du paon, l'exhibition d'un derrière rubescent de macaque, le gonflement d'un sac du cou chez les batraciens, voilà la généalogie de la conversation mondaine telle qu'un moraliste contemporain pourrait la faire : occuper le territoire, subjuguer l'assemblée, soumettre le public à son regard, emporter l'assentiment de tous, surtout des femelles à conquérir.

Cet art ne s'apprend pas vraiment, même si quelques techniques se transmettent. Des qualités naturelles sont requises : un esprit vif, le sens de la répartie, le talent pour l'improvisation, la chance de bonheurs d'expression, l'instinct du moment propice, la promptitude pour tailler le trait. L'ironie, le cynisme, la drôlerie, le sarcasme produisent leurs meilleurs effets. Saint-Evremond n'en était pas dépourvu. On l'aimait pour cela.

En 1648, Baltasar Gracián, philosophe jésuite et baroque, fait paraître *La Pointe ou l'art du génie*. Bel oxymore laissant croire que du génie on peut proposer un art ! Ce traité analyse les variétés de pointes, les traits ingénieux, on y exhibe aussi le détail des machineries : correspondance et proportion, dissonance, observation énigmatique, contrariété, relief, similitude, comparaison conditionnelle, feinte et étayée, promptes ripostes, exagération, renchérissements, paradoxes, dérision, critique et malice, inversion, jeux de mots, fictions, excès, arguments ingénieux, allusion, etc. Le livre fourmille d'exemples. Le traité fixe l'écho des salons où la conversation a brillé de feux perdus. Saint-Evremond fut un artiste de cet art sans trace.

On imagine ses techniques, lui qui, très tôt initié par un maître d'armes, a marqué l'histoire de l'escrime avec une botte à son nom ! Quand le maître de danse donne les leçons d'escrime, l'esthétique compte pour beaucoup. Coup fourré, coup de pointe, coup sur coup, coup de revers, coup de temps, autant d'expressions qui conviennent autant à l'épée qu'à la conversation. Et ailleurs : défense, feinte, garde, dégagement, enveloppement, moulinet, estocade, parade, riposte, touche, volte, prise de fer. Ou bien : croiser le fer, se découvrir, désarmer son adversaire, s'enferrer, tomber la garde, pousser une botte, enfin tirer. Lisons les *Maximes* de La Rochefoucauld ou La Bruyère comme la trace d'autant de coups tirés et marqués lors d'une conversation de salon.

Saint-Evremond a toujours célébré les bonheurs et les bienfaits de la conversation. A Paris, après l'époque des combats, en Angleterre, pendant la longue saison d'exil, le philosophe se soucie moins de penser, méditer, réfléchir, écrire dans un cabinet, à la manière du philosophe sous l'escalier de Rembrandt, que d'agir par le verbe : car la conversation est une action. Elle se joue entre pairs. L'exercice semble a priori égalitaire, car aucune considération sociale n'entre en jeu : pour marquer le point, seule compte l'excellence personnelle.

Dans sa *Lettre au Maréchal de Créqui,* Saint-Evremond donne à un homme – au moins... – une leçon de cette escrime mondaine des bons mots à destination des femmes : leur dire ce qu'elles attendent, les flatter, leur offrir le moyen de plaire davantage, les concerner par le propos tenu. Avec pareilles munitions, on peut aborder le champ de bataille et espérer vaincre. Le chevalier normand connut sur ce terrain nombre de victoires.

7

Souvenirs de feux d'artifices. La pyrotechnie baroque existe ailleurs que dans les jardins où elle fait vibrer la nuit en ombres et lumières. Elle qualifie aussi le génie aphoristique des moralistes du Grand Siècle. Les auteurs de maximes et d'aphorismes retiennent leurs secrets : on ne s'installe pas à sa table pour écrire une maxime sortie tout armée de son cerveau. Bien souvent, la pointe procède de ce qui la précède : un texte sur un sujet utile pour concentrer dans une phrase le plus intelligent et le plus brillant de la démonstration. On enlève le texte comme une échelle, la formule qui reste fait mouche.

Ou bien, rentrant chez soi après une soirée en salons aux feux d'artifice tirés partout avec de belles ou de moins belles réussites, voire de francs ratages, on consigne par écrit ce qui concentre le brillant et l'intelligence d'un autre orateur. On tait son nom, la maxime devient publique, elle circule, puis, un jour, elle finit dans un recueil signé par un habile bientôt devenu moraliste... Ainsi La Rochefoucauld dans le cercle de Mme de Sablé, marquise de son état.

Saint-Evremond excelle dans la forme brève : non pas l'aphorisme, la sentence ou la maxime, mais le *bref.* Chacun de ses brefs s'adresse à un correspondant particulier. Ecrit-il *Sur la morale d'Epicure*? C'est une missive envoyée à Ninon de Lenclos. Signe-t-il deux ou trois pages sous le titre *Sur les plaisirs*? Seul le comte d'Olonne en découvre le contenu. Au comte de Saint-Albans, il réserve *L'Amitié sans amitié.* Le maréchal de Créqui reçoit une lettre programmatique et synthétique sur la religion, la conversation, les belles-lettres, le texte devient *A Monsieur le Maréchal de Créqui.* A Vossius, libertin hollandais, son accompagnateur chez Spinoza, Saint-Evremond destine ses *Observations sur Salluste et sur Tacite.* Sa défense fidéiste de la religion catholique, apostolique et romaine, son plaidoyer pour la tolérance entre les religions – notamment catholique et protestante –, sa théorie de la transsubstantiation, des sacrements et des mystères, il les consigne dans une lettre à Justel. L'essentiel de sa pensée procède par fragments, éclats multiples, dispersion chez des correspondants divers.

On imagine que ces échanges épistolaires procèdent de discussions. Dans son style nerveux, sec, sans graisse, austère, sans artifices, direct, ironique parfois, en demi-teinte en cas de nécessité, allusif, Saint-Evremond sème à tout vent. Au milieu de chiasmes, de constructions stylistiques renversées, d'ébauches de développements vite arrêtés, tenus en bride, on trouve, ici ou là, des aphorismes enchâssés dans le corps du texte. Un éclair, puis le retour à la pénombre. Jeu baroque avec le clair-obscur...

8

Des leçons d'anatomie. A l'époque, Rembrandt peint des leçons d'anatomie. En 1632, la *Leçon d'anatomie du Docteur Nicolas Tulp*, en 1656, la *Leçon d'anatomie du Docteur Joan Deyman*. Dans la première le chirurgien travaille sur un avant-bras, dans la seconde sur un cerveau. Le cuir chevelu ouvert comme une grenade fendue, l'os trépané, l'homme de science fouille l'encéphale du cadavre au buste légèrement relevé. Son visage rappelle celui d'un Christ. Saint-Evremond utilise la plume comme un scalpel et découpe dans l'âme des lambeaux de vérités difficiles à soutenir au regard.

Quand l'homme du commun se satisfait de fables, d'histoires qui enjolivent, lorsqu'il clame son amour, la main sur le cœur, ou déclame des vers en faveur de l'amitié, posant devant le marbre d'une statue romaine, le philosophe effectue son travail, soulève le voile, découvre les chimères et montre la cruauté de l'évidence : pas d'amour, pas d'amitié, pas de sentiments nobles, mais des mécanismes impurs, avec des motifs malpropres. De l'intérêt, de l'amour-propre, de l'utilité, de la vanité, de la malice, du désir de gloire, de l'orgueil et autres passions viles.

S'il analyse la dévotion (par exemple dans la *Lettre à une dame galante qui voulait devenir dévote* ou dans *Que la dévotion est le dernier de nos amours*), il ne renvoie pas à la pureté du sentiment, à la noblesse du cœur, à la grandeur du geste, à l'élégance ou à la hauteur de vue de l'impétrant, mais à l'incapacité de mener encore une vie dissipée qui conduit à faire de nécessité vertu, à l'illusion contenue dans la transformation de sa baisse d'ardeur sexuelle naturelle en pur effet de son vouloir, à la jouissance malsaine de se venger d'un amant, à d'obscures passions bizarres qu'on dirait aujourd'hui masochistes, à l'espoir d'échapper aux tracas mondains qui nous débordent, et autres raisons aussi peu glorieuses...

Voilà pourquoi Saint-Evremond prend les hommes comme ils sont, ne les rêve pas, ne compose pas avec ce qu'ils pourraient être. D'où sa préférence de Corneille à Racine. A vouloir changer les hommes, on se destine à souffrir, on va vers une solitude inévitable. En revanche, il en donne les détails dans *L'Intérêt dans les personnes tout à fait corrompues,* préférons l'utile à l'honnête. Ne pas espérer la pureté, éviter l'extrême sévérité avec le vice, prendre le bien où il se trouve, même s'il n'est pas total, se satisfaire du moindre mal, pratiquer la tempérance pour autrui et la sévérité avec soi, composer avec les vices du monde, sinon, choisir la réclusion, s'isoler de tous, pratiquer la délicatesse avec autrui et ne pas jouer au philosophe – « en philosophe ou en dévot de la profession », écrit-il... – donneur de leçons.

Pratiquer cette sagesse tragique – on a parlé d'« humanisme impur » pour la qualifier... – se révèle de salubrité publique, car avec une morale trop pure et des gens si corrompus, rien ne serait jamais possible. Bien avant La Rochefoucauld – les *Maximes* datent de 1678 – ou La Bruyère – *Réflexions ou sentences et maximes morales* paraît en 1688 –, le philosophe normand fonde une *manière* bien française de penser : la tradition dite des moralistes. Avec ceux de son siècle, mais aussi avec Vauvenargues, Chamfort,

Rivarol, Joubert, Saint-Evremond constitue une constellation de philosophes que la littérature abandonne à la philosophie et vice versa. Les auteurs finalement sont lus par les esprits libres – seuls à les mériter...

9

Une œuvre malgré lui. Ironique et sarcastique, redoutable et redouté, Saint-Evremond n'ignore pas que les feux d'artifice de la conversation constituent une œuvre d'art périssable, éphémère, destinée à l'ici et maintenant. Le présent, voilà l'unique dimension du moraliste. L'oral, sa seule modalité. L'occasion, son temps. Quand tout cela devient un livre, comment le lire ? Du début jusqu'à la fin ? Sûrement pas... En grappillant, en papillonnant, en allant de-ci de-là. L'aphorisme est un alcool fort. Consommé à haute dose, il peut devenir un poison violent. Même remarque pour les petits textes de Saint-Evremond, des formules souvent rapprochées de l'*essai* – moins celui de Montaigne, parfois très long, que de Francis Bacon.

Saint-Evremond n'a jamais écrit ni composé un livre dans le but de le publier sous son nom. En disciple de Montaigne, il n'aime pas les faiseurs de livres... Ses lettres ? Des amateurs les copient, recopient, distribuent, diffusent ; les erreurs abondent, volontaires ou non ; le succès est grand ; les apocryphes s'accumulent : les faux s'ajoutent aux improbables ; on lui attribue les textes d'un autre ; les contrefaçons hollandaises inondent le marché ; les rééditions sont considérables. Il vient de passer la cinquantaine.

Ses réactions à ces publications sauvages ? Amusé, insoucieux. La renommée ? La réputation ? L'avenir de son nom après sa mort ? Tout cela le fait bien rire. N'a-t-il pas écrit dans *Sur la morale d'Epicure* : « une heure de vie bien ménagée m'est plus considérable que l'intérêt d'une médiocre réputation » ? Que des ouvrages dans lesquels aucun mot n'est de lui soient vendus sous son nom le laisse parfaitement indifférent. Du moins, un temps. Car, l'âge venu, quatre ans avant la mort, il consent à réunir, certifier, authentifier ce qui relève vraiment de sa plume. Il peste même contre Pierre Demaizeaux, l'ami de Pierre Bayle, devenu maître d'œuvre de ce travail, quand il prend des vacances... Les œuvres paraîtront de manière posthume en 1705.

10

L'effleurement des philosophes. Le moraliste a plusieurs fois rencontré des philosophes majeurs du XVIIe siècle. Mais jamais il ne semble vraiment concerné par leurs thèses, ou intéressé par les concepts en jeu. Saint-Evremond semble avoir rencontré Spinoza ou Hobbes de la même façon que Marion de Lorme ou Ninon de Lenclos... Rien qui enrichisse une méditation personnelle, des croisements sans suite intellectuelle.

Spinoza par exemple : après avoir quitté Londres où la peste fait des milliers de morts, Saint-Evremond vit en exil à La Haye depuis 1665. Il loge au « Dauphin de France », chez un compatriote. Il travaille à ses *Observations sur Salluste et sur Tacite*, fréquente les frères De Witt, le jeune prince d'Orange, des diplomates. Il est l'ami d'Isaac Vossius, grâce à qui, vers 1669-1670, il rencontre Spinoza qui, pour l'heure, n'a publié que les *Principes de la philosophie de Descartes* (1663). A ce moment, le philosophe hollandais travaille au *Traité des autorités théologiques et politiques.*

De ces conversations tenues en latin – parlé facilement, mais sans élégance par Spinoza, confie son interlocuteur... –, rien ne reste, sauf une question posée par Saint-Evremond sur l'existence de Dieu. Le futur auteur de l'*Ethique* répond qu'il y croit, tout en précisant : « Je crois que Dieu est la cause intérieure de tout au monde et non sa cause extérieure. » Saint-Evremond prétendra découvrir dans les œuvres posthumes un autre personnage que l'individu rencontré à La Haye. Un athée en l'occurrence... Pourtant, il paraît facile de rétorquer au Normand que toute l'*Ethique* se résume superbement dans cette seule phrase et que Baruch de Spinoza ne se dissimulait pas à son interlocuteur, pourvu qu'il ait pris la peine de l'écouter, de l'entendre et qu'il ait désiré le comprendre...

A ce niveau, la conversation mondaine et la conversation philosophique n'obéissent pas aux mêmes règles. Quand Saint-Evremond veut prouver l'existence de Dieu, il convoque la « beauté céleste » de la duchesse de Bouillon ! Les arguments des deux hommes puisent dans des registres pour le moins hétérogènes... Philosophie du concept (lourd) contre pensée existentielle (légère), architecture destinée à survivre aux tremblements de terre contre fusées éclairantes baroques... Rendez-vous raté !

Hobbes ensuite. Saint-Evremond le rencontre pour la première fois au salon des Cavendish, dans la famille où l'Anglais fut jadis précepteur des enfants.

Le *Léviathan* est paru en 1655, la même année que *Du corps*, quelques années après *Eléments philosophiques du citoyen* (1649). Si le philosophe exilé salue dans sa *Lettre au Maréchal de Créqui* le « génie » de Hobbes, il ne souscrit pas à ses « excès » ni à ses « outrances ». Mais on ne saura pas lesquelles !

Juste une phrase, en passant, avec sa désinvolture coutumière, permet de penser que Saint-Evremond connaît les thèses du philosophe anglais, qu'il l'a peut-être lu, du moins qu'il connaît l'essentiel : notamment la nécessité politique d'un contrat qui suppose, d'une part, le renoncement des individus à leur liberté sauvage, d'autre part (ne jamais oublier ceci, sinon Hobbes devient l'inventeur du totalitarisme...), une garantie de la sûreté et de la sécurité individuelle par le souverain ainsi constitué, légitimé et justifié.

Pour un Saint-Evremond fidéiste français, Thomas Hobbes, monarchiste loyal, catholique gallican et libertin épicurien, offre pourtant matière à discussion, échanges et confrontation de points de vue. En une ligne, il expédie la question et précise en substance : tout gouvernement établi suppose qu'on ôte aux particuliers une partie de leur liberté naturelle dans la perspective de construire le bien public. Commentaires de Saint-Evremond? Aucun. D'accord? Pas d'accord? Quid de cette version du contrat social? Rien... On n'en saura pas plus... Saint-Evremond a probablement préféré le jupon qui passait, le frais minois d'une courtisane ou le petit cénacle curieux de ses bons mots... Deuxième rendez-vous manqué...

11

L'effet Gassendi. Si Saint-Evremond n'a pas manqué de rencontrer régulièrement, et non une fois dans les nuées, un philosophe, ce fut bien Pierre Gassendi, le grand, l'immense Gassendi – « le plus éclairé des philosophes et le moins présomptueux », écrit-il dans *Jugement sur les sciences où peut s'appliquer un honnête homme.* On le sait, Marion de Lorme et Saint-Evremond assistaient à ses leçons d'astronomie à l'hôtel des Monnaies à Paris en compagnie de Cyrano de Bergerac. Probablement à cette époque, le Normand échange avec Gassendi qui réhabilite le philosophe au Jardin dans sa *Vie d'Epicure.*

Leçons de Gassendi ? Après une discussion des limites de la raison, du caractère borné de ses pouvoirs, de l'évidente limitation de nos connaissances – Kant n'invente pas grand-chose... –, de la possibilité de penser beaucoup de choses, certes, mais également de l'incapacité à « bien penser telle ou telle chose en particulier », Saint-Evremond conclut : la philosophie ne sert à rien. Pas besoin d'investir de l'énergie, du travail, du temps dans une opération aux improbables bénéfices...

Si dans sa jeunesse il y croit, l'âge venant, il se trouve devant l'évidence de la multiplicité des discours contradictoires des philosophes depuis la période grecque et romaine jusqu'à nos jours. Dans l'esprit sceptique, il conclut à la nécessité de suspendre son jugement, de pratiquer l'*épochè*, et d'aller voir ailleurs. L'amoureux déçu tourne le dos à une philosophie théorétique, dogmatique, pour embrasser une philosophie pratique, pragmatique. Son impératif catégorique ? « A parler sagement nous avons plus d'intérêt à jouir du monde qu'à le connaître »...

12

Un désordre dans la glandule. A l'évidence, emboîter le pas, même en dilettante, à Pierre Gassendi, contraint à rencontrer un jour Descartes sur sa route. Le philosophe poitevin – et non pas breton comme le croyait l'excellent Michelet ! – n'est pas encore un mythe français, mais un penseur parmi d'autres qui ferraille avec un certain nombre de correspondants, dont Gassendi. Le parangon de la raison raisonnable du cartésianisme reste à venir. Pour l'instant, cet étrange personnage rêve de melon, échafaude à partir de ses nuits de songes pour construire la raison, voit passer des hommes dans la rue, se demande s'ils sont autre chose que des mécaniques avec des ressorts couverts par un chapeau, s'inquiète de ce tout qui certifierait son existence !

On pense que Saint-Evremond a lu les *Méditations métaphysiques* (1641), peut-être aussi une partie des *Principes de la philosophie* (1644). On ignore s'il a pris connaissance du *Discours de la méthode* (1637). Qu'en retient-il ? Que Descartes se propose de démontrer l'existence de l'âme, d'une substance spirituelle, immortelle, mais ne tient pas promesse. Non content de ne pas parvenir à ses fins, il montre bien plutôt, pense Saint-Evremond, que la religion ne persuade personne, pas même le philosophe en quête de lui-même.

Le cogito ? Voilà matière à plaisanterie : les artifices de raisons subtiles, le peu de solidité des raisonnements, le manque d'assurance – dixit le Normand... – ne produisent aucun effet, sinon un rire désinvolte. Il écrit dans sa *Lettre à Monsieur* *** : « j'aime, donc je suis »... Parodie un peu courte du propos de Descartes qui mériterait une meilleure réfutation – Gassendi s'y collera... – mais, rappelons-le, Saint-Evremond vise moins à connaître la vie qu'à la vivre !

Saint-Evremond semble ne rien vouloir comprendre à ce souci ontologique. Pourtant, au-delà de cette réduction du philosophe à la métaphysique, Descartes propose dans les dernières lignes du fameux *Discours de la méthode* de tourner le dos aux connaissances spéculatives au profit d'un projet révélé plus tôt dans l'ouvrage : « se rendre comme maître et possesseur de la nature ». Pour ce faire, il s'engage sur la voie de la médecine.

Descartes a perdu une petite fille âgée de deux ans, Francine. Il en est resté inconsolable. A quoi sert la philosophie devant le cadavre d'un enfant ? D'où un désir manifesté dans la fin du *Discours*, mais aussi ailleurs – une lettre à Huyghens datée du 25 janvier 1638 –, de travailler à l'allongement de la vie au-delà de cent ans. Et le philosophe de disséquer des bœufs dans une arrière-boutique de boucher pour découvrir les mystères de l'anatomie et des mécanismes de la physiologie. Parallèlement, il travaille à son *Traité de l'homme*.

Que fait Saint-Evremond de cette information chez lui de seconde main ? De l'ironie... Le voilà qui prête à Descartes le désir de rendre les hommes immortels en le moquant de travailler à « l'invention de ne point mourir ». En voilà trop : le mondain fait du philosophe un fou, un dérangé et conclut, péremptoire, à « un peu de désordre dans sa glandule »...

Puis il achève sa basse besogne en affirmant que Descartes aurait probablement eu le même succès dans cette entreprise de médecine révolutionnaire que dans sa démonstration de l'immortalité de l'âme. Rappelons à ce propos que Saint-Evremond donne sa propre preuve de l'existence d'une âme immatérielle : « le désir que j'ai de toujours être »... Un peu court, là encore. Troisième rendez-vous gâché.

13

Rendez-vous avec les Anciens. Si Saint-Evremond manque ses rendez-vous avec les philosophes de son temps, il ne passe pas à côté des Anciens. Dans quelques textes, il récuse la manie antiquisante d'auteurs qui s'estiment encore à Rome, et écrivent à l'avenant. L'Antiquité, certes, mais acclimatée au goût des modernes. De sorte que ses commentaires contre Sénèque, pour Epicure, ou mieux encore en faveur de Pétrone, doivent se lire moins en commentaires d'un philosophe (dogmatique) sur le texte, qu'en méditations d'un (bon) vivant sur la possibilité de récuser le stoïcisme dans l'objectif de mieux pratiquer l'épicurisme en plein Grand Siècle.

Saint-Evremond fait peu de cas de Sénèque : il n'aime ni le philosophe ni l'écrivain. Chaque affirmation du stoïcien agit singulièrement sur le Bas-Normand et déclenche en lui une furieuse envie de faire le contraire... Eviter les honneurs, écrit le ministre familier de l'empereur Néron ? Refuser les richesses, enseigne le milliardaire ? Supporter la souffrance, professe l'homme qui vécut si mal l'exil corse qu'il flatta l'empereur Claude avec son *Apocoloquintose* pour obtenir son retour à Rome ? Le philosophe libertin se prend à vouloir des titres et des médailles, de l'argent et des biens, à refuser toute douleur et à viser le plus grand des biens : le plaisir...

Et puis, circonstance aggravante, Sénèque parle trop, beaucoup trop de la mort. Sur ce sujet, Saint-Evremond pense également de façon réactive : le problème consiste moins à mourir, devoir mourir, savoir qu'on va mourir, préparer sa mort, la méditer tous les jours, vivre avec le sentiment permanent du trépas, qu'à vivre, et à bien vivre. La meilleure façon d'aborder la mort ? La savoir inévitable, puis faire de nécessité vertu. La philosophie ne sert à rien. Philosopher n'est pas apprendre à mourir, mais à mieux vivre en attendant la mort qui est un passage naturel, normal, inévitable. Plutôt « vivre tranquillement », écrit-il, que « mourir avec constance ». Le culte stoïcien des belles morts ne présente aucune utilité pour réussir la sienne.

A la thanatophilie de Sénèque, il oppose la grande santé de Pétrone. Pas seulement l'auteur du *Satiricon*, auquel on le réduit si souvent, mais l'épicurien joyeux, le voluptueux de nature, le naturel sensuel qui possède le plaisir mais n'est jamais possédé par lui. Gouverneur de Bithynie, consul, mais gardant par-devers lui sa liberté d'être, d'agir, de vivre une vie heureuse, Pétrone ne donne pas dans le pathos à l'heure de la mort. Quand Caton d'Utique, le héros des stoïciens, se fait lire du Platon au moment ultime, Pétrone demande des poètes légers, des auteurs badins, puis meurt simplement. Aux yeux de l'épicurien romain et du Normand, la mort n'est rien d'autre que, banalement, la fin de la vie...

14

Epicure sous Louis XIV. Saint-Evremond est épicurien, mais moins en disciple fidèle de l'orthodoxe philosophe du Jardin qu'en compagnon de route des poètes élégiaques, Horace, Catulle, Tibulle, Properce. Ses idées sur ce sujet se concentrent dans deux textes : *Sur les plaisirs* (vers 1658), puis *Sur la morale d'Epicure* (vers 1684). Epicure a été utilisé par Lorenzo Valla au Quattrocento dans *Sur le plaisir*, par Erasme dans son *Banquet épicurien*, un peu par Montaigne aussi.

Mais la véritable réhabilitation en règle, monumentale, impériale, définitive, substantielle, on la doit à Pierre Gassendi avec son *Vie et Mœurs d'Epicure*, publié en 1647 Saint-Evremond ne pouvait ignorer ce texte, on imagine mal qu'il ne l'ait pas lu. Pour le moins, à défaut de lecture véritable, sa fréquentation du chanoine de Digne fait qu'il connaît les thèses du livre.

Certes, Saint-Evremond retient l'essentiel du maître grec : le souverain bien réside dans la volupté; l'existence d'un tropisme naturel nous conduit à désirer le plaisir et à fuir la douleur; la nécessité d'une éthique immanente indexée sur la bonne et belle vie; l'existence d'un divin insoucieux du destin et de l'action des hommes; l'inexistence de quoi que ce soit d'immatériel; viser le pur plaisir d'exister. Mais il ajoute des considérations propres dans lesquelles il prend des distances avec l'austérité ascétique de la morale d'Epicure.

En penseur moderne, il met en perspective la pensée et le corps, les humeurs et les opinions, la chair et le contenu de la philosophie. Le goût du philosophe ancien pour l'ascèse? La réduction du plaisir à la seule absence de trouble, à la pure et simple suppression de toute douleur? Voilà de l'autobiographie, de la confession personnelle : Epicure fait de nécessité vertu. Devenu malade, souffrant, subissant un corps douloureux, il élabore une pensée pour son propre usage. Mais pour quiconque dispose d'un autre corps et d'une grande santé?

Rien ne justifie l'idéal ascétique. Pour quelles raisons « manger de l'herbe », écrit Saint-Evremond (ce à quoi, au contraire de quelques moines chrétiens fous furieux, Epicure n'invitait tout de même pas...)? Sinon pour gagner un ciel auquel le philosophe normand croit, certes, mais comme une vaste étendue d'éther où se meuvent des astres... Pourquoi mortifier les sens? Qu'est-ce qui justifie « le divorce entre deux parties composées de même matière » (stricte profession de foi matérialiste...) quand, de conserve, ces deux modes d'un même être visent et veulent les mêmes plaisirs? De fait, si l'on pense ainsi, la mort est le souverain bien, et non la vie...

Si Pétrone et Horace célèbrent Epicure, à l'évidence c'est que l'épicurisme ne se réduit pas à sa version ascétique et qu'il en existe une autre, la version hédoniste. La vie d'Epicure a été calomniée, de son temps, mais aussi plus tard par les Pères de l'Eglise. Or son existence ne fut aucunement scandaleuse : ses adversaires ont sali sa vie pour se dispenser d'avoir à se mesurer à sa pensée. La volupté épicurienne n'est pas ce qu'on en a dit : ni jouissance bestiale, ni plaisir cataleptique. D'où le besoin d'un nouvel Epicure.

Suppression, donc, de son éthique ascétique, mais aussi de son option religieuse : le philosophe du Jardin croit à l'existence de dieux indolents, insoucieux du destin des hommes, mais, en fils d'un ministre du culte, Epicure invite tout de même à les prier? Pas utile de célébrer fictions ou ectoplasmes...

Même remarque sur cette opposition entre un plaisir défendable, en repos, et un autre indéfendable, en mouvement. La vieille opposition d'école Epicure/Aristippe... Tour à tour, et selon les occasions, écrit Saint-Evremond, Epicure pratiquait l'une et l'autre volupté. Une fois en supprimant trouble et douleur, une autre en recherchant des jouissances, en créant leurs occasions. Austère, sobre, ascète, il le fut, mais tout autant que joyeux, voluptueux, sensuel, suivant les moments. Et plus probablement libertin en sa jeunesse, quand son corps le permettait, que dans sa vieillesse, la chair ne suivant plus... Car personne n'est tout blanc ou tout noir, tout dévot ou tout libertin, mais souvent les deux, tour à tour, selon les occasions, les circonstances, les opportunités, selon aussi les changements occasionnés par le temps. Pliage du libertin dans l'ascète...

15

Une philosophie du divertissement. Pour vivre heureux, nul besoin de réfléchir ou trop penser... Approfondir crée des occasions de tracas ! Saint-Evremond donne sa solution en quelques mots : « sortir souvent comme hors de soi », écrit-il dans *Sur les plaisirs.*

N'attendons pas beaucoup plus de détails ! La chose dite, le mode d'emploi reste à la discrétion du lecteur... Contre les chimères de l'introspection théorique, préférer la pratique d'une vie expansive.

Ces quelques mots résonnent singulièrement dans cette époque. Leur date ? Vers 1658. Pascal commence à travailler à son projet de grand ouvrage apologétique de la *Vérité de la religion chrétienne* – dont le chantier interrompu, nul ne l'ignore, constitue les *Pensées.* Cette année-là, il commence à classer en liasses les notes prises sur ce sujet. A la fin de l'année, il confie à quelques amis choisis l'ordre, le dessein et le plan de son travail. Les quatre années de souffrance et de mélancolie qui le séparent de la mort ne lui permettront pas de mener à bien son projet. Pascal meurt le 19 août 1662 à une heure du matin.

En 1669, une première édition paraît, elle est dite « de Port-Royal », le tirage comporte très peu d'exemplaires. Elle fera autorité pendant un siècle. Saint-Evremond en a-t-il eu connaissance ? On imagine mal que Saint-Evremond ait ignoré quelques-unes des thèses fameuses de Pascal – dont le nom n'apparaît nulle part dans son œuvre complète. Les deux infinis, le pari, la misère de l'homme sans Dieu, l'esprit de géométrie et l'esprit de finesse, le Dieu des philosophes ou d'Isaac, mais aussi, et surtout, les trente-quatre pensées consacrées au divertissement.

Chacun sait qu'avec ce grand opus, Pascal vise la conversion des libertins. Il argumente à partir de leur être, leurs actions, leurs pensées dans le siècle. Un portrait du libertin se dessine en creux à la lecture de ces fragments. A qui Pascal songe-t-il ? Au chevalier de Méré, à Damien Mitton, à La Mothe Le Vayer parmi d'autres. Il fréquente les salons dans lesquels il a rencontré les deux premiers. Par ailleurs, Mitton, trois fois cité dans les *Pensées,* a écrit des *Pensées sur l'honnêteté* publiées par erreur en 1680 dans... les *Œuvres mêlées* de Saint-Evremond !

En écrivant sur le divertissement, Pascal semble brosser un portrait philosophique de Saint-Evremond. Car toute l'œuvre si savamment pliée du philosophe normand peut se déplier et livrer son contenu hors les plis : elle est intégralement une philosophie du divertissement. Même s'il ne pense pas à lui, même si l'un et l'autre s'ignorent, méconnaissent leurs œuvres réciproques, Pascal fustige le mode d'être libertin qui pose le divertissement en maître objectif.

16

Comme sortir de soi. Pascal affirme que tout le malheur des hommes vient de ce qu'ils ne savent pas rester assis, seuls, dans une chambre. Rétorquons d'abord au chrétien : pourquoi faudrait-il aimer vivre seul dans une chambre assis sur une chaise ? Est-ce vivre que de se ronger les sangs, penser sa condition misérable, se remémorer sans cesse qu'on va bientôt mourir ? Pourquoi ajouter du pire au pire ? Pour quelles raisons donner volontairement de l'ampleur à la négativité qui nous travaille naturellement ?

A tout prendre, s'il faut vraiment penser, Saint-Evremond croit plus intéressant de méditer sur la vie que sur la mort – souvenir spinoziste ? Moins répertorier les occasions de souffrir d'angoisses existentielles que de mener une vie joyeuse. Les souffrances ? Les douleurs ? Eviter de s'en repaître, les évacuer. Toujours Epicure/Saint-Evremond contre Sénèque/Pascal... Vouloir la joie, la préparer, la construire, vivre pleinement le présent, s'intéresser au passé seulement s'il permet de réactiver des souvenirs heureux, se soucier de l'avenir uniquement dans la mesure où il autorise des projets hédonistes, voilà de plus intéressantes perspectives que de s'asseoir dans sa chambre en célibataire morose.

Pascal condamne tout ce qui divertit : la conversation, les jeux, la guerre, les grands emplois, la chasse, le bruit, le remuement, les plaisirs, le billard, la danse, la comédie, le luth, la chanson, les vers, le duel – condamné aussi par la sixième *Provinciale*. L'auteur des *Pensées* dénonce le danger du divertissement pour la vie chrétienne. Voilà très exactement ce qui le rend intéressant pour Saint-Evremond dont la vie s'oppose point par point à la démonstration de Pascal !

Car le Chevalier a aimé plus que tout la conversation, il l'a pratiquée, célébrée par écrit; il a probablement joué au sens premier du terme, du moins sa jeunesse fut un long jeu avec les convenances; il a passé plus de trente années sur les champs de bataille; il a tué, donc; il a été diplomate, envoyé et missionné par les grands; il a chassé dans les domaines familiaux; il a connu le bruit, il en a lui-même fait : les tripots des jeunes années, les frasques du Marais; il a pratiqué tous les plaisirs : les femmes, beaucoup, le champagne tous les jours, une douzaine d'huîtres au petit déjeuner, des repas fins, des clubs gastronomiques; il a pris des cours d'escrime chez un maître de danse, il a dû aussi tenir plus d'une femme dans ses bras les soirs de bal; il a aimé Corneille, passionnément, écrit des comédies; il a fréquenté les concerts, écrit de la musique, composé des poèmes, joué du luth avec Ninon de Lenclos; il a manié l'épée sur un pré plus d'une fois. On comprendrait qu'il n'ait pas pris le temps de lire Blaise Pascal...

17

Un taoïste normand. Le divertissement : voilà comment on sort de soi, de quelle manière on évite de tomber d'ennui et de fatigue en restant trop longtemps assis sur une chaise dans une chambre sans compagnie. Saint-Evremond philosophe ? Sûrement, probablement. Certes, on ne trouve pas chez lui la puissance, la force, le travail et l'ardeur à démontrer d'un Gassendi. Ni même le goût pour les idées, les grandes machineries conceptuelles. Mais ce ne fut jamais son propos. Philosophe ? Pas pour écrire des livres, mais pour bien vivre. Non pas faire de la philosophie, mais être philosophe. Il le *fut* sans trop en *faire*, voilà tout son art et son talent pour le paradoxe. Sans en avoir l'air, sans y toucher, Saint-Evremond a vécu une vie philosophique en se dispensant d'une œuvre sur le papier. Car son œuvre, c'était sa vie.

A l'heure du bilan, que conclure ? Disons que son épicurisme est galant, délicat, mondain, voluptueux, voire indolent et tranquille dans les derniers temps de son existence, lorsque le guerrier revenu des champs de bataille devient, après des années d'exil londonien, gouverneur de l'Ile aux Canards de Saint-James Park, une sinécure bien payée offerte par Guillaume III au philosophe âgé de quatre-vingt-cinq ans. Le fougueux chevalier trousseur de jupons dans sa jeunesse vit désormais dans sa ménagerie, entre ses animaux domestiques, vêtu de vieux habits pas toujours très propres.

Durant toute son existence, il a visé le neutre, car il ne supporte pas les positions extrêmes. En religion : ni superstitieux, ni impie; en volupté : ni ascète, ni débauché; en savoir : ni certain, ni ignorant; ni trop curieux, ni trop peu; en sensibilité : ni trop affligé, ni trop peu non plus; en amitié : à égale distance de l'assiduité et de l'éloignement; en société : ni partisan des foules, ni de la solitude; en gastronomie même : ni le trop vide, ni le trop-plein... Pour utiliser le mot dans l'acception de son temps, Saint-Evremond sacrifie un culte immanent au « médiocre ».

Son épicurisme du médiocre transforme notre gentilhomme en un genre de taoïste normand... A savoir? Un sage dans le monde, mais hors du monde, impliqué dans la société, mais tout à son for intérieur. Si sa devise était : « Jusqu'au bout », on voit mal qu'il l'ait toujours honorée. Les bouts, justement, il n'aimait pas beaucoup. Les extrémités le fâchent autant que les extrémismes. On n'en fait pas un athée, même s'il arbore une foi bien pâle; on ne l'enferme pas dans le matérialisme, même si au détour d'une phrase, on constate qu'il n'y a pas chez lui grand-chose d'autre que de la matière; on ne peut le réduire au statut de libertin : perdre sa souveraineté et sa liberté pour du plaisir, il n'y a jamais consenti, même si dans sa vie il y eut des femmes et du vin en quantité; on ne peut le saisir comme un philosophe, même s'il écarte d'un revers de la main les livres canoniques afin de mieux vivre en philosophe. Saint-Evremond est un oxymore, figure baroque par excellence...

18

Et Dieu dans tout ça? Saint-Evremond traverse le siècle. Chaque jour, la vieillesse emporte un peu de lui : une loupe poussée sur le front le dévisage quelque peu. Un ulcère de la vessie le ronge et le fait souffrir. Il perd de l'appétit. Il avait remarqué qu'avec la proximité de la mort, nombre d'anciens libertins deviennent dévots, se convertissent et meurent en chrétiens : pas question chez lui de pareils revirements.

Dieu n'a pas beaucoup tenu de place dans sa vie. C'est le moins qu'on puisse dire. La religion non plus. Dans sa *Lettre au Maréchal de Créqui*, il parle du « premier être souverainement aimable » sans mettre en doute son existence. Prudent, il fait savoir que la religion relève du for intérieur. Dès lors, il n'en dit rien, on n'en saura rien. Saint-Evremond était déiste : Dieu existe, si l'on veut, probablement, mais sans se soucier du destin des hommes. Ni péché, ni faute, ni damnation, ni ciel, ni enfer, ni paradis.

En moraliste averti, il sait que toute croyance découle de l'amour-propre des hommes, incapables de croire à leur destruction post mortem. L'âme est dite immortelle pour cette raison. Avec cet artifice, on aborde le néant en s'imaginant y échapper. Son analyse de la dévotion va dans le même sens : on s'aime soi plutôt que Dieu, on voue un culte à son ego en prenant prétexte d'un Dieu qui sert d'occasion. En cela, il peut déplaire aux catholiques.

Mais c'est compter sans son option fidéiste : car il

défend la « vraie catholicité », en disciple de Montaigne, en connaisseur des thèses de Pierre Charron – jamais cité. Chrétien, parce que français; chrétien pour la raison qu'il vit dans une monarchie et que c'est la religion du roi ; chrétien car ne pas l'être, c'est manquer de loyauté au prince; chrétien parce qu'il faut que la politique soit ferme, sûre, sereine et que la religion représente un facteur de cohésion sociale.

Soumettons-nous donc à la foi, acceptons ses mystères, et sachons que la raison ne peut pas grand-chose sur ces sujets. La curiosité sur les matières théologiques n'est pas une bonne chose. Mieux vaut la « tendresse du cœur » que la « curiosité de l'esprit ». Pascal dirait : faire plutôt confiance à « l'esprit de finesse » qu'à « l'esprit de géométrie »... Laissons les choses de la foi à leur registre : l'intimité contre laquelle rien ni personne ne peut agir.

Les protestants ? Ils ont vu le jour en partie à cause des erreurs et des excès du clergé. Mais les différences entre huguenots et catholiques comptent moins que ce qui les rassemble. Saint-Evremond préfère réunir les deux religions en insistant sur ce qu'elles partagent. Même si les deux n'expliquent pas pareillement la transsubstantiation, l'essentiel demeure que toutes les deux pratiquent l'eucharistie. La tolérance s'impose tant que personne ne veut convertir l'autre. Et ce pour le bien public.

Déiste fidéiste, mais pas athée, Saint-Evremond parvient donc, par cet agencement intellectuel, à être libertin et chrétien, épicurien voluptueux et catholique avéré. Pliages là encore, jusqu'au bout, jusqu'à la fin... Un prêtre vient le voir sur son lit de mort et lui propose de se réconcilier. Dans une ultime pirouette, il accepte de se réconcilier... mais avec son appétit !

Puis il meurt le 9 septembre 1703, âgé de quatre-vingt-neuf ans, dans la tranquillité de son sommeil. Depuis, le libertin fidéiste repose dans la cathédrale de Westminster, dans le coin des poètes. Le philosophe normand partage le néant avec une trentaine de rois et de reines. Ultimes plis d'ironie...

IV

PIERRE GASSENDI

et « Epicure qui parle »

1

Un prêtre libertin. Quand Pierre Gassendi naît le 22 janvier 1592, l'année de la mort de Michel de Montaigne, il ne s'appelle pas encore Gassendi, mais Gassend. L'italianisation du nom procède de la mode de l'époque – on doit plaire à Marie de Médicis et Mazarin ! La manie est souvent le fait d'inférieurs hiérarchiques flatteurs du destinataire. Gassendi n'y consentira jamais. L'usage seul a opéré la métamorphose. Ses parents sont paysans dans les Alpes de haute Provence où il passe l'essentiel de sa vie, hormis quelques brèves années parisiennes. Plus tard, les balades philosophiques avec ses amis s'effectuent sous le ciel provençal, dans les champs d'oliviers, sur les montagnes calcinées par le soleil méditerranéen.

Gassendi brûle les étapes. Dès l'âge de seize ans, il enseigne la rhétorique au collège de Digne. Une poignée d'années plus tard, à vingt-deux ans, il en devient le principal, puis docteur en théologie et théologal, autrement dit : chanoine qui prêche et enseigne. A vingt-quatre ans, il revêt les habits de prêtre et remporte par concours les chaires de philosophie et de théologie à Aix-en-Provence. Pendant six années il y enseigne la philosophie d'Aristote. Si l'on en juge par l'ouvrage issu de cette expérience, et par son exclusion manu militari de ses locaux par les jésuites sur ordre de l'évêque, il professa de manière hétérodoxe et critique !

Dans l'histoire des idées, Pierre Gassendi incarne le libertin emblématique. Libertin érudit, certes, dont les mœurs et la vie privée ne sont jamais mises en cause, mais libertin tout de même. Comment peut-on être un prêtre scrupuleux sur le rite, défenseur du contenu doctrinal de la religion catholique, et un philosophe libertin ? En revendiquant une liberté d'esprit, d'analyse et de critique, en procédant en philosophe partout où cela semble possible, en s'appuyant sur la science, l'expérimentation, la vérification des faits, en partant du corps sensuel qui appréhende les informations pour élaborer ensuite une théorie de la vraisemblance en lieu en place de toute vérité définitive.

Concrètement ? Concrètement, il part en guerre contre Aristote, les aristotéliciens, la scolastique coupable de verbiages, de sophisteries et de fumées faussement philosophiques, qui empêchent l'accès à une certitude digne de ce nom ; il ajoute à son combat une attaque en règle contre René Descartes, responsable de vouloir prouver rationnellement Dieu quand, dans l'esprit du théologal, ce dernier ne peut être qu'un article de foi ; de même, il pratique l'anatomie, la dissection – rare et politiquement dangereux à l'époque –, l'observation astronomique haut de gamme, puis tire de ses expériences scientifiques une méthode pour déduire des vérités utiles.

Dès lors, ce prêtre qui écrit des vers de mirliton sur la Sainte Vierge, qui prie et ne manque aucun office, fait une carrière honorable dans la hiérarchie ecclésiastique, peut bien côtoyer des libertins qui, eux, illustrent la définition triviale et habituelle du mot : libertins de mœurs, d'alcôve, de taverne, libertins de vie quotidienne. Ainsi François Luillier, Claude Chapelle, et autres amateurs de cotillons, de bougres et de pintes. L'histoire retient que Gassendi, qui s'abstenait de vin et de viande, savait chanter en chœur avec ses amis et jouait volontiers avec la progéniture de ses compagnons de réflexion. Pendant que d'aucuns illustrent la version jouisseuse de l'épicurisme, Gassendi tient le cap ascétique de l'épicurisme du Maître grec.

2

Le corps de Monsieur Caro. Le corps de Pierre Gassendi semble fragile, comme celui d'Epicure. On ne sait si sa double option abstème et végétarienne procède d'une position métaphysique ou d'une nécessité déduite au vu des petites performances de son corps. Ne pas consommer de viandes qui échauffent l'esprit ou d'alcool qui pourrait le faire exploser tout entier – la raison avancée par Gassendi pour refuser l'alcool, dixit Guy Patin ! –, voilà peut-être un souci diététique de disposer d'un corps performant pour penser, libre de toute sujétion – la pesanteur du gourmand, la fébrilité du buveur.

Par ailleurs, sa santé mentale paraît elle aussi précaire : la mort de son ami et protecteur Nicolas Peiresc le plonge dans une grave dépression qui le contraint à arrêter ses travaux. Erudit et mécène, juriste et savant, astronome et abbé, propriétaire d'une ménagerie et correspondant de Rubens ou de Galilée, propriétaire d'un cabinet de curiosités à la réputation européenne, cet homme n'a jamais rien écrit, mais Gassendi lui consacre une biographie en 1641 – *Vie de Peiresc.* Peiresc a partagé le même toit que le philosophe d'Aix de 1634 à 1637, l'année de la disparition de son complice – celle, aussi, de la parution du *Discours de la méthode.* Dans sa polémique avec Descartes, Gassendi appelait son interlocuteur « Monsieur Mens » – « Monsieur Esprit » – qui, lui, le nommait en retour « Monsieur Caro » – « Monsieur Chair »…. De fait, la chair de « Monsieur Chair » paraît bien fragile.

Frugal, abstème, végétarien, dépressif, malade – tuberculose ou paludisme, on ne sait… –, Gassendi partage avec Epicure une constitution corporelle chétive. Vers cinq ou six heures du matin, il se lève dans une maison sans domestiques. Il a également refusé de vivre avec sa sœur pour jouir pleinement de la liberté de son emploi du temps. Il abat un travail d'érudition considérable. Grand lecteur de penseurs et philosophes anciens, mais aussi de modernes tenus en très haute estime, Montaigne et Pierre Charron entre autres, il écrit en latin – Descartes en français… –, pratique le grec, semble-t-il avec un talent moyen, apprend l'hébreu et l'arabe, traduit, annote, rédige une correspondance considérable, travaille longuement sur de gros chantiers – plus d'une vingtaine d'années sur celui d'Epicure –, tout en se donnant chaque jour à sa tâche d'ecclésiastique.

3

Les lunettes du philosophe. Pierre Gassendi consacre également un temps important à l'astronomie. Dès l'âge de vingt-six ans il commence à scruter le ciel avec des lunettes mises au point par Galilée. Avec Peiresc et La Mothe Le Vayer notamment, il observe des parhélies, des éclipses de soleil et de lune, des aurores boréales, des planètes (Saturne), leurs occultations (Mars par la Lune), des mouvements (le passage de Mercure dans le disque solaire), il s'intéresse à la hauteur du soleil dans le cosmos. Avec Peiresc et Mellan, il élabore une carte de la Lune. Un cirque lunaire porte aujourd'hui son nom.

Sur le terrain scientifique, Gassendi effectue également des recherches sur la propagation du son, les lois du mouvement, les durées de parcours; il formule correctement la loi d'inertie, travaille sur la dilatation et la condensation, puis, dans la foulée, affirme l'existence du vide – contre Descartes qui le nie; en disciple fidèle des matérialistes anciens, il tient également pour les atomes. Pour cela, on le voit à Marseille, dans une galère, organiser une démonstration publique, lâchant une pierre du haut d'un mât pendant que vogue le bateau afin de calculer le point d'impact, puis de déduire des conclusions sur la nature du mouvement; près de Toulon, il répète les expériences de Torricelli et Pascal sur les variations barométriques du mercure. Chaque fois, il obtient des résultats qui enrichissent la science de son temps.

Pierre Gassendi ne philosophe pas à partir de sa

bibliothèque, il n'est pas un penseur de cabinet. Son domaine d'expérimentation? Le monde et tout ce qui le constitue : la terre et le ciel, l'infiniment grand et l'infiniment petit... S'il publie sur les sujets scientifiques, ce ne sont pas des commentaires de commentaires mais des résultats obtenus avec la méthode dite aujourd'hui expérimentale. Dans son œuvre complète, les ouvrages scientifiques représentent une somme considérable de pages.

4

« **Sapere aude** ». En tant que théologal et prévôt, Pierre Gassendi a le droit de rendre la justice et de porter les armes. Sa devise est : « *Sapere aude* », autrement dit : « Aie le courage de te servir de ton propre entendement ». Etrangement, cette devise empruntée aux *Epîtres* d'Horace (I,2,41) est connue dans l'histoire de la philosophie, mais pas comme étant celle du philosophe d'Aix. Car on l'associe habituellement à un célèbre texte de Kant intitulé : *Réponse à la question : Qu'est-ce que les Lumières ?* plus connu sous le titre : *Qu'est-ce que les Lumières ?* Ce texte de 1784 en formule l'esprit : le courage d'une pensée libre, indépendante, autonome, n'ayant de comptes à rendre qu'à la méthode, à la raison, aux déductions et à la progression de la pensée. Emmanuel Kant connaissait l'œuvre de Pierre Gassendi. Dans l'inventaire de sa bibliothèque on trouve l'un de ses textes consacré à l'astronomie de Copernic et de Tycho Brahe. Mais le nom du Français n'apparaît nulle part, même lorsque, pour les besoins de sa métaphysique, l'Allemand sépare le nouménal et le phénoménal.

Retenons cette étrange filiation, jamais relevée ni soulignée : une devise reprise dans les mêmes termes un siècle plus tard par l'un des parangons des Lumières du XVIIIe siècle. Gassendi, déjà, lutte pour la raison pure et fustige la raison impure de l'irrationnel du moment : il traque l'astrologie, récuse l'alchimie, écarte les Rose-Croix, refuse la Cabale chrétienne et milite pour l'observation, la déduction en astronomie, en mathématiques, en physique, à quoi il ajoute son intérêt pour la géologie, la minéralogie – utiles pour les datations de l'origine du monde et les lectures de la Genèse... –, la géographie – il envisage un temps une expédition en Orient.

Jamais mieux qu'ici on ne constate le rôle propédeutique aux Lumières de la plupart des libertins baroques : l'usage libre d'une raison libre, la confiance donnée à la raison dans les limites imparties à sa puissance et à ses capacités, l'évitement de la religion dans ce processus de libre examen généralisé, l'immense confiance donnée aux pouvoirs des hommes une fois circonscrites les limites et les possibilités des instruments intellectuels mis en œuvre, la croyance à la possibilité de remplacer une lecture théologique du monde par sa version mathématique ou mathématisée.

5

Un Jardin nommé Tétrade. Gassendi a célébré l'amitié épicurienne dans son *Traité de la philosophie d'Epicure*, et il a amplement pratiqué en disciple authentique. Fidèle à la doctrine antique, il sait que l'amitié trouve sa raison d'être dans l'utilité commune : le plaisir donné et partagé, le bonheur de n'être plus seul, la satisfaction de pouvoir compter sur un tiers si l'on se trouve dans le besoin, l'émulation intellectuelle entre pairs, la communauté intellectuelle et philosophique. Epicure va très loin en affirmant qu'un être doit pouvoir souffrir, endurer des vexations, voire mourir pour son ami...

Le philosophe pratique l'amitié comme une éthique et une esthétique, presque à la manière d'une mystique. Elle est une vertu en même temps qu'une méthode. L'époque célèbre le Cénacle et le Salon, bien souvent sous le signe du futile et des habituelles passions mondaines : on y parle de tout et de rien, on y excelle dans le bon mot ou la conversation pour elle-même. Mais il existe également des endroits où se rencontrent des gens plus soucieux de penser ensemble ou d'échanger des points de vue philosophiques ou intellectuels, que d'assassiner de prétendus amis.

Les libertins pratiquent philosophiquement le Cabinet de semblables. Déjà dans *De la sagesse,* Pierre Charron théorise les deux mondes du libertin : l'un en dehors, public, dans lequel chacun se trouve tenu de respecter les lois et coutumes de son pays, la religion communément partagée, la politique en cours; l'autre en dedans, absolument affranchi, libre de toute contrainte éthique, métaphysique, politique, religieuse, mondaine, coutumière, etc. Pour soi, ses amis proches, sa garde rapprochée, un comportement intime ; pour les autres, un comportement public. D'une part, la souveraineté absolue de l'individu ; d'autre part, le conformisme affiché comme le prix de la tranquillité, mais aussi pour éviter de générer des troubles de l'ordre public – le souvenir des récentes guerres de Religion demeure dans toutes les mémoires. Le cénacle libertin fonctionne en avant-garde éclairée de la modernité intellectuelle.

Le nom du cénacle de Pierre Gassendi ? La Tétrade. Probablement par antiphrase ironique, Gabriel Naudé, l'auteur du nom de baptême, a choisi une référence pythagoricienne. La Tétrade – ou *tetractus* – nomme, chez Pythagore et ses disciples, le nombre quaternaire (10), fondement de toute chose, obtenu par l'addition des quatre premiers chiffres. Ces trois mousquetaires qui sont quatre se nomment : Guy Patin, Gabriel Naudé, François de La Mothe Le Vayer, Pierre Gassendi. Aucun ne sacrifie aux théories de la métempsycose ou de la métensomatose du présocratique ! Pas plus à sa mystique chiffrée ou à l'harmonie des sphères... En revanche, l'espèce de religion de l'amitié et de la communauté discrète, voire secrète, revendiquée par les disciples du philosophe des *Vers dorés*, peut justifier le patronage qui, sinon, reste incompréhensible.

Gabriel Naudé parle dans une lettre des débauches de la Tétrade avant de préciser quelques lignes plus loin qu'il s'agit de « débauches philosophiques ». Gassendi buvant de l'eau et mangeant des légumes, Naudé, le bibliothécaire de Mazarin, s'interdisant lui aussi l'alcool, on imagine mal des soirées de beuverie généralisée. Cette communauté permet plutôt, pour reprendre une expression de René Pintard, une « fraternité de déniaisés » se rencontrant pour refaire le monde sans craindre les oreilles indiscrètes ou dangereuses. Car le pouvoir ne tergiverse pas et envoie sa police chez tout suspect de pensée déviante. Entre gens de même calibre, tout peut se penser et dire, mais en se préservant du plus grand nombre, des autres, du peuple ou de la populace qui n'est pas prête pour de trop gigantesques vérités.

Les avis divergent dans la Tétrade, mais leurs ennemis existent, clairement et nettement désignés : la scolastique aristotélicienne, en premier lieu, l'université officielle et l'Eglise qui va avec en second, mais aussi, en troisième temps, toutes les activités irrationnelles ou surnaturelles – y compris sur le terrain du christianisme, nullement avare en déraisonnable. Tous partagent ces idées qu'une raison bien conduite, sur le principe de la méthode et de la déduction effectuée à partir de constatations expérimentales, peut produire des effets majeurs. En même temps, par prudence, on se soumet aux coutumes à l'extérieur afin de mieux s'activer librement dans le cénacle.

Ce nouveau Jardin conceptuel fournit un genre de variation sur le cabinet de curiosités : les participants animent une communauté où la vastitude des pensées et du monde, des avis et des questions, où l'extravagant et le bizarre, l'inconnu et le nouveau, se partagent la vedette. Collisions mentales, chocs intellectuels, frottements de cervelles, échanges et débats, confrontations, discussions, essais d'idées auprès de penseurs confirmés, voilà l'ambiance. La lecture des *Dialogues faits à l'imitation des Anciens* de La Mothe Le Vayer fait songer à ces banquets entre amis. Les balades dans les champs attenants aux maisons de campagne de tel ou tel – Arcueil une fois, Gentilly une autre, ou Rungis – définissent ces jardins épicuriens baroques.

Quand parfois Pierre Gassendi quitte sa Provence pour Paris, La Mothe Le Vayer ouvre le courrier, trie, classe les papiers, réexpédie ce qui doit l'être, met de l'ordre dans les manuscrits. Quand l'Aixois meurt, l'auteur de l'*Hexameron rustique* se trouve bien sûr autour du cercueil avec quelques amis fidèles. Tous savent qu'il n'existe pas une amitié en soi, sur le mode platonicien, car, sur le principe réaliste d'Epicure, il n'existe que des preuves d'amitié. Et elles ne manquent pas dans cette aventure. Personne dans la Tétrade n'a failli à cette histoire commencée en 1628 et terminée avec la mort de l'avant-dernier des participants.

6

Un philosophe librettiste. Gassendi meurt le 24 octobre 1655 à Paris chez Habert de Montmort qui l'héberge depuis trois années. René Descartes a succombé à une pneumonie chez Christine de Suède qui aimait les leçons de philosophie matutinales, ce qui, dans l'hiver suédois, ne pardonne pas et vient à bout du cogito le mieux trempé. Que reste-t-il de Pierre Gassendi quand il succombe à l'âge de soixante-trois ans? Des livres en latin, des manuscrits, des publications scientifiques, des ouvrages de philosophie, certains inachevés, des fragments recyclés ici ou là, des biographies de scientifiques, et une immense correspondance avec tout ce qui compte dans l'Europe intellectuelle du moment: Campanella, Descartes – juste une lettre, l'essentiel se trouve ailleurs! –, Christine de Suède – désireuse de remplacer son René défunt par un Pierre qui éconduit poliment la dame –, Galilée ou Kepler, Grotius le jurisconsulte, Mersenne – l'étrange père minime qui instrumentalise la querelle avec Gassendi –, Vossius –

un correspondant de Spinoza –, ou Beeckman – qui soutient sa thèse sur l'atomisme à Caen et initie en partie Gassendi à ses trouvailles, puis agit en déclencheur intellectuel chez Descartes. Etc.

Dans ce fouillis d'œuvres faites, inachevées, scientifiques, philosophiques, publiques, privées, de jeunesse, trouve-t-on une cohérence ? Existe-t-il un fil d'Ariane ? Si l'on s'en tient à la philosophie, oui. Laissons de côté les travaux scientifiques, la correspondance, et concentrons-nous sur l'œuvre du penseur. Que reste-t-il ? Gassendi est-il l'homme d'un seul livre qui résume et synthétise son apport ? A-t-il signé un genre de *Discours de la méthode* ? Malheureusement non. Ce bilan semble sans véritable ligne de force. Tout juste peut-on avancer une métaphore pour clarifier son apport à l'histoire des idées.

Pierre Gassendi semble un homme de théâtre qui met en scène à la manière d'un marionnettiste ventriloque. Pour le seul univers philosophique, ses personnages principaux sont au nombre de trois : Aristote, le méchant scolastique, Descartes, le rationaliste excessif, Epicure, le saint laïque. Les figurants importent peu et passent vite sur les planches. Ainsi Hobbes ou Sorbière, Luillier ou Peiresc. L'œuvre emprunte au ballet de cour, à la comédie-ballet, à la pastorale, à la tragédie lyrique, à l'opéra-ballet, genres fort en vogue à l'époque, mais aussi et surtout à l'opéra. Un opéra baroque...

7

Tentative d'homicide sur Aristote. Commençons par le plus ancien dans l'histoire des idées, par le premier livre aussi, un coup de tonnerre inaugural signé Gassendi. Six années durant, à l'Académie d'Aix, il enseigne la scolastique. On imagine l'auditoire sérieux, prenant des notes, consignant par écrit les propos du professeur. A trente-deux ans, il signe des *Dissertations en forme de paradoxes contre les aristotéliciens* (Olivier Bloch propose de traduire *Essais anticonformistes contre les aristotéliciens),* un bilan, une somme sur son enseignement. Le livre paraît en 1624, à Grenoble, sans nom d'auteur.

Dans la lettre introductive en forme de préface, il précise à son ami Joseph Gautier – un compagnon de balade des montagnes provençales – qu'il lui doit quelques explications. Comment, en effet, un individu qui a moqué les « écrivailleurs » tenus par le démon de la publication, qui a invité les auteurs à laisser vieillir soixante ans leurs textes avant de les porter à la connaissance du public, peut-il, la trentaine juste passée, publier un fort volume sans risquer les quolibets ? Il va au-devant des rieurs et, se plaçant sous le signe de Démocrite, affirme lui aussi avoir « la rate secouée » face à ce revirement spectaculaire. Alors pourquoi ?

Parce que les notes prises pendant ces séances existent et qu'elles circulent sous le manteau. Gassendi n'est pas sûr de la qualité de ces textes. Une publication non autorisée semble prête à voir le jour, et l'on pourrait se servir de cet ouvrage fautif pour un mauvais procès. La publication précipitée vise donc à couper l'herbe sous le pied de disciples probablement bien intentionnés mais dont l'initiative offrirait nombre de prétextes à une condamnation en bonne et due forme. Souvenons-nous que les jésuites l'ont physiquement délogé de son cours, l'obligeant à trouver l'hospitalité chez un prêtre de ses amis pour achever son séminaire.

L'ouvrage paraît donc. Les dernières pages de la préface annoncent sept livres, en fait deux seront écrits, un seul paraîtra du vivant de son auteur. Retenons que dès 1624, un livre sept est prévu qui proposait d'exposer une philosophie hédoniste selon laquelle « le souverain bien se trouve dans la Volupté »... On ne peut mieux, après avoir démontré au livre précédent l'impossibilité de toute métaphysique – déjà pointent les motifs de la discorde à venir avec Descartes – et la nécessité de s'en tenir à la seule théologie, asseoir une doctrine hédoniste, et non pas une position pyrrhonienne comme on le lit parfois : le scepticisme, dans cet ouvrage comme si souvent chez les libertins baroques, fournit une méthode, pas une conclusion.

8

A l'assaut des athlètes de foire. Gassendi n'y va pas de main morte : dès les premières pages il confesse que l'enseignement d'Aristote reçu dans sa jeunesse l'a profondément ennuyé. Déjà il préfère une philosophie existentielle qui propose le bonheur et l'augmentation du plaisir d'exister. Certes, la pensée d'Aristote enseignée dans le cadre scolastique n'a rien d'eudémoniste. L'*Ethique à Nicomaque* pourrait y inviter un peu, mais ce ne sont ni le livre ni la thématique de prédilection des docteurs de l'Université. Que vise Gassendi ? La félicité et les moyens théoriques d'y parvenir dans la vie quotidienne.

Les universitaires responsables des gloses sur

l'œuvre de Gassendi font souvent de cette charge contre Aristote un livre pyrrhonien. Pour penser ainsi on doit confondre la méthode et ses conclusions. Le scepticisme mis en œuvre par le philosophe vise à ébranler les certitudes, à questionner les vérités présentées comme telles depuis toujours, mais pas plus. A aucun moment le résultat de l'analyse ne débouche sur la suspension du jugement, ou le relativisme généralisé. Souvenons-nous : le projet de consacrer un livre à la volupté comme fin mot de l'éthique prouve que la critique gassendiste de l'aristotélisme vise un dépassement de cette école, certes, mais au nom d'un épicurisme aux antipodes du scepticisme.

Malin, Gassendi sait que l'aristotélisme nourrit la philosophie de l'Eglise officielle. Il n'ignore pas qu'en touchant au Maître grec et à ses disciples à travers les siècles, il menace du fouet les tenants de l'Eglise catholique, apostolique et romaine. Prudent, il prend soin d'affirmer sa volonté d'épargner l'Eglise à laquelle il fait acte d'allégeance, mais le boulet est bel et bien parti... Malgré Valla, Erasme et Montaigne, le désir de débarrasser l'Eglise de la tumeur scolastique au nom d'Epicure n'est pas dans l'air du temps, encore moins dans les projets du catholicisme.

L'attaque est d'une violence inouïe. Trois siècles plus tard, on peut sourire, l'ensemble des livres de Gassendi posés sur son bureau, en juxtaposant cet exercice de colère jubilatoire, cette débauche de violence verbale exacerbée dans les *Dissertations en forme de paradoxes contre les aristotéliciens* (1624), et les pages consacrées à Epicure – notamment celle du *Traité de la philosophie d'Epicure* (III,15) (1649) – où le sage Pierre Gassendi met en garde contre ces mauvaises passions que sont la colère, la vengeance, le ressentiment, la méchanceté, à quoi il oppose sur le papier l'excellente vertu de « douceur » ! Dans un semblable exercice dirigé contre Descartes en 1641-42, le même apologiste de la mansuétude, de la clémence, de la pitié, du pardon, sort à nouveau ses armes ébréchées contre l'auteur du *Discours de la méthode*.

La nature du combat, écrit le bretteur, exige un « style mordant » et le recours au « genre satirique ». Dont acte. L'attaque porte, sur le fond, contre la dialectique, les universaux, les catégories, les propositions ; dans les livres annoncés, elle prévoit le même traitement pour la physique, les météorologiques, la métaphysique et la morale. Guerre totale donc. De même, Gassendi reproche aux émules d'avoir transformé la philosophie de leur maître en sophistique vide, creuse ; de ne pas avoir mis en avant l'intéressant corpus d'histoire naturelle qui arrime le penseur au réel immanent ; de réduire la théologie à de purs et simples exercices d'école où la rhétorique tient lieu d'unique perspective ; de surestimer l'*Organon* et la *Métaphysique* ; de faire d'Aristote un dieu intouchable, source de vérités incontestables ; de s'appuyer sur un corpus non fiable sans l'avoir soumis à un travail philologique préalable ; de clore la diversité des travaux aristotéliciens sur une totalité systématique, malgré d'évidentes contradictions et de multiples incohérences. Sur le fond, Gassendi respecte les usages : analyses fines, démonstrations étayées, recours à des méthodes éprouvées par le milieu, lectures considérables, méditations de l'œuvre en long, en large et en travers.

Sur la forme, en revanche, Gassendi se lâche. Du

mordant et de la satire, en veux-tu, en voilà... Petit inventaire des noms d'oiseaux glanés dans l'ouvrage : « chimériques niaiseries », « fatras de vaines disputes », « sophistiques apparences », « vaines nuées », « pépinière d'arguties », « comédie inepte », « sornettes stupides », « athlètes de foire », « chicaneurs qui embrouillent »... Feux d'artifice de douceur gassendiste !

Au passage, le philosophe en colère réactive une formule appelée à de beaux jours au XXe siècle, notamment pour reprendre du service dans un autre combat de l'histoire de la philosophie – Jean-Paul Sartre contre Raymond Aron –, Gassendi écrit des aristotéliciens qu'« ils préfèrent se tromper avec Aristote plutôt que d'avoir raison avec les autres »... Cicéron écrivait déjà dans les *Tusculanes* (I,39-40) : « je préfère avoir tort avec Platon que raison avec les Pythagoriciens ». Rien de neuf sous le soleil !

9

La retraite polémologique. L'année de ces assauts furieux, en 1624, Pierre Gassendi quitte sa Provence et arrive à Paris. Le climat n'est pas au beau fixe pour la pensée libre. Un quart de siècle après le meurtre de Giordano Bruno, cinq ans après la torture et l'assassinat de Jules César Vanini à Toulouse par les mêmes gens d'Eglise, Pierre Charron à l'index (1603), Théophile de Viau arrêté, emprisonné et jugé (1624), non loin de l'affaire Galilée (1633) – après la condamnation par l'Eglise du copernicianisme en 1616 qui, probablement, décide René Descartes à quitter la France pour la Hollande –, il ne fait pas bon philosopher librement. Raison de plus pour un audacieux qui, écrivant contre Aristote, ne peut espérer les faveurs de l'Eglise catholique et de la Sorbonne, son habituelle servante.

D'autant qu'à cette époque la fameuse Sorbonne condamne Jean Bitaud, Antoine Villon et Etienne de Claves, coupables de défendre des positions atomistes contradictoires avec l'aristotélisme. Les trois hommes sont contraints au bannissement après lacération de leurs thèses. Le Parlement de Paris, agissant sur la requête de la Sorbonne, interdit l'enseignement de ce qui s'oppose aux anciens auteurs « approuvés » – tout est dans ce dernier terme. La philosophie d'Aristote se fait attaquer de toute part depuis le début du XVIIe siècle. Mais l'Eglise veille, avec sa police de la pensée. Garasse publie sa *Doctrine curieuse* en 1623...

Pierre Gassendi renonce à publier le livre deux, déjà écrit, et ne poursuit pas : les cinq autres ne verront jamais le jour. Officiellement, l'auteur bat en retraite afin de ménager la susceptibilité des aristotéliciens – il parle de leur « colère peu commune » après la publication du livre. Il abandonne, écrit-il, le manuscrit aux vers et aux souris de sa bibliothèque. Les feuillets n'ont jamais été endommagés...

A cette justification de son renoncement, il ajoute avoir récemment découvert un ouvrage de François Patrizzi consacré au même sujet avec, semble-t-il, nombre d'arguments communs... Gassendi prétend avoir lu ce texte après avoir écrit le sien, or, une comparaison ligne à ligne lui donne malheureusement tort : il l'avait lu avant. Et de très près... Raison de plus pour une repli stratégique.

Pour donner l'impression d'agir conduit par de

bonnes raisons, Gassendi justifie aussi son retrait du champ de bataille par le souci d'épargner l'Eglise une, sainte, catholique et apostolique à laquelle il se dit – et il l'est... – attaché. Dommage qu'il n'ait pas montré plus de prudence pour ladite Eglise en amont, lors de la rédaction de ce fort volume! On peut difficilement croire que le philosophe ait été si peu averti des conséquences très probables de son engagement théorique dans ses cours professés, puis dans la décision de rédiger et publier ses notes. Faussement naïf, vraiment imprudent, pas si courageux que ça, le portrait psychologique d'un Gassendi réel se dessine peu à peu : il tranche avec l'idéal du sage épicurien mis en scène par ses propres soins.

10

M. Caro attaque M. Mens. Presque vingt ans plus tard, Pierre Gassendi ne s'est pas assagi. Loin du compte épicurien, le philosophe se met dans la gueule du loup et repart en guerre contre René Descartes. Que n'a-t-il relu les pages où Epicure raconte la nécessité, pour obtenir l'ataraxie, le souverain bien, de chercher la volupté dans la négation de tout trouble, certes, mais aussi dans l'évitement des embarras! Ne pas courir au-devant des ennuis, voilà un objectif prioritaire pour tout hédoniste digne de ce nom. En sortant la vieille épée du fourreau, Gassendi court de plus grands risques qu'en attaquant Aristote, un très ancien mort, ou de très impuissants disciples, les aristotéliciens du moment. Car Descartes n'est pas un adversaire à sa main. Le Poitevin se révélera même plutôt coriace.

D'abord, Descartes s'y connaît en maniement d'armes réelles pour avoir servi dans l'armée auprès de Maurice de Nassau, ce qui lui permet, dit-il, d'obéir à sa nature : dans une lettre à Mersenne (9 janvier 1639), il confie en effet qu'une certaine « chaleur du foie » lui a fait jadis aimer les armes. La vie de garnison désœuvrée lui permit de travailler à son projet scientifique et philosophique. Est-ce à cette époque qu'il écrivit un *Art d'escrime* aujourd'hui perdu ? On ne sait.

En 1621, le même homme tient en respect avec son épée deux passeurs qui, dans le bateau sur lequel il s'entretient en français avec son valet, ignorent qu'il comprend leur langue, et formulent ouvertement le projet de dépouiller le philosophe, puis de le jeter à l'eau. Habile au maniement d'armes réelles, Descartes l'est également sur le terrain métaphorique : il montre un talent redoutable dont Gassendi fera les frais.

Quel contentieux pourrait expliquer cette animosité de l'apprenti épicurien à l'endroit de son contemporain ? Peut-être ceci : Pierre Gassendi, on le sait, observe le ciel et consigne ses trouvailles depuis longtemps. En 1630, il publie sur les parhélies. Descartes fait état de ces découvertes dans les *Météores* en 1637. Et, crime de lèse-majesté, il ne cite pas Gassendi ! Volontairement ? On ne sait. Descartes prétend avoir eu connaissance de ces informations astronomiques par un ami, Reneri. Blessure narcissique ? Egratignure d'amour-propre ? Rien n'interdit de le penser...

Mais à la parution des *Méditations métaphysiques* que, franchement pervers, le père Mersenne de l'ordre des Frères Minimes met entre les mains de Pierre

Gassendi et Thomas Hobbes – deux matérialistes peu à même de goûter la métaphysique spiritualiste de Descartes... –, le théologal d'Aix ne contient pas son énervement : « livre ennuyeux à l'excès », écrit-il, ouvrage où tant de « fadaises » ont dû coûter un maximum à son auteur dont il se demande comment il a pu oser « débiter tant de songes et de chimères ». Le ton n'a pas changé depuis le temps du ferraillage contre Aristote. Gassendi repart en guerre et vise en dessous de la ceinture. Descartes refuse le débat pour éviter d'offrir aux médiocres le plaisir de le savoir distrait de son travail.

11

Les Horaces et les Curiaces. Le combat mené entre ces deux hommes rappelle celui des Horaces et des Curiaces. Un genre d'ordalie dangereuse pour le vaincu, car le vainqueur d'un seul triomphe sur tous les membres de l'autre camp. D'une part : Descartes et le spiritualisme rationnel, voire le rationalisme spiritualiste ; d'autre part : Gassendi et le matérialisme catholique, l'atomisme chrétien – voire le christianisme atomique ! L'un croit aux pouvoirs généalogiques et fondateurs de la raison ; l'autre milite pour une raison aux pouvoirs limités, afin d'épargner la religion catholique. Le matérialiste passe à côté de l'Histoire à cause de ce qui demeure chrétien en lui. Descartes empoche la mise et crée la raison moderne occidentale, un instrument appelé à produire des effets dans l'Histoire pendant des siècles.

Quel est le motif du combat ? Où se trouvent les enjeux ? L'affrontement paraît bien stérile et vain, car les deux protagonistes croient en Dieu, à l'immortalité de l'âme, à la nécessité de respecter la religion catholique et la monarchie qui l'accompagne. Alors pourquoi tant d'agressivité ? Sur le fond, les divergences n'existent pas, ou si peu. En revanche, Gassendi s'excite sur la forme, la méthode : Descartes part de rien, il doute, puis construit une série de vérités, pièce par pièce, avec des expériences ontologiques : du doute méthodique à la certitude de Dieu en passant par le cogito, les idées innées et l'idée d'infini, il construit une métaphysique moderne.

Mais aux yeux de Gassendi, voilà trop d arrogance humaine, trop de suffisance mondaine, trop d'orgueil personnel. De fait, dans le texte de Descartes, on trouve telle ou telle expression affirmant que là où tous avaient échoué, lui, René, triomphe ; qu'il apporte enfin des certitudes immuables, éternelles et définitives ; que personne ne pourra jamais récuser ses arguments ; qu'il évolue sur le terrain du « certain » et de l'« indubitable » ; et autres imprécautions de langage qui heurtent l'humilité catholique affichée du théologal.

Au-delà des susceptibilités de philosophes en chair et en os, Pierre Gassendi avance des reproches théoriques : la connaissance de Dieu, la démonstration de son existence, voilà des certitudes impossibles à obtenir avec la seule raison, instrument précaire, limité, peu fiable, capable de produire du vraisemblable, certes, mais pas de la vérité. Descartes croit le vrai clair et distinct ? Peut-être, mais la vérité s'obtient avec Dieu qu'on connaît par la grâce et non avec la raison humaine. La foi, la croyance, la soumission aux dogmes de l'Eglise, oui, la conquête de tout cela avec un instrument humain, trop humain, non.

Les deux hommes pratiquent la science en professionnels. L'un et l'autre croient aux vertus de l'expérimentation, de la déduction, de l'observation, ils confèrent à la physique un pouvoir de modèle, aux mathématiques une puissance architectonique. Mais l'Aixois limite les domaines : la science doit épargner les choses de la religion; le Poitevin pense qu'il n'existe pas de limites à l'usage de la raison, même si, par prudence, il épargne la religion catholique de l'acide de son doute méthodique. Le phénoménisme, l'empirisme, le sensualisme de Gassendi, pourtant tellement modernes et tellement précurseurs, échouent à cause du christianisme qu'il professe encore et qui l'empêche d'aller philosophiquement aussi loin que ces options le permettraient. S'il constate fort justement que le corps sent d'abord avant de construire ensuite son savoir, que les sens sont trompeurs, que les certitudes paraissent donc peu fiables, il déduit et conclut qu'il faut laisser à la religion son registre propre. Paradoxalement, le spiritualiste l'emporte sur le matérialiste. Dès lors, le matérialisme tout entier pâtit de l'issue du combat. Trop de christianisme, pas assez d'épicurisme chez Gassendi expliquent qu'il n'ait pas pu l'emporter sur Descartes...

12

Détails sur la passe d'armes. Gassendi s'attaque au « doute » : pourquoi lui consacrer autant de temps et lui donner une pareille place? En appeler au sens commun suffit, il permet aussitôt d'arguer de la faiblesse de la nature humaine et de la nécessité de ne pas entreprendre au-dessus des forces intellectuelles de l'homme; il passe au « cogito » : je pense, donc je suis, je ne peux pas au moment où j'ai la certitude de penser ne pas avoir la certitude que je suis, voilà un truisme, et non une révolution métaphysique : l'être du pur esprit dépouillé de sa matérialité ne constitue pas une trouvaille; il enchaîne sur les « idées innées » : imaginer que le signifiant Dieu renvoie de fait à un signifié prouvant l'existence de qui l'a mis en nous avant toute histoire personnelle, voilà une autre fiction : seul l'acte de foi permet la présentification de Dieu, et non cette construction métaphysique. Gassendi préfère la théologie chrétienne à l'ontologie cartésienne.

Avec un luxe de détails, Gassendi parsème son démontage de Descartes de jugements peu amènes : il pointe ici des illusions, là des paralogismes, ailleurs des conclusions fausses ou des raisonnements arbitraires. L'échange prend une forme polémique visible dans l'agencement des positions de chacun : Gassendi larde son discours de longues citations des *Méditations*, il ajoute les « réponses aux objections » faites par Descartes, du temps où l'auteur du *Discours* trouvait bon d'y répondre, puis Gassendi revient à la charge et ajoute des « Instances », auxquelles Descartes cesse d'apporter la contradiction.

C'est au cours de cet échange publié sous le titre *Recherche métaphysique* (1641) que Gassendi s'adresse à Descartes en lui écrivant : « ô esprit! ô bon esprit! » Mauvais joueur, il trouvera ensuite injuste que, sur le même ton, Descartes lui réponde par un : « ô chair! ô très bonne chair! »... Souvenir du fameux « style mordant » et du « genre satirique » naguère vantés par Gassendi s'attaquant à plus petit que lui! Mais le mordu pense différemment du mordeur... Ayant lu quelques « Instances » choisies, Descartes les trouve injurieuses, et renonce à poursuivre l'échange. Dès lors, il ne publiera pas, comme convenu pourtant, les objections de Gassendi à la seconde édition de ses *Méditations*. Le combat cesse là.

13

Le plus philosophe des deux. Dans cette affaire, il existe deux façons d'être philosophe : au sens technique ou au sens trivial du terme. Au sens technique, Descartes l'emporte, et à plusieurs titres : il travaille vraiment à l'émancipation de la discipline et à son affranchissement de la théologie. Son invention de la raison moderne, sa proposition d'un concept, mais aussi d'un instrument susceptible d'être utilisé par-delà les siècles, tout ceci le place au premier rang et contraint à cette paradoxale conclusion : le plus libertin des deux, c'est Descartes !

L'Eglise d'ailleurs ne s'y trompe pas. Très vite et très tôt, elle envoie la troupe jésuite combattre Descartes et sa philosophie avant de mettre l'œuvre complète à l'index le 20 novembre 1663 ! Quant à Gassendi, matérialiste, atomiste et épicurien, il n'eut jamais cet honneur – preuve de l'orthodoxie de son christianisme malgré ses incursions dans le domaine du Jardin. Ruse de la raison, en condamnant le cartésianisme, les jésuites attirent l'attention sur cette philosophie transformée en étendard de la modernité philosophique et intellectuelle pour son temps, puis pour les siècles à venir.

Au sens trivial, le gagnant reste le même : selon ce

second sens, plus commun, plus habituel, « être philosophe » suppose l'affichage d'une certaine sagesse pratique devant les adversités du monde et de la vie ; ou bien : subir et supporter la bêtise humaine, la méchanceté de ses semblables, les coups du sort, avec un certain détachement, voire une certaine hauteur ; ou encore : incarner des vertus qui grandissent, magnanimité, longanimité, élégance, grandeur d'âme et pardon. Sur cet autre pré, les deux hommes s'affrontent aussi : là encore, moins arrogant, moins suffisant, plus sage, Descartes en remontre à Gassendi !

On ne sait si l'affaire des parhélies fonde le ressentiment de Gassendi, probablement ; on ignore sur ce sujet la bonne ou la mauvaise foi de Descartes. En revanche, l'initiative du premier coup vient de Gassendi : dans la logique du duel, Descartes peut revendiquer le statut d'offensé. Or il ne demande pas réparation. Gassendi ajoute des coups aux coups, il attaque encore. Descartes répond parfois sur le même ton, Gassendi agresse et reproche à son interlocuteur une arrogance et une suffisance bien plutôt de son fait. Mais on reproche souvent à autrui ce qu'on ne peut ni ne veut se reprocher...

En 1648, un dîner de réconciliation est organisé afin de permettre aux deux hommes de faire la paix en présence d'une nombreuse assistance. Les voies de l'inconscient sont très pénétrables : la veille du jour de cette cérémonie, Gassendi a un malaise et garde le lit le lendemain ! Grand seigneur, Descartes, suivi de toute la compagnie, rend visite au malade. Dans la scène, Descartes tient le beau rôle : il embrasse le philosophe alité. L'inconscient ragaillardi, Gassendi peut, dès sa santé recouvrée, rendre visite à Descartes et convenir avec lui du dommage des « excès de l'esprit philosophique ». Le rideau tombe sur cette scène où s'est jouée une partie de l'avenir et du destin de la philosophie française.

La rédaction d'une ontologie immanente, l'élaboration d'une critique de toute métaphysique rationnelle, voire, plus modestement, la simple écriture d'une philosophie du fidéisme, pourvu que règne l'esprit positif et non le désir négateur, auraient pu s'opposer avec consistance à Descartes qui évoluait sur un autre plan et à d'autres vitesses. Au lieu de cela, il y eut cette querelle indigne par la faute de l'un d'entre eux. Mais Gassendi n'était pas l'homme de ce livre-là, ni même le penseur adéquat pour ce combat qui méritait plus d'arguments et moins de noms d'oiseaux !

14

Les limbes d'une pensée matérialiste. Ce livre impossible de métaphysique matérialiste n'a pas été sans ébauches, notamment chez Gassendi. Car son désir de réhabiliter Epicure relève un peu du projet d'offrir une alternative philosophique et de permettre une autre pensée qui fasse pièce aux élucubrations scolastiques et récuse le cartésianisme. Troisième personnage mis en scène par Gassendi : Epicure, un antidote à Aristote et Descartes. Mais un contrepoison dont l'Aixois réduit les effets pour tâcher de contrôler la dangerosité du remède. Epicure, oui, mais saint Epicure, un Epicure christianisé, amendé, corrigé, présenté dans les limites de la raison catholique.

Gassendi projette un travail considérable sur Epicure. Ses *Dissertations en forme de paradoxes contre les aristotéliciens* (1624), critiques à l'endroit de la scolastique, s'effectuent conjointement avec l'hédonisme annoncé d'un livre à venir. Le 9 avril 1628, dans une lettre à Van de Putte – de la fameuse Académie Putéane –, il annonce son projet : réhabiliter Epicure, sa vie, ses œuvres, son travail. Ce qui donne une série de chantiers : la parution de *Vie et Mœurs d'Epicure* en 1647 ; la traduction, l'annotation, l'édition du livre X de Diogène Laërce, *Vies, Opinions et Sentences des philosophes illustres,* qui contient l'essentiel des informations sur le philosophe grec – notamment les lettres à Pythoclès, Hérodote et Ménécée ; la publication d'un ouvrage qui synthétise la pensée du maître grec, ce sera le *Traité sur la philosophie d'Epicure* paru en 1649. Au total, plus de deux mille pages consacrées à un tiers derrière lequel il se cache pour le faire parler comme un ventriloque.

Première fusée : cette vie d'Epicure. La première en Occident. Elle propose une réhabilitation d'Epicure dont la vie, l'œuvre, les écrits souffrent d'une injuste mauvaise réputation. Ce théologal qui revendique son catholicisme et dit la messe chaque matin prend la plume pour défendre un philosophe qui, depuis toujours, passe pour un grossier personnage, débauché, libidineux, menteur, agressif, acariâtre, voluptueux, paresseux, en un mot infréquentable. Son nom sent le fagot, il est synonyme d'athée, d'impie, de païen. Brandir pareil étendard dans cette époque prompte à allumer des bûchers, pour le coup, ne manque pas de panache.

L'ouvrage s'ouvre sur une dédicace à François Luillier. Audacieux... Car Tallemant des Réaux offre dans ses *Historiettes* un portrait du personnage bien en chair : débauché, vérolé, il conduit son fils chez les prostituées pour s'assurer d'une correcte initiation, refuse les rendez-vous ses jours de bordel ; il confie à ses amis que plusieurs fois « il s'estoit branlé le vit la nuit parce que cela l'empêchoit de dormir » ; bien que riche, il s'interdit le carrosse pour profiter de sa liberté et marcher sans avoir à se soumettre aux caprices d'un cocher ; rieur, la mine chafouine, il fut un temps conseiller à Metz, mais payait les deux parties en conflit pour n'avoir pas à plaider le procès... Père d'un adultérin Claude-Emmanuel Chapelle, rimailleur débauché emblématique de l'époque, familier de La Mothe Le Vayer, proche également de Théophile de Viau, intime de Des Barreaux, il fréquente et reçoit la fine fleur des libertins. A Paris, il loge aussi Gassendi quand le Provençal s'y trouve ! On s'en doute, la dédicace de Gassendi à Luillier ne mentionne pas ces détails... Mais bien plutôt « le très intègre maître des comptes » et aussi, information non négligeable : « de très loin mon meilleur ami ». Ce dernier demande au premier de synthétiser dans un livre l'objet de nombreuses rencontres et de conversations au sujet de ce philosophe à l'odeur de soufre.

15

Un procès en réhabilitation. Gassendi place habilement son livre sous le signe d'un exergue emprunté à Sénèque. Habilement, car se mettre sous le signe d'un stoïcien convient aux censeurs chrétiens potentiels : le patronage de l'un donne l'impression de militer contre l'école de l'autre, la perpétuelle ennemie épicurienne. Or cette citation fort bien choisie dans *De la vie heureuse* donne le ton et annonce la double thèse du livre : d'une part, Epicure a formulé des principes sains et sévères ; d'autre part, il souffre d'une mauvaise réputation, injuste, et en contradiction avec l'enseignement de la vie et l'œuvre. D'où la nécessité d'aller y voir de plus près.

Très tôt, se sachant sur un terrain miné, Gassendi précise qu'il réhabilite son héros, certes, mais dans la mesure du convenable chrétien : si d'aventure il doit choisir entre une pensée d'Epicure et un dogme de l'Eglise catholique, sans aucun état d'esprit, il optera pour sa religion. Philosophe jusqu'à un certain point, donc ; épicurien tant que les croyances en sa religion ne s'en trouvent pas concernées, touchées voire ébranlées ; catholique toujours. A la suite de Lorenzo Valla, de Didier Erasme ou de Michel de Montaigne, Pierre Gassendi tâche une conciliation a priori hasardeuse : celle du matérialisme atomiste antique et du spiritualisme chrétien, de l'éthique hédoniste épicurienne et de l'idéal ascétique paulinien, celle d'Epicure et du Christ... Avec un parti pris clair et net : le dernier mot doit revenir à l'Eglise.

D'emblée, les responsables de la mauvaise réputation d'Epicure sont identifiés et nommés : les stoïciens, et plus particulièrement Chrysippe, Zénon et Cléanthe, plus tard également Cicéron, aidé par Plutarque. Sénèque, enrôlé dès l'exergue, a tenu un rôle plus modéré, plus conforme à la réalité : jamais il n'a hurlé avec les loups ni participé à l'hallali. A ces coupables, le prêtre aixois ajoute nombre des Pères de l'Eglise – Clément, Lactance, Ambroise – qui reprennent à leur compte sans une once d'esprit critique la violence des allégations stoïciennes.

Pour quelles raisons cette machination a-t-elle été mise en place ? Par désir de dominer le champ philosophique de l'époque. Pour éviter de partager l'espace spirituel du moment, les tenants du Portique veulent tout, tout de suite, pour leur seule secte. D'où une volonté farouche d'utiliser tous les moyens pour discréditer la communauté adverse, la plus menaçante en nombre et en influence.

Comment s'y prennent ces philosophes pas si sages que ça ? En déconsidérant la personne d'Epicure afin de mieux jeter le discrédit sur sa doctrine. Calomnier le personnage, il en reste toujours assez pour détourner une poignée d'aspirants au Jardin. Car un homme infréquentable, détestable, chargé de tous les vices du monde, ne saurait produire une philosophie saine, propre et recommandable. Epicure sali, l'épicurisme tout entier devient sale, donc impossible à désirer.

Dès lors, les attaques fusent : voluptueux trivial, bâfreur sans limite, libidinal sans nom, incapable de se soucier des choses de l'esprit, impie déclaré, grossier personnage, vulgaire au dernier degré, voleur d'idées, caractériel avec les autres philosophes, intempérant de chaque minute, on le voit manger comme quatre, vomir pour recommencer, courir la gueuse, se faire mener par le bout du nez par des courtisanes, emprunter des idées à tel ou tel philosophe sans jamais le reconnaître, il prostitue son frère, couche avec des petits garçons, etc.

16

Une plaidoirie minutieuse. Gassendi ne cache rien de tout cela, étale les griefs et examine le dossier méticuleusement, sans rien passer sous silence. Pour ce faire, il aborde la totalité de la biographie du philosophe : parents, famille, origine sociale, patrie, jour et heure de naissance, enfance, formation, maîtres, débuts dans la philosophie, achat du Jardin, pratique communautaire, célibat, amitié, devise – « Cache ta vie » – , derniers moments, testament, mort, désir de mémoire, disciples, durée de l'école. De l'origine au destin post mortem en passant par le détail d'une vie, on n'ignore rien.

Gassendi met la biographie à contribution philosophique. L'idée est neuve, originale, radicale et révolutionnaire. Elle restera malheureusement longtemps sans postérité. Car sur le principe de toute la philosophie antique, la vie d'un philosophe et sa philosophie, c'est tout un. Les stoïciens pensent qu'une vie dissolue ne peut que produire une philosophie à l'avenant? En prouvant que cette vie n'a pas été indigne, on montre une pensée indemne de toute contamination. La vie d'Epicure fait partie de son œuvre. On retrouve là l'intérêt montré par Gassendi, dans ses années de formation, pour la philosophie existentielle opposée aux cours théorétiques ennuyeux de la scolastique.

Le dossier est ensuite examiné point par point. « Impie » ? Non, il assiste même aux offices religieux et invite à la piété. En revanche, il s'oppose à la superstition que définit une relation fausse aux dieux : leur demander quelque chose, croire qu'ils peuvent exaucer une prière par exemple. La critique faite par le philosophe grec de la religion païenne permet à Gassendi d'avancer une hypothèse que certains chrétiens utilisent pour Platon et les stoïciens : Epicure prépare à la vraie religion, le christianisme, mais il lui manquait pour cela la grâce – et, précisons-le tout de même, le passage sur terre du Messie deux siècles après la création du Jardin !

Gassendi va plus loin dans l'analyse de la situation et transforme Epicure en libertin avant la lettre. Epicure lecteur du livre *De la sagesse* de Charron en quelque sorte ! Car le philosophe ancien participe à des cérémonies, mais probablement sans adhérer au contenu ni au détail. De sorte qu'en parfait miroir des libertins, il affiche une position de piété communautaire tout en conservant, dans son for intérieur, sa liberté, son indépendance et sa souveraineté. Ainsi, il obéit à l'ordre social et ne trouble pas l'ordre public et en même temps, il pratique en philosophe libre.

Voulait-il, lui-même, qu'on le prenne pour un dieu ? A-t-il manifesté cet immense « orgueil » ? Non. On a mal compris cette affirmation selon laquelle, en appliquant sa doctrine, on devenait pareil aux dieux. Imiter ces modèles de perfection, c'est participer de leur immortalité, connaître l'ataraxie sur terre, goûter cet état de félicité absolue, voilà ce qui, ici et maintenant, dans les limites de l'immanence, permet de parvenir à l'état divin. Rien à voir avec une immortalité pythagoricienne, platonicienne ou chrétienne. Le paradis épicurien se trouve sur terre.

Alors, quid de son souci d'immortalité ? « Présomption » ? Non, pas plus. Il souhaite moins qu'on fête ses dates anniversaires par des banquets, des réunions bachiques, pour des raisons narcissiques ou égotistes, que pour faire perdurer l'Ecole, son enseignement et son esprit. Pas de désir de fausse gloire, mais une volonté d'assurer la permanence du Jardin. D'ailleurs, cette façon de procéder porte ses fruits, car l'épicurisme dure pendant cent trente-sept ans selon Diogène Laërce, en fait bien plus, puisque avec Diogène d'Œnanda, on totalise plus de quatre siècles. Même chose avec les statues du Maître, dont certains adversaires affirment qu'elle témoignaient d'un culte de la personnalité alors qu'elles obéissent à une logique philosophique : l'icône, l'image, la gravure, la statue, l'intaille avec le visage du philosophe, servent à des fins d'édification : elles permettent de vivre en permanence sous le regard du Maître qui invite à l'imitation.

« Ingrat » ? On lui prête en effet une incapacité à admirer, à reconnaître des influences, à citer tel ou tel – Leucippe ou Démocrite par exemple – auquel il aurait emprunté ses thèses. Mais s'il n'a rien appris, rien retenu de ces grands anciens, pour quelles raisons leur rendre hommage, écrit Gassendi ? « Vaniteux » quand il se dit autodidacte ? Pas plus, et pour les mêmes raisons qui le disculpent de vanité. « Méchant » avec ses collègues philosophes ? La tradition rapporte en effet de mauvais jeux de mots sur Héraclite, Platon, Antidore, mais l'humour ne constitue pas une faute... « Gourmand » ? Jamais personne ne fut plus frugal, ce à quoi, d'ailleurs, son corps et sa mauvaise santé le contraignaient. On attribue à sa seule personne les notes de frais de la totalité des disciples de l'Ecole. « Libidineux » ? Des disciples peut-être, mais pas lui ni ses proches. L'abstinence et la continence passaient pour préférables à la volupté de la chair, trop coûteuse en déplaisirs. Parce que des femmes philosophaient librement et à égalité avec les hommes dans le Jardin athénien, on conclut à la débauche généralisée dans la communauté philosophique. « Paresseux » ? Lui qui a, malgré son pitoyable état de santé, écrit plus de trois cents rouleaux ! « Inculte » ? Pour avoir critiqué les sciences inutiles afin d'obtenir la sagesse et la félicité ? Cela ne suffit pas... « Mauvais écrivain » ? Non, mais il récusait dialectique et rhétorique, préférant un style simple et clair pour être compris du plus grand nombre ; son refus des fioritures dans l'écriture en fait un philosophe aux antipodes de l'ésotérisme aristocratique. Il souhaitait que les disciples aient du plaisir à lire et à apprendre sa pensée, logique cohérente avec son hédonisme.

Toutes ces objections se trouvent consignées chez Diogène Laërce qui rapporte ces propos, mais pour mieux conclure à la folie furieuse des auteurs de ces mensonges – en l'occurrence les stoïciens. Gassendi s'appuie sur le texte de *Vies, Opinions et Sentences des philosophes illustres* qu'il a traduit, et se range du côté de Diogène Laërce : ces calomnies procèdent des mauvaises intentions de gens désireux d'empêcher l'épicurisme de tenir une place importante, voire un rôle majeur, dans leur époque. Rien de toutes ces calomnies n'est vrai, Epicure vivait une vie simple, saine, frugale, pauvre, une existence d'ascète à laquelle le contraignait son corps malade. De quoi faire de lui un genre de saint laïque...

17

Epicure, saint et ventriloque. Gassendi continue sa réhabilitation dans un autre ouvrage, en l'occurrence le *Traité de la philosophie d'Epicure* (1649). Le livre est inédit dans l'histoire de la philosophie occidentale : certains philosophes ont utilisé le dialogue, la lettre, la dissertation, le traité, l'essai et autres formes littéraires. Gassendi invente pour sa part la ventriloquie philosophique. En effet, tous les propos tenus dans l'ouvrage sont strictement d'Epicure ou des épicuriens. Donc, Gassendi affirme qu'il parle à la première personne, il dit *je*, mais je, c'est le je d'Epicure. On comprend qu'un pareil amusement avec l'identité d'autrui désigne un personnage rétif au travail cartésien de la construction d'un *je* clair et distinct...

Gassendi persiste dans la mise en scène et dans la théâtralisation de ses personnages. Après Aristote et Descartes, vient le tour d'Epicure. Quand dans la préface il affirme : « je vais mettre en scène Epicure », comment ne pas penser au travail du librettiste d'opéra? Sur les planches, donc, Aristote le méchant scolastique, l'énervant Descartes, puis le saint Epicure. De quoi fabriquer une pièce de théâtre ou un opéra exprimant l'essentiel de l'enjeu de Pierre Gassendi : en finir avec la philosophie d'Aristote mais pas au profit de la modernité cartésienne, trop suffisante, trop arrogante, trop potentiellement dangereuse pour le catholicisme avec cette promotion soudaine d'une raison forte et toute-puissante. Epicure, voilà la solution, pourvu qu'on le baptise et lui pardonne quelques péchés véniels commis à cause d'une grâce manquante ou défaillante.

La partie éthique de l'ouvrage reprend très fidèlement la doctrine épicurienne, nul besoin de développer : la philosophie comme thérapie ; réduction de la discipline à l'éthique ; ataraxie et volupté identifiées au souverain bien ; préférence d'un plaisir immobile à un autre en mouvement ; douleur et plaisir coïncidant avec mauvais et bon, autrement dit mal et bien ; nécessité d'une diététique des désirs – naturels et nécessaires ; pratique d'une arithmétique des plaisirs – évitement d'un plaisir coûteux en déplaisir ; réduction du monde à des atomes en mouvement dans le vide ; la mort n'est pas à craindre, elle ne nous concerne pas ; la douleur est supportable, sinon elle nous emporte ; on peut et doit philosopher à tout âge ; les dieux n'ont pas figure ou pensée humaine ; et autres points classiques de doctrine.

L'intérêt du texte réside dans un genre de didascalies discrètes, de précisions utiles à la mise en scène intellectuelle. Quelques lignes en fin de chapitre ici ou là, quand Gassendi reprend très brièvement la parole pour manifester son désaccord avec Epicure. Toutes ces notes, on s'en doute, soulignent l'incompatibilité de l'épicurisme et du christianisme. En premier lieu ce qui relève de la Providence divine, à laquelle Gassendi croit. A quoi il ajoute une profession de foi catholique orthodoxe : contre l'âme matérielle et décomposable dans sa forme, il affirme son immortalité et sa non-matérialité ; contre l'insouciance des dieux à l'endroit des hommes, il croit en un Dieu bienfaisant ; contre des dieux composés de matière subtile situés dans les inter-mondes, l'épicurien professe un seul Dieu parfait dans un seul monde ; au pur agencement physique d'atomes, le théologal oppose un Dieu créateur du monde ; contre la possibilité de disposer de son existence lorsqu'elle devient trop pénible à vivre, le prêtre interdit le suicide.

De même, Pierre Gassendi christianise le clinamen. On sait que Lucrèce explique la création du monde par une déclinaison d'atomes qui rend possible une collision originelle généalogique de la totalité du monde. Sans cet axiome, la pluie verticale d'atomes qui tombent dans le vide n'aurait, sinon, jamais permis la matière organisée. Rapidement, en passant, le libertin baroque extrapole : ce postulat montre que la Fortune peut intervenir comme cause dans les choses humaines sans pour autant empêcher ou contredire le libre arbitre des hommes. La métaphysique chrétienne est sauve : la nécessité divine peut exister sans contradiction avec la liberté des hommes, donc leur responsabilité, donc leur culpabilité...

Gassendi, on le sait, a exercé sans anicroches ses fonctions dans la hiérarchie catholique. L'auteur de poèmes à la Vierge lit Epicure en chrétien. S'il ajoute au passage des considérations éthiques – un éloge de vertus (douceur, tempérance, modestie, modération, courage) inexistantes chez Epicure ; s'il développe des thèses politiques rarissimes chez le philosophe grec – la nécessité utilitariste d'un pacte social de non-agression, condition d'une ataraxie communautaire et générale ; s'il théorise les vertus d'une manière inédite – un conséquentialisme, pour le dire dans les mots d'aujourd'hui, utile pour célébrer non pas les vertus dans l'absolu, mais pour l'état d'esprit pacifié qu'elles permettent ; il ne s'éloigne pas vraiment de l'orthodoxie, mais développe pour son siècle une philosophie ancienne, il la réactualise, la modernise pour son temps.

18

Le testament de Gassendi. Au regard des livres de philosophie légués par le philosophe à la postérité, que conclure sur son apport et sa postérité ? Constatons avant tout qu'il a consacré un temps fou à la négativité, qu'une immense partie de son énergie a été vouée à démolir, attaquer, détruire plutôt que construire, ainsi ses travaux monumentaux sur Aristote et Descartes ; qu'il a réhabilité Epicure presque en s'effaçant, travaillant pour son héros, parfois corrigé affectueusement à la manière bienveillante du catholique désireux d'oindre un peu le front du Grec païen ; qu'il a mis en scène, sur un théâtre philosophique personnel, trois personnages pour une comédie, une tragédie, une tragi-comédie, une farce parfois, un pensum de temps en temps, et que son message semble se trouver là, dans l'agencement d'un jeu dialogué, comme dans la Tétrade ou dans les dialogues d'Orasius Tubero, son vieil ami La Mothe Le Vayer – présent sur le bord de sa tombe le jour de son enterrement.

Le grand livre auquel il aurait pu attacher son nom n'a pas eu lieu. Rien d'assimilable au *Discours de la méthode*, aux *Pensées*, à l'*Ethique*, rien qui fasse somme, synthèse positive, proposition. Car cet attelage métaphysique oxymorique – chrétien et épicurien – méritait un mode d'emploi fouillé. En effet, comment peut-on se réclamer d'une pensée de l'immanence tout en laissant une place architectonique à la transcendance ? De quelle manière faire cohabiter un matérialisme intégral et une âme immatérielle ? Si les dieux ne sont pas à craindre selon l'avis d'Epicure, à quoi ressemblent le Paradis, l'Enfer ou le Purgatoire des chrétiens ? A quoi servent-ils ? Sont-ils même utiles ? Et par quel miracle de rhétorique ou de sophisterie peut-on faire tenir ensemble une théorie du réel identifié à un pur agencement de particules et le vouloir d'un Dieu tout-puissant, sinon en identifiant Dieu à un processus physique ? Toutes ces questions, et tant d'autres, méritaient une analyse.

Doit-on conclure que, inconsciemment ou non, Gassendi détourne son attention de ces interrogations majeures, puis concentre son énergie sur des questions accessoires, pour éviter le face-à-face avec les apories, les paradoxes et les paralogismes de sa position philosophique ? Ou par crainte de mettre le feu à sa paroisse philosophique ? Car, lui qui repère si bien les défauts de la cuirasse chez Aristote et Descartes, que n'a-t-il inspecté la sienne en réfléchissant sur les antinomies de ses positions philosophiques ? Cette énergie perdue à fustiger les autres dispense Gassendi de la diriger vers ce qui, inévitablement, aurait créé une réelle rupture dans l'histoire de la philosophie, au même titre que l'invention de la raison moderne de Descartes : fonder une philosophie matérialiste moderne.

L'impuissance philosophique de Gassendi s'enracine dans les limites de cette double position : prêtre et libertin. Certes, il aurait récusé l'épithète de libertin, mais elle lui va pourtant comme un gant. D'aucuns, pourtant, chrétiens et libertins, s'en sortent mieux – Pierre Charron par exemple – parce que déterminés dans leur fidéisme à ne pas aborder la question de la religion, sans pour autant faire de concessions à la métaphysique chrétienne. En tant que prêtre, son libertinisme s'exerce dans d'étroites limites ; en tant que libertin, si Gassendi veut pouvoir continuer à dire la messe et administrer les sacrements sans trop de problèmes de conscience – voire à composer des poèmes en l'honneur de la Vierge –, il doit défendre la foi du charbonnier, quoi qu'il en coûte au philosophe...

Nietzsche écrit dans *Ecce homo* que le christianisme a gâché Pascal. Et tant d'autres, pourrait-on ajouter. Dont Pierre Gassendi qui a mutilé son intelligence, s'est occupé à la faire fonctionner sur des objets annexes, a ferraillé contre Aristote, pinaillé sur le texte de Descartes, ventriloqué avec Epicure, animé sur une scène philosophique quelques grands caractères de l'histoire des idées, entretenant un jeu qui épargne l'essentiel : dépasser le christianisme dans sa version obscurantiste dominante, au profit d'une religion régénérée par la philosophie.

L'Eglise lui rend la politesse, et on la comprend : elle n'inquiète jamais de son vivant, ni même après, l'homme ou l'œuvre, épargnés par l'index et les critiques. En revanche, et pour le seul XVIIe siècle, Charron, Descartes, Pascal, Fénelon, La Fontaine, Malebranche, Saint-Evremond, Spinoza, et même Bossuet attaqué à cause de son *Projet de réponse à Monsieur de Tencin*, subissent les foudres chrétiennes. L'Eglise a les hérauts qu'elle peut, la philosophie les siens, ce sont rarement les mêmes.

DEUXIÈME TEMPS

Les libertins panthéistes

V

CYRANO DE BERGERAC

et « le librement vivre »

1

Biographie d'un nez. Commençons par nettoyer le mythe des scories littéraires : Cyrano de Bergerac, dans la conscience française, voire au-delà, c'est d'abord et surtout l'homme au pic, au cap, à la péninsule, le laideron au verbe sublime, incapable d'affronter le regard craquant de Roxane, et qui prête sa plume, ses mots, son talent oratoire à Christian, l'abruti au beau visage, mais à la parole impuissante. Le mythe de la laideur intelligente et de la beauté sotte en rivalité et l'amour d'une belle en jeu ! L'histoire ne manque pas de panache, le personnage non plus, mais elle recouvre de stuc et de faux marbre Cyrano de Bergerac, penseur et philosophe libertin.

Ensuite, éclaircissons le sens de ce « de Bergerac ». Car le bougre naît à Paris, le 6 mars 1619, l'année où l'on brûle Vanini à Toulouse, dans une famille ayant acquis deux propriétés dans la vallée de Chevreuse, dont l'une sise sur le fief de Bergerac. N'en déplaise aux érudits locaux prompts pendant plusieurs siècles à embastiller le génie dans leurs terres natales, le philosophe n'entretient avec la région des cèpes et des truffes qu'une relation d'un genre morganatique!

En dehors du nez et du nom, qu'en est-il? Une éducation chez un curé de campagne non loin du lieu où il habite, le château de Mauvières, puis à Paris, au collège de Beauvais, dans le Quartier latin. La discipline y est brutale et sévère. A dix-neuf ans, il s'engage dans les cadets de Gascogne. Son nez tient depuis longtemps une place importante dans son existence. Une plaisanterie sur ce sujet conduit son auteur illico sur le pré où Cyrano défend sa réputation de courage, de valeur et de brio technique!

Sur les champs de bataille, il témoigne d'une même fougue et d'une véritable ardeur au combat. Résultat : une blessure par balle de mousquet pendant le siège de Mouzon en Champagne, puis, l'année suivante – 1640, il a vingt et un ans –, au siège d'Arras, un coup d'épée dans la gorge. Pour mémoire, Saint-Evremond est lui aussi du combat. Les deux hommes se sont évidemment croisés. Hector Savinien Cyrano de Bergerac abandonne la carrière des armes, puis retourne à ses études, au collège de Lisieux. Dans cette période, il rencontre probablement Gassendi et Luillier, puis devient l'ami de Chapelle.

Sa biographie comporte des zones d'ombre, des silences, des énigmes. Etait-il homosexuel ou bisexuel? L'historiographie le rapporte, mais sans preuves. A-t-il souffert de syphilis? La chose s'est également racontée, mais sans plus d'attestations. Son ami de collège et premier biographe Lebret rapporte qu'il doit faire face vers vingt-six ans à une maladie secrète. Mais laquelle ? On n'en saura pas plus, sinon qu'il souffre d'un état physique délabré, à quoi s'ajoutent les conséquences de nombreuses soirées de tripot, de bordel, de jeu et de dépenses somptuaires. Ses premières dettes datent de cette époque.

Sa mort en septembre 1655 reste elle aussi mystérieuse : on connaît l'histoire, une poutre lui tombe sur la tête dans la rue alors qu'il traverse un chantier sur son chemin de retour vers l'hôtel du Marais. D'aucuns écartent la thèse de l'accident et tiennent pour un attentat. On affirme qu'il a beaucoup d'ennemis, mais on ne dit pas lesquels, ni pourquoi. Ni plus, ni moins d'ennemis qu'un autre, car cet homme qui meurt à trente-six ans a bien sûr à son actif quelques lettres ironiques, deux ou trois reniements politiques – contre Mazarin, pour Mazarin –, une collection de fâcheries avec d'anciens amis et autres broutilles qui nourrissent naturellement les animosités du quotidien...

Le dernier soupir de Cyrano est aussi sujet à caution. Selon la superbe expression de Tallemant des Réaux, Cyrano reçut à ce moment ultime « le coup de pied du crucifix ». Trois femmes confites en dévotion obtinrent sa conversion sur son lit d'agonie. Mais qui le prouve ? L'exercice de style biographique relève du genre hagiographique, de la réécriture d'une vie sous un signe qui périme ce qui a été dit, vécu, écrit, pensé, publié. Inhumation à l'église du Monastère, rasée par la Terreur qui transforme le lieu de culte en magasin de charbon. Cyrano aurait probablement aimé ce destin post mortem conforme à son panthéisme enchanté...

2

L'immortalité de papier. Cyrano laisse une œuvre diverse. Une série de lettres satiriques, amoureuses, burlesques, rhétoriques, contradictoires. L'une s'intitule « *Pour les sorciers* », l'autre « *Contre les sorciers* ». Certaines célèbrent des saisons : « *Pour le printemps* » et « *Pour l'été* », d'autres dénigrent celles qui restent : « *Contre l'hiver* » ou « *Contre l'automne* »... Ici des considérations « *Sur l'ombre que faisaient des arbres dans l'eau* », ailleurs un « *Pour une dame rousse* ». On le voit, des matières légères, des objets futiles, des propos frivoles. Toutes servent de prétexte au brio du duelliste, au talent du parleur, au goût du libertin pour la pure forme, et ce au détriment d'un réel fond philosophique. Des pointes, des traits, des flèches, des jongleries, de l'humour, de l'ironie, du grinçant : l'écho d'une voix, d'un ton, d'un style.

Cyrano écrit également pour la scène : une comédie, *Le Pédant joué* (vers 1645), dont Molière se souvient en écrivant *Les Fourberies de Scapin* – mais Cyrano lui-même se remémorait un peu de Lope de Vega ou des comédies italiennes de la Renaissance en troussant la sienne... Une tragédie, *La Mort d'Agrippine* (vers 1647), lui permet de solliciter sur le même principe Sénèque, Shakespeare, Corneille. L'ensemble réjouit probablement Racine et Voltaire quelque temps plus tard, quand ils cherchent l'inspiration devant leur écritoire...

Parmi les papiers, on trouve également *Le Fragment de physique*, quelques pages sur la matière, le mouvement, le vide, la sensation, l'étendue et autres considérations épistémologiques sur la vérité, l'hypothèse, la certitude, la connaissance et la faiblesse des raisonnements. L'ouvrage inachevé paraît de manière posthume et l'on y voit le plan, étoffé de quelques chapitres rédigés : la philosophie de Cyrano s'appuie sur une physique matérialiste cohérente et conséquente. Quelques considérations sur l'optique, les lunettes et les verres taillés ne manquent pas d'intérêt pour aborder singulièrement *L'Autre Monde* (son chef-d'œuvre en deux parties, *L'Autre Monde ou Etats et Empires de la Lune* puis *Les Etats et Empires du Soleil*) et proposer une lecture anamorphosique de cet ouvrage sans pareil.

Ce livre ne tient d'aucun genre tout en mélangeant des registres connus : le récit de voyage, la fiction d'une excursion dans le monde extraterrestre, le conte philosophique, le roman d'aventures, le dialogue enchâssé dans un théâtre de la pensée, la prose poétique, le récit mythologique, la sotie fantastique, l'allégorie baroque, la légende fabuleuse, le texte initiatique, le codage ésotérique, etc. On peut lui trouver des prédécesseurs, bien sûr, mais l'alchimie du texte de Cyrano produit un grand œuvre subtil, matière et support à exercer sa philosophie libertine.

3

L'anamorphose philosophique. Je propose un décodeur pour lire *L'Autre Monde* : l'anamorphose. Dans l'histoire des beaux-arts, l'anamorphose désigne, sur une surface plane, une déformation de perspective volontaire destinée à rendre a priori méconnaissable une forme dont on restaure l'intégrité en adoptant un point de vue particulier dans l'espace ou grâce à un artifice technique qui redresse ces « *perspectives dépravées* » (l'expression de Baltrusaïtis) : un cylindre de verre, un tube en acier, etc. L'étymologie précise : *ana*, transposition, et *morphè*, la forme. L'anamorphose se déchiffre. C'est une énigme pliée produisant à première vue un sentiment de monstruosité : l'inconnu, l'étrange, l'inédit. Le sens se dissimule dans les plissements. La vérité se cache, mais elle existe.

Le mot est utilisé en 1657 par Gaspar Schoot. L'*Encyclopédie* la définit ainsi dans son édition de 1751 : « En peinture, se dit d'une projection monstrueuse ou d'une représentation défigurée de quelque image qui est faite sur un plan et qui néanmoins, à un certain point de vue, paraît régulière et faite avec de justes proportions. » Monstruosité, défiguration, point de vue, proportions restituées : tous les ingrédients de la fiction cyranesque s'y trouvent. Appliquons donc ce terme d'esthétique picturale aux domaines littéraire et philosophique.

L'anamorphose est fille du baroque. Le *Codex atlanticus* (1483-1518) contient les premières anamorphoses les plus anciennement connues; Dürer souhaite en apprendre l'art à Bologne en 1506; Holbein peint un sublime crâne anamorphosique dans *Les Ambassadeurs* en 1533; Daniel Barbaro la décrit dans son *Traité de perspective* à Venise en 1559; les fresquistes de la Renaissance l'utilisent dans leurs techniques d'art mural. Mais le XVIIe siècle donne à cette pratique sa visibilité la plus grande.

D'abord, avec les cabinets de curiosités, dans lesquels les collectionneurs accumulent les instruments optiques, les lunettes, les verres polis, dépolis ou taillés, autant d'artifices nécessaires à la déformation de la réalité. De son côté, Galilée ne donnerait pas un pareil branle à la science sans ses télescopes. Toute la pensée libertine scrute le ciel, on y examine les astres, on y guette les comètes, on y lit leur mystère chiffré sans le souci de la théologie et des religions. Mydorge entretient des relations d'amitié avec un excellent tailleur de verre en même temps qu'avec Descartes qui publie sa *Dioptrique* en 1637. Dans son appartement minuscule, Spinoza gagne sa vie en polissant des lentilles...

L'anamorphose apparaît chez Bossuet en 1662 dans un *Sermon sur la providence* prêché au Louvre. Le prêtre de Meaux aborde la question de la confusion, de l'inégalité et de l'irrégularité – qualités de l'anamorphose – dans lesquelles les choses humaines parviennent à notre esprit. Un bon point de vue et la bonne perspective – celle de Dieu bien sûr – suffisent pour que le confus et l'obscur deviennent clairs et distincts.

De même, en 1704, dans une « démonstration sur les idées claires et obscures, distinctes et confuses » des *Nouveaux Essais sur l'entendement humain* (Livre II, ch. XXIX, § 8), Leibniz utilise lui aussi l'exemple de l'anamorphose : il entretient de ces tableaux confus dans lesquels on se demande s'il s'agit d'un singe, d'un poisson ou d'un homme, puis de la disparition de la confusion avec l'utilisation d'un miroir cylindrique faisant apparaître, par exemple, un Jules César. Chaque fois, le confus ne manque pas de devenir clair si l'on opte pour le bon point de vue : leçon philosophique à retenir...

4

La perspective dépravée cartésienne. Descartes joue un rôle majeur dans le débat sur l'anamorphose philosophique au XVIIe siècle. Le lieu stratégique de cette question ? Le couvent des Minimes, à Paris, le monastère du fameux Père Mersenne – l'ami de Hobbes et de Gassendi qui transmet à ce dernier le manuscrit des *Méditations métaphysiques.* Descartes y effectue des recherches d'optique pendant sa période parisienne. Plus tard, et à partir du travail de cette époque, il découvre la loi de la réfraction.

Certes, dans cet endroit, on travaille en physicien, en spécialiste de dioptrique, et l'ensemble génère des interrogations épistémologiques ou plus proprement philosophiques : l'incertitude des apparences, le jeu d'aller et retour entre l'illusion et la réalité, la dialectique liant la vérité et l'artifice, l'ensemble contribuant aux interrogations baroques sur la fragilité de l'apparence et la puissance des chimères. D'où la nécessité de travailler à de réelles révolutions méthodologiques afin de construire une voie d'accès au clair et au distinct.

Frans Hals effectue un portrait célèbre de Descartes : sobriété claire et distincte, en noir et blanc, du philosophe réduit au visage. Noir du tissu de vêtement, blanc du col, carnation pâle de la chair malgré quelques rougeurs sur le haut des joues, incroyable présence sereine au monde, regard visant l'éternité et plus loin qu'elle, longue chevelure aile de corbeau, moustache et mouche épaisse poivre et sel. Le portrait de l'inventeur de la raison moderne. Il existe également, évidemment beaucoup moins connu, un *Portrait de Descartes* qui le représente, mais déformé par anamorphose... Preuve que ce jeu avec le monde et le réel travaille la communauté cartésienne jusque dans la représentation de son mentor.

A Utrecht, Descartes reçoit *La Perspective curieuse* de Nicéron. Le livre théorise l'anamorphose et en distingue trois types : l'« anamorphose optique », regardée horizontalement le long d'une vaste salle ou dans une galerie, ou avec une peinture à hauteur d'homme ; l'« anamorphose anoptique », appréhendée verticalement, en hauteur, sur un pan de mur, un plafond par exemple ; enfin, l'« anamorphose catoptrique », saisie en surplomb.

Bien que *L'Autre Monde* ne relève pas de l'art pictural, on peut le classer dans le registre de l'anamorphose catoptrique, car le point de vue de Cyrano suppose le lecteur terrien jetant son regard sur le monde lunaire et solaire actif au-dessus de sa tête, à la manière dont on contemple la voûte d'un édifice. Ce qui se trame dans ces astres se comprend si l'on adopte le point de vue utile pour restaurer les perspectives dépravées par le philosophe libertin afin de coder son propos, déformer sa pensée, tout en rendant possible la transmission d'un certain nombre d'informations.

5

Le point de vue du ciron. Le ciron tient une place majeure dans l'histoire de la philosophie. Cette toute petite bête se taille la part du lion dans le bestiaire philosophique et apparaît à la table des plus grands : les *Essais* de Montaigne, bien sûr, les *Pensées* de Pascal, évidemment, mais aussi *La Vraie Histoire comique de Francion* de Sorel, « La Souris métamorphosée en fille » dans les *Fables* de La Fontaine, ou bien *L'Autre Monde* de Cyrano, mais aussi Gassendi. Avant l'invention du microscope, l'insecte qui se développe dans la farine et le fromage passe pour le plus petit animal visible à l'œil nu. Le point de vue de l'anamorphose de Cyrano emprunte à cette bestiole métaphysique.

Précisons : imaginons le monde tel un immense animal, et nous sur celui-ci dans la même proportion que le ciron sur l'étendue d'un seul petit corps humain. Que dit du monde l'acarien si on lui donne la parole ? Comme les vers, les poux, voyageant sur le corps, il prend le trajet entre une oreille et l'autre pour un véritable tour de la planète ; s'il traverse une toison pubienne, ou s'aventure dans les poils des aisselles, il croit sincèrement tailler son chemin dans une forêt vierge ; dès qu'il aborde un pore de la peau, il aperçoit comme un volcanologue un cratère sans fond, l'océanographe une mer abyssale ou le plaisancier un lac d'une insondable profondeur ; se trouve-t-il pris dans la fluxion nasale du quidam l'hébergeant qu'il présume le raz de marée, et ainsi de suite.

Certes, on peut le dire autrement et le prouver avec les arguments du sophiste Protagoras pour qui l'homme est la mesure de toute chose, le relativisme la seule certitude ou le perspectivisme l'unique façon de rendre compte des mouvements du monde. Mais Cyrano de Bergerac préfère la mise en scène de cet animal pour montrer, en cartésien amateur de dissertations sur le vrai et le faux, que la vérité une et définitive n'existe pas. Persistance pyrrhonienne dans la méthode...

Nous sommes pareils au ciron si nous nous contentons de notre petit monde et de notre perspective bornée. Pas plus malins, guère plus vifs, tout autant objets de nous-mêmes que la bête innocente dans sa jungle capillaire ou sa géologie dermatologique. Evidemment, l'insecte grattouille le scolastique et le catholique, tous deux amateurs de vérités éternelles et définitives, pourvu qu'elles soient catholiques, apostoliques et romaines.

D'où l'intérêt de ce jeu : la Lune vue de la Terre, c'est la Lune, bien sûr, mais vue de la Lune, la Lune, c'est la Terre pendant que la Terre, c'est la Lune ! Mêmes folies ludiques avec le Soleil vu de la Terre. Inversion des valeurs, jeux de perspectives, transmutation des points de vue, le haut devient le bas, et vice versa, l'ici se métamorphose en ailleurs, et retour. Ce tourbillon dialectique étourdit, trouble et efface les points de repère. D'où un état mental nouveau capable de saisir les propositions fictives du livre comme autant de potentialités pour la réalité.

Dans ces mondes inversés, à rebours donc des usages terriens, les vieux respectent les jeunes, les traitent avec déférence, leur rendent hommage à tout bout de champ. Outre l'ironie de la situation et la drôlerie des effets induits, on peut aussi lire entre les lignes la caducité, du moins la moquerie, du quatrième commandement du Décalogue qui décrète : « Honore ton père et ta mère ». Dans le monde lunaire, il faut lire : « Honore ton fils et ta fille »...

Dans ce monde-là, comment répondre à la question : « qu'est-ce que l'homme ? » Certes, on peut se la poser sur le mode kantien et y répondre avec les tics de la corporation philosophique. Mais on peut aussi convoquer des singes en cage ou des oiseaux qui parlent. Ainsi, quand on prête la parole à un volatile, le résultat ne se fait pas attendre : quiconque n'a pas le même « visage » qu'eux ne saurait prétendre à l'humanité. Et Cyrano n'a pas lu Levinas – qui a lu Max Picard... Un bec et des plumes, voilà l'homme. A quoi il faut ajouter une étrange prescience d'une définition avant l'heure du crime contre l'humanité, car, dans le monde lunaire, en vertu de ce principe qui dénie à l'autre le droit d'exister ou d'être du simple fait qu'il diffère de soi par l'apparence, on s'arroge le droit de tuer un tiers au seul motif qu'il est né... Formule redoutable sous la plume d'un philosophe du Grand Siècle !

Aux yeux des oiseaux du monde solaire, l'homme venu de la Terre – donc du Soleil ! – est dépourvu d'humanité. Exactement comme les Terriens considèrent les animaux, Descartes en tête et Malebranche après lui. La tradition rapporte en effet que le prêtre oratorien bottait les fesses de son chien, prétextant fesser un amas de ressorts et de tuyaux, une machine, mais pas un être capable de ressentir ou d'éprouver une émotion ou un sentiment. Dès lors, on peut conduire à l'abattoir l'homme, la bête ou l'autre, car son seul tort consiste à n'avoir point le bec en corne ou le poil aussi dru que celui de son juge.

6

La fiction baroque. Où donc est l'homme si la bête le talonne de si près? A l'évidence, on ne se contente plus d'un corps matériel et peccamineux porteur d'une âme éternelle et immortelle. Lire l'humain à partir de l'animal oblige, au moins depuis Epicure et ceux qui s'en réclament, non pas à humaniser l'animal ou à animaliser l'homme, mais à prendre en compte cette idée radicale : il n'existe pas une différence de nature entre l'homme et le ciron, mais une différence de degrés... La chatte de Montaigne et tout le bestiaire de l'*Apologie de Raymond Sebond* en témoignent.

Dans la fiction de Cyrano, tout se joue selon ce postulat philosophique : la diversité des modifications de substance n'empêche pas l'existence d'une seule substance. Un seul monde, d'infinies variations dans ce monde, voilà l'option du penseur. Un jour ciron, un autre philosophe, une fois oiseau, une autre juge au tribunal. Voilà pourquoi, par exemple, tel pape fut jadis, avant quelques transformations bien sûr, cette touffe d'herbe. A moins qu'il ne s'agisse de l'inverse...

L'Autre Monde concentre les jeux baroques : les arabesques et les mouvements, les plis et les jeux de miroir, les mises en abyme et les fêtes du langage. Opéra, là encore, quand sur la scène philosophique apparaissent des personnages conceptuels, des figures, des fictions utiles pour construire une histoire et permettre une aventure. L'ouvrage tout entier procède à sa manière des cabinets de curiosités : des animaux parlent, des oiseaux pensent, des bêtes à feu combattent des bêtes à glace, des voyages dans l'espace, des métamorphoses à faire pâlir Ovide, des inventions d'engins extravagants et de machines fabuleuses, des clins d'œil à la Bible ou à la mythologie, des Paradis meublés à nouveaux frais ou des péripéties inédites avec des demi-dieux jouissant de leurs libertés.

La fiction présente un indéniable intérêt : à qui reprocher un propos licencieux, un discours subversif, une thèse libertine, une philosophie athée, une sagesse matérialiste, si le porte-parole apparaît dans les atours d'un personnage de scène ? Ainsi, sur les planches, au gré des voyages, on croise la Fille du Roi, le Petit Homme de Castille, l'Examinateur de Justice, le Démon de Socrate, le Fils de l'Hôte, le Jeune Hôte, le Roi, l'Oiseau de Paradis, le Gouverneur du Canada. En librettiste de son opéra baroque, Cyrano anime des figures, leur prête des mots, les habille, les met en situation, les crée, les place sur le devant de la scène, en fait des personnages principaux ou des figurants. Où se dissimule la pensée du démiurge ? Nulle part. Et partout...

Au plus proche du personnage identifiable avec Cyrano de Bergerac, nous rencontrons une nouvelle énigme. Ainsi, dans la seconde partie de *L'Autre Monde, Les Etats et Empires du Soleil*, nous découvrons Dyrcona. Or Dyrcona c'est l'anagramme de Cyrano et du « d » de sa particule, autant dire l'anamorphose onomastique par excellence : lui et un autre, Cyrano, mais son double dans le désordre, un nom propre, mais déformé, un pliage de l'identité, un masque nouveau, une dissimulation légèrement dévoilée. Un pli supplémentaire de ce savant ouvrage de pliages baroques...

7

Le panthéisme enchanté. L'ouvrage fourmille de métamorphoses. C'est le roman des métamorphoses. Le monde vit, l'univers aussi. Rien de parménidien chez

Cyrano qui tient sa vision du monde du fleuve d'Héraclite : le mouvement, la dialectique, le changement. Mutations, transformations. En deçà ou au-delà des personnages et de leurs frasques, retenons ce trait : le grand animal cosmologique connaît de perpétuelles évolutions, de constantes révolutions. Les férus d'ésotérisme, les fanatiques de numérologie, les tenants d'alchimie s'en donnent à cœur joie : probablement à cause du défaut de perspective philosophique de leur démarche. Car *L'Autre Monde* propose, sous couvert de fiction, un franc discours panthéiste.

Quid du panthéisme ? Avant Cyrano, bien sûr, on trouve les stoïciens pour lesquels Dieu, la Nature, la Raison, le Logos, la Physis signifient peu ou prou une même chose diversement appréhendée. La plupart des gnostiques des Frères et Sœurs du Libre-Esprit évoluent dans de semblables eaux pendant plus d'un millénaire médiéval (cf. *Contre-histoire de la philosophie*, tome 2 : *Le christianisme hédoniste*). L'idée préexiste au mot, qui est postérieur à Cyrano : on le trouve en effet pour la première fois dans les pages du *Pantheisticon* (1720) de Toland.

Le panthéisme n'est pas un athéisme : le premier affirme la coextension de Dieu et du monde, il identifie la divinité à l'immanence, or le second affirme clairement et nettement l'inexistence de Dieu. Cyrano peut passer pour athée si on le réduit à tel ou tel propos de Séjan dans *La Mort d'Agrippine.* Mais *L'Autre Monde* montre que le philosophe opte pour un panthéisme que je qualifierai d'enchanté tant la fiction le montre proche des mondes de fées et de magiciens.

Dans la Lune ou le Soleil, rien ne se perd, rien ne se crée, tout se transforme... Les tourbillons et les atomes font bon ménage, les métamorphoses et la matière entretiennent une relation intime. Comment dès lors s'étonner de voir Descartes, en chemin vers le Soleil, mériter sous la plume de Cyrano l'étiquette d'épicurien ? Descartes épicurien, il faut oser ! Cyrano le peut, car dans son monde, le philosophe du *Discours de la méthode* a été, lors de précédentes aventures de la matière, un de ces choux souffrant d'être décapités dans le potager, ou encore cette fameuse touffe d'herbe jadis souverain pontife ! Que le tourbillon et le clinamen, la substance étendue et la matière atomique, relèvent d'un seul et même monde, et voilà le mystère résolu !

Dans ce cycle de métamorphoses, le héros devient transparent ; Oreste et Pylade se changent en arbres dont les fruits confèrent aux mangeurs d'exceptionnels talents pour l'amour ou l'amitié ; Pygmalion connaît les affres de la chair après avoir été marbre ; un vieillard se mue en son interlocuteur, trait pour trait, point par point ; des danseurs fondent leurs diversités éparses en une seule et nouvelle créature : un aigle quitte son état pour endosser celui du rossignol ; le fruit d'un arbre chute et génère des humains ; le végétal et le minéral se mélangent : un arbre peut dès lors se composer d'or pur, de feuilles d'émeraudes, de fleurs de diamants, de boutons de perles et des fameux fruits humains. Les oiseaux parlent, les fruits aussi, les arbres également.

Sauf un bref discours tenu par le Jeune Hôte, *L'Autre Monde* ne défend pas l'inexistence de Dieu. Pas plus d'un Dieu séparé de sa créature, à savoir le monde. Aucun éloge de la transcendance. Nulle célébration d'un empyrée dans lequel Dieu s'épanouirait, immatériel, dans le monde des essences. Dieu, c'est le monde, Dieu, ce sont les métamorphoses, Dieu, c'est le pape, bien sûr, mais c'est aussi la fameuse touffe d'herbe, le chou souffrant ou la machine qui permet le voyage de la Terre à la Lune. Incontestablement, le panthéisme acquiert ses lettres de noblesse modernes dans ce texte de 1657, soit un demi-siècle avant la naissance du mot dans son acception contemporaine. Et quelques années avant le panthéisme ontologique d'un certain Spinoza...

8

La loi du mystérieux. Dans ce monde, tout communique : le rêve et la réalité ne demeurent pas sur deux registres séparés, mais ils se partagent le réel, indistinctement, non pas chacun son tour, mais en même temps : rêve de la réalité, réalité du rêve, virtualité du visible et fiction du tangible. A quoi peut bien ressembler le rêve dans cet univers? Cette question, évidemment, fait écho aux interrogations cartésiennes sur la consistance de la réalité et des songes. D'où une extrapolation : et si les réalités de la religion étaient des fictions? Quand les chrétiens croient vraies leurs fables, pourquoi ne pas proposer les siennes pour étayer sa pensée? Le mystérieux sert ce projet d'une confusion créée pour obtenir de la clarté.

Quand les personnages rêvent dans la Lune ou le Soleil, quelle est la texture de leurs songes? De quelle matière sont-ils faits? Quand la fiction du roman propose une anamorphose philosophique, faut-il aussi compter avec la mise en abyme d'une nouvelle anamorphose? Ainsi, rêver dans un rêve, n'est-ce pas restaurer la réalité ? Peut-être, mais si tel est le cas, laquelle ? Nous ne sommes pas loin des méditations d'un Descartes sur la matérialité de ces hommes qui, portant cape et chapeau, pourraient bien toutefois n'être que des automates...

Dans un monde où les oiseaux tiennent congrès dans un tribunal ; où l'on croise des spectres caparaçonnés comme chevaux de parade ; où le diable peut ramener sur terre un de ses habitants égarés dans le cosmos ; où la salamandre – « bête à feu » – combat le remore – « animal glaçon » – à coups de lance-flammes ou d'haleine glaçante ; où Descartes arrive par les airs de la cour de la reine Christine sur la planète solaire ; où les potagers recyclent les successeurs de saint Pierre ; dans un pareil monde, donc, de quel statut disposent le réel et l'imagination ? Le vrai et le faux ? Le sérieux et le délire ? Le roman et la philosophie ? La fiction et la pensée ? Celui de modifications diverses et multiples d'un seul et même monde matériel...

9

L'avenir plié dans l'anamorphose. Cyrano évolue donc dans le burlesque, la folie, la drôlerie, la fiction. Aussi à l'aise dans un monde que dans un autre, il joue. Mais son jeu ne cesse d'être sérieux. Au point qu'à plus de trois siècles de distance, on s'étonne de son talent pour inventer l'avenir, prévoir un certain nombre d'objets ou de réalités devenus le quotidien de nos civilisations. A la manière d'un Léonard de Vinci, ou plus tard d'un Jules Verne, il échafaude avec ses fantaisies les contours de notre réalité. Jugez-en.

Dans les premières lignes de l'ouvrage, le narrateur met au point une machine pour aller sur la Lune. Pour ce faire, il se barde le corps de fioles de rosée. Le liquide fonctionne comme un carburant sur le principe que l'évaporation consécutive à l'exposition au soleil crée une réaction physique qui génère une propulsion verticale. Avec quelques aménagements, c'est, un siècle avant l'heure, le principe de la montgolfière... D'autant qu'à l'approche de l'astre, le narrateur casse quelques-unes de ses fioles, comme on lâche du lest, pour diriger son « oiseau de bois » selon sa volonté. Ailleurs, il va au-devant du principe de la turbopropulsion en présupposant la loi de l'apesanteur et en exploitant les potentialités de la découverte de l'existence du vide. Une autre fois, il met au point un vaisseau spatial avec des fusées, des amorces et du salpêtre...

En dehors de ses compétences théorétiques d'aérostier, Cyrano décrit un genre de mégaphone : le Grand Pontife de la Lune utilise en effet une trompette pour augmenter le volume de sa voix, ce qui permet d'échauffer le public et de l'étourdir sur le principe de la violence martiale. Le but ? Empêcher le peuple de penser et de réfléchir, le contraindre par l'émotion sonore à se soumettre aux propos diffusés par ces haut-parleurs politiques de sinistre mémoire dans les totalitarismes du XXe siècle.

De même, chez les Séléniens, le livre relié sous forme de volume n'existe pas. En ses lieu et place on trouve l'ancêtre du magnétophone – version raffinée et numérique du MP3... : un livre sans feuillets ni caractères qui ne nécessite pas les yeux mais sollicite l'ouïe car son contenu, via un jeu complexe de ressorts au nombre infini, permet d'entendre une voix disant le texte. Certains portent même cet appareillage sur eux, version baroque du baladeur...

Enfin, après montgolfière, fusée, mégaphone, magnétophone et baladeur numérique, Cyrano de Bergerac invente l'ampoule électrique version énergie nucléaire ! En effet, dans les *Etats et Empires de la Lune*, un personnage apparaît, tenant enfermés, dans un bocal en verre, des vers luisants émettant une énergie qui éclaire autour d'eux. Or, en captivité, les bestioles s'épuisent et meurent bien vite. D'où l'intérêt d'une solution alternative qui consiste à purger puis condenser les rayons solaires de leur chaleur pour capter leur énergie et l'enfermer dans une boule de verre.

A tout cela, ajoutons l'invention des caravanes : autrement dit des maisons en bois léger posées sur des roues. Ces trouvailles d'un habitat nomade se doublent de la prévision intellectuelle des maisons dynamiques – logis mobile posés sur des socles animés et rétractiles en fonction des considérations climatiques –, précurseurs des constructions écologiques indexées sur les mouvements du soleil.

Dans la même logique des trouvailles appelées à des développements inimaginables, Cyrano de Bergerac fictionne un genre d'automobile à propulsion magnétique. Les dissertations philosophiques sur l'aimant de l'époque le conduisent vers un véhicule mobile à l'énergie fournie par le magnétisme. Ce « chariot de feu » animé par un aimant semble une solution toujours d'actualité pour la période postérieure à l'énergie fossile.

Finissons ce panorama des options visionnaires du philosophe avec des innovations de politique familiale. Bien avant l'heure, le philosophe invente les allocations familiales : si les familles font des enfants sans avoir le temps ni l'argent pour les éduquer, la collectivité prend tout cela en charge grâce à des subventions sonnantes et trébuchantes. « La république les entretient », écrit Cyrano. Le texte précise toutefois que l'épargne suffit et dispense d'avoir recours à pareils expédients...

Montgolfière et fusée, turbopropulsion et mégaphone, haut-parleur et baladeur numérique, ampoules électriques et énergie nucléaire, caravanes et automobiles, maisons écosophiques et allocations familiales, quelle prescience étonnante de notre modernité ! Quelles leçons tirer de cet inventaire génial ? Que l'utopie n'est pas le lieu d'un réel impossible, mais le laboratoire de la réalité de demain ; que rien n'est chimérique de ce qui relève du pensable ; que l'imagination ne fonctionne pas à vide, pour rien, car elle fournit le carburant du futur ; que le roman philosophique prépare parfois plus et mieux l'avenir qu'une officine de futurition autoproclamée... Et que, parfois, l'avenir se plie dans l'anamorphose.

10

Le sérieux du burlesque. La fiction sert à envisager le jour qui vient, l'imagination prépare les lendemains hédonistes. Le burlesque ? L'une des modalités du raisonnable. Le romanesque ? L'une des formules du sérieux philosophique. La découverte ? La pointe avancée de la réalité. Du moins quand on a affaire à des génies, des visionnaires, des artistes. Laissons-nous transporter par la dialectique romanesque. On ignore ce qui sépare le raisonnable de l'imagination. Un jour la fiole céleste ou le mégaphone du roi, sinon l'habitat intelligent ou le véhicule autonome, semblent une vue de l'esprit : le lendemain, des astronautes alunissent non loin du cirque Gassendi, un dictateur endoctrine les foules par la radio, un technocrate crée le néologisme de domotique, le quidam circule en automobile... Comment regarder dès lors ce qui n'a pas encore été réalisé ? Comme un programme ? Pourquoi pas... Reprenons dès lors le délire cyranesque avec cette nouvelle certitude en tête.

Dans *L'Autre Monde*, le sexe pend entre les jambes des hommes et rappelle qu'après Eve les humains paient le coût du péché originel de leur personne. On se souvient de la consommation du fruit de l'arbre défendu. Le corps lui aussi s'en souvient : ce pénis flasque et détumescent tremblotant entre les cuisses des hommes, c'est, écrit Cyrano, la tête du serpent un jour ingéré, lové dans nos intestins, car il s'y trouve toujours et darde encore la tête...

Vrai ou faux : Les animaux vivent trois ou quatre mille ans ? On peut vivre et survivre en se nourrissant uniquement d'odeurs ? Les lits se font avec des fleurs ? Un seul coup de feu dans le ciel tue une vingtaine d'alouettes qui tombent rôties ? Les grimaces constituent des signes d'affection ? Les billets, les pièces, la monnaie, laissent la place à une créance fiduciaire construite avec des vers de poètes ? Pourrait-on, en se mettant sur le dos en présence de son souverain, lui signifier qu'on a l'intention de prendre la parole en public ? Pour condamner à mort et marquer d'infamie, suffirait-il de décréter la mort naturelle suivie d'un enterrement dans les règles ? Les dents d'une bouche ouverte sont-elles capables de donner l'heure exacte à la manière d'un cadran solaire ? Un chardonneret n'ayant pas réussi à se faire un ami pendant six ans mérite-t-il d'être condamné à devenir roi ? Les plus doux, les plus faibles, les plus pacifiques sont-ils naturellement destinés à régner ? A-t-on jamais vu quelqu'un se déplacer en chevauchant une autruche blanche ? Si vous répondez oui à toutes ces questions, alors vous êtes prêts à devenir des citoyens de la république lunaire ou solaire.

Dans ce monde sans boussoles, sans compas, sans sextants, dans un univers sans haut ni bas, sans repères fiables, plus rien n'est vrai, donc tout est faux. Ou, autre formulation : tout est vrai. Cyrano ne peut être tenu pour responsable ni coupable, car nous sommes dans un exercice de style. Habile. Nous évoluons dans une anamorphose. Nous passons entre les plis. Nous circulons dans les labyrinthes d'un jardin baroque. Nous progressons dans un autre monde, un nouveau monde, un continent bizarre, inédit, inconnu. Pas encore là, certes, mais pourquoi pas, un jour, plus tard ? Le rêve baroque annonce la réalité à venir. Cyrano prend place dans l'histoire, il ne paraît pas le philosophe le plus en retard !

11

Une pensée en archipel. Dans ce monde baroque où fusent les pensées, où se croisent les discours, où les personnages se multiplient, où les genres se mélangent, peut-on isoler la pensée de Cyrano de Bergerac ? On le sait, Dyrcona nomme Cyrano, mais dans le désordre. Or quel est l'ordre de ce désordre ? Pistes brouillées.... Quand un fruit parle, voire un arbre, ou encore un oiseau – puisque tout parle dans cet univers extravagant –, peut-on entendre la voix du philosophe ? Quand l'ironie pointe, exprime-t-elle en creux une idée majeure du narrateur ? Ou de l'auteur ?

Revenons à l'anamorphose : elle dit, exprime et raconte. Le portrait de Descartes réalisé selon ce principe est bien celui du philosophe exilé en Hollande. Mais ça n'est pas lui non plus. Ce regard franc et net, cette chevelure abondante et épaisse, ce col blanc, austère et illuminant le portrait sinon dominé par le noir, que deviennent-ils dans l'anamorphose ? Du mou, du distendu, de l'écrasé, de l'étiré, de l'étendu, de l'aplati. Une bulle, un reflet, une énigme attendant son déchiffrement.

Retour au titre : *L'Autre Monde* fut aussi nommé, dans l'édition princeps et posthume de 1657, *Histoire comique*. Le comique renvoie à la tradition des philosophes rieurs – Démocrite, Aristippe, Diogène, Epicure, Lucien, Erasme, Montaigne parmi d'autres. Le rire surgit par l'anamorphose du réel, la torsion, la distorsion dont la détente produit la réaction analysée par Bergson. L'humour, la drôlerie, l'ironie, le cynisme saisissent le réel en biais. Mais, malgré l'oblique, il s'agit toujours du réel.

Le rire, le sourire accompagnent la lecture. Or, la pensée en archipel de Cyrano suppose des îlots différents et irréductibles. Avec la complicité de son narrateur, l'auteur propose des séries : série de discours, série de monologues, série de positions philosophiques, série d'images. A la manière d'un musicien, *L'Autre Monde* déplie des variations sérielles : l'unité de l'œuvre se dissimule dans cette logique.

Dans ces séries, un voyage paraît tout de même possible selon quelques principes utiles pour créer de l'ordre. Je propose deux séries organisées. L'une associe des critiques éparses, mais clairement repérables, de la question religieuse; l'autre propose l'éloge d'une philosophie matérialiste et hédoniste. La critique des miracles, de l'âme immatérielle, de la résurrection, de la prière, de la responsabilité personnelle, de l'idéal ascétique, de la guerre, de la servitude volontaire se double en effet d'une célébration, via la physique moderne, d'un réel atomique, celui du panthéisme enchanté, puis d'une éthique libertaire. Précisons.

12

Le démontage du religieux. Cyrano ne brandit pas le flambeau de la critique religieuse personnellement. Trop dangereux. Dans ces temps-là, l'Eglise a le sang chaud et le brasier prompt... L'athéisme? Personne ne le revendique nettement. Le mot existe, mais il ne recouvre rien de vraiment clair. L'heure n'y est pas. L'usage flou intègre sous ce vocable l'individu qui ne croit pas de manière orthodoxe, autrement dit, quiconque croit librement. L'un des personnages de *L'Autre Monde* note déjà cet usage fautif du mot « athée ». De sorte que les fidéistes – Charron, La Mothe Le Vayer, Saint-Evremond, Gassendi –, les déistes – bientôt Voltaire, La Mettrie, Helvétius – et les panthéistes – Cyrano, Toland et Spinoza –, qui croient autrement, différemment, passent souvent pour athées.

Prudent, malin, Cyrano pousse le Jeune Hôte sur le

devant de la scène et lui fait tenir un discours subtilement athée : comment Dieu, s'il existait, pourrait-il nous reprocher de ne pas avoir cru en Lui ? Il serait dès lors seul responsable de notre ignorance, car il ne nous a pas donné les moyens intellectuels de conclure de manière indubitable à la certitude de son être. Notre impuissance à le déduire relève de son seul fait. Or un Dieu malicieux ou sot ne peut pas exister... CQFD !

Le même personnage reste sur les planches de ce théâtre philosophique et effectue des variations sur ce thème : les miracles ? Autant d'événements contre nature inventés « par les stupides pour excuser la faiblesse de leur entendement ». Les prodiges ? Des mécanismes immanents, bien réels, à chercher, puis à trouver dans la matière du monde. Ainsi, les guérisons inexpliquées ne sont pas inexplicables : un genre de mobilisation psychique intérieure – un « désir de santé » sous la plume de Cyrano, une variation sur le thème de la pulsion de vie pour le dire dans une expression contemporaine – rend facilement compte de ces prétendus mystères. Rien d'immatériel ou d'irrationnel au royaume du philosophe, juste des enchaînements de causalités raisonnables et rationnelles : une logique psychophysiologique qui laisse entrevoir une prescience de la logique psychosomatique. D'où une option radicalement matérialiste, atomiste. Le réel se réduit à une combinaison de particules élémentaires, son agencement génère les apparitions diverses du Même.

Ainsi, l'âme immatérielle mérite le cagibi des magasins d'accessoires philosophiques. L'âme existe, certes, mais elle est matérielle, sûrement pas éternelle ou immortelle. On trouve dans le texte de Cyrano des traces de la tradition épicurienne et des développements lucrétiens, parfois même un démarquage vers par vers, partie par partie, du grand poème *De la nature des choses.* Les hommes et les bêtes disposent sur ce point d'un même appareillage. Sauf que les humains, doués de raison, s'arrogent une supériorité sur les bêtes, puis concluent à l'existence en eux d'un supplément immatériel, partie du divin, parcelle de l'absolu...

L'âme matérielle se fait plus et mieux définir par le Démon de Socrate, personnage de la scène philosophique : bien sûr l'âme est immortelle, mais pas sur le terrain de la forme individuelle ou de la cristallisation personnelle. Ce qui survit à tout, c'est le Tout, évidemment. Ce qui parcourt la totalité du cycle de la nature et rend possibles les métamorphoses, cette force qui traverse le panthéisme enchanté de Cyrano, voilà l'âme. Comment pourrait-elle périr, mourir, disparaître ?

13

Un festin cannibale de mahométan. Logiquement, ce Dieu dialectiquement impossible, cette matérialité panthéiste inévitable, obligent à conclure que la résurrection ne peut exister sur le principe chrétien d'une résurrection de la chair, de la genèse d'un corps glorieux, de retrouvailles avec une forme abolie. Rien ne retourne au monde puisque tout y reste. Le corps se défait, ce qui l'a matériellement défini selon une identité propre meurt, et pour toujours, mais ce qui a constitué cet ensemble demeure. Dans le jeu polymorphe des transmutations considérables,

les probabilités rendent possible le retour de l'ancien agencement. Métempsycose et métensomatose panthéistes...

Pour démontrer la vérité de sa thèse, notre héraut négateur de Dieu raconte une histoire : mangeons donc un mahométan. En l'incorporant, sa matière devient notre matière. Quand nous honorons notre épouse puis lui faisons un enfant, cet enfant est-il le mahométan recyclé ou un petit chrétien tout neuf? Dans les deux cas, l'un des deux se trouve floué : le bébé musulman interdit le baigneur catholique, et vice versa. Poursuivons : si Dieu donne un corps à l'un ou l'autre, ce ne sera pas le sien, dès lors plus personne n'est le même individu. Et les deux subissent le châtiment... Après quelques considérations sophistiques du même acabit, l'hypothèse d'une résurrection corporelle, identitaire, nominative, semble bien mal partie !

14

La raison d'un singe. Le Jeune Hôte trouve un renfort de taille avec le Roi. Nous sommes cette fois-ci dans *Les Etats et Empires du Soleil* et le premier magistrat – un oiseau en l'occurrence... – passe la prière à sa moulinette dialectique. La description ironique de la position de l'orant suffit au démontage : les deux mains collées en une seule, le personnage, jambes cassées par la moitié, tombé sur les gigots, marmonne des paroles bourdonnantes, il ne peut s'agir, bien sûr, que de magie.

Ailleurs, un homme critique la thèse de la responsabilité personnelle. On le sait, depuis l'épisode de la

Genèse, la pensée dominante requiert le libre arbitre comme préalable nécessaire à toute entreprise politique, religieuse, culturelle et sociale. L'homme libre peut choisir, et quand il opte pour ceci plutôt que cela – goûter au fruit défendu par exemple –, il peut ne pas commettre le mauvais choix. Or, malgré cela, il préfère le mal. Donc on peut le tenir pour responsable, autant dire coupable, donc punissable. Pour que ce jeu pervers soit possible, le postulat d'un libre arbitre de naissance est nécessaire.

Les Séléniens et les Solariens n'y croient pas. Conséquence de ce panthéisme enchanté. Car il n'existe que des causalités matérielles et la liberté relève de la fiction. Pas plus qu'une touffe d'herbe ne choisit de devenir pape, ou l'inverse, un homme ne peut être tenu pour responsable ou coupable d'avoir agi, pensé d'une manière ou d'une autre. Le narrateur terrien passe, dans la Lune, non pour un humain, mais pour un singe : comment punir un animal dépourvu de raison ? Ce qui nous fait être ? Un « instinct de nature », rien d'autre. Autant gifler une fourmi, raconte le narrateur, parce que dans un mouvement involontaire elle cause la chute d'une congénère dans la fourmilière !

Derrière cette histoire de singe et de fourmi on retrouve les débats sur le libre arbitre qui saturent l'histoire de la philosophie, bien sûr, mais qui occupent aussi le Grand Siècle avec la querelle du jansénisme : les hommes sont-ils capables de vouloir librement, malgré les effets déterminants de la Providence ? Sont-ils libres d'agir comme ceci et non comme cela ? Responsables de leurs actions ? Coupables de leurs comportements ? Le salut et la damnation post mortem découlent-ils des agissements sur terre ? Quid de la grâce, dans ce monde animé par des tourbillons de déterminismes – dont ceux de l'agencement panthéiste du monde ? Le lecteur tâchera d'y retrouver ses petits...

15

La « peur de manquer à servir ». Autre ligne de force possible dans ces séries mêlées, la politique. On voit bien à quoi ressemble l'éthique par-delà le bien et le mal dans les Etats de la Lune et du Soleil. Dans ce panthéisme enchanté où la matière obéit à l'instinct qui la constitue, quelle place pour la cité, le général, le collectif et la communauté ? Sous la plume de Cyrano on ne trouve pas une cité idéale comme dans *La République* de Platon, *L'Utopie* de Thomas More ou *La Nouvelle Atlantide* de Bacon. Le projet de *L'Autre Monde* ne relève pas de la prescription idéale ou du modèle archétypal.

On ne sait si Cyrano connaît le *Discours de la servitude volontaire* de La Boétie. Probablement. Comment ignorer cette œuvre qu'un lecteur de Montaigne ne peut méconnaître. La thèse de l'ami de Montaigne est simple, claire, nette, connue et transhistorique. Elle vaut depuis toujours et pour longtemps encore. La voici : toute servitude est volontaire et procède du seul consentement de ceux sur lesquels le pouvoir s'exerce. D'où cette phrase sublime : « soyez résolus de ne servir plus et vous voilà libres ».

La philosophie politique de Cyrano se résume à la reprise de cette idée majeure. Le Roi lui-même tient ce propos sur ses sujets : « ils sont si enclins à la servitude que de peur de manquer à servir, ils se vendent les uns aux autres leur liberté ». Comment ne pas entendre ici la voix d'Etienne de La Boétie ? A quoi l'Oiseau Roi ajoute que tous se soumettent les uns aux autres : les jeunes aux vieux, les pauvres aux riches, les paysans aux gentilshommes, les princes aux monarques, les monarques eux-mêmes aux lois... On dirait le ton des pages inaugurales du *Manifeste du Parti communiste* de Marx !

A cette servitude volontaire, le Roi ajoute les servitudes induites par la religion : création de dieux aliénants, juges et menaçants ; création de menaces divines dans tous les coins de la nature : l'air, l'eau et le feu ; création de peurs irrationnelles concernant le destin de cette fameuse âme immortelle ; création d'autant d'entraves dans sa vie quotidienne par peur de ce qui advient après la mort.

L'idéal ? L'égalité. Mais les hommes ne la supportent pas. Les Oiseaux, eux, la pratiquent. Ainsi dans les Etats du Soleil, la guerre est menée une fois les forces équilibrées. De part et d'autre, on comptabilise le même nombre d'individus : autant d'éclopés d'un côté et de l'autre, de talentueux, de jeunes et de vieux, d'estropiés, de vaillants, de débiles, de courageux, de faibles. Une quantité d'armes égales, un état-major identique. La guerre peut alors se déclarer. En cas de match nul, on tire le vainqueur à la courte paille.

Sur l'antique principe des Horaces et des Curiaces, chaque camp présente ses élites. Alors des hommes d'exception, des savants, des hommes d'esprit s'affrontent dans des joutes organisées. Cela ne vaut-il pas mieux que d'envoyer au massacre des milliers de gens valeureux ? De laisser les gradés tranquilles à l'arrière dans leurs tentes de commandement, décider du sort d'individus condamnés à disparaître au premier assaut? De déchaîner force, ruse, tromperie, trahison et tous les vices de la planète? De laisser au hasard un rôle aussi déterminant?

La critique de la guerre, l'éloge de la paix, la célébration de l'égalité, ne manquent pas de panache pendant que la monarchie française multiplie les champs de bataille, génère une inégalité sociale, puis une misère telle que même Fénelon écrit au roi une superbe *Lettre à Louis XIV* pour lui dire son fait et le rendre responsable du pitoyable état de la France, ruinée par tant d'années de guerres et de corruption. La paix, l'égalité? Voilà des vertus bien républicaines en ces temps de monarchie absolue...

16

« ***Songez à librement vivre*** ». Cyrano républicain? Non, la formule n'a pas de sens. Qui d'ailleurs l'est à cette époque à part Spinoza? Antimonarchiste? Peut-être. Du moins opposé aux régents et rois possibles. On sait qu'il tourna casaque avec Mazarin, écrivant de violentes mazarinades dans sa jeunesse, du moins le croit-on, avant de changer d'avis, peut-être au moment où quelque pension venue d'un puissant arrange ses affaires de bambocheur endetté...

Si le mot de « libertaire » peut-être utilisé, nul doute qu'il lui convient. Cyrano n'aime guère autre chose que la liberté. En vertu de ce principe qui interdit de lui prêter dans ce livre une qualité plutôt qu'une autre, on évitera de lui faire endosser la formule de politesse des Etats de la Lune. Là-bas, quand on quitte quelqu'un, on ne dit pas au revoir, adieu, ou à bientôt mais – injonction superbe ! : « *Songez à librement vivre* »...

La république libertaire de Cyrano laisse au corps une place centrale et jubilatoire. La critique de l'idéal ascétique pointe parfois le bout de son nez. Ainsi quand, dans le Royaume des Amoureux, on organise la sexualité. Les mâles vigoureux disposent de vingt, trente ou quarante filles, chacun a droit à deux femmes dans le même lit, pas plus. La sexualité est interdite pendant la grossesse. Dans les Etats de la Lune : « la virginité est un crime ». Quel individu refuserait de vivre en pareille cité ?

Chez les Séléniens, quand on veut signifier sa noblesse, on porte un phallus en amulette. Un phallus, et non une épée comme dans le monde des Terriens trop terrestres ! Pour quelles raisons ce signe ostentatoire ? Parce que mieux vaut l'organe de l'amour, celui de la génération auquel chacun doit d'être au monde, que celui de la mort par lequel on enlève la vie. Cyrano, bretteur redouté, sait de quoi il parle ! Pulsion de vie contre pulsion de mort : *L'Autre Monde* choisit son camp.

Sous le signe de ce vitalisme célébré, Cyrano défend une éthique hédoniste. En ayant recours aux trouvailles récentes de la science moderne, le monde dans lequel doivent s'exercer l'éthique et la politique relève de la physique, non de la métaphysique. Avec un Dieu identifiable à la nature, elle-même réduite à sa matérialité atomique, la science remplace la théologie, voire l'ontologie. Du vide, des atomes, de l'héliocentrisme, la pluralité des mondes, le règne sans partage de la matière, autant de souvenirs de Leucippe et Démocrite, Kepler et Galilée, Epicure et

Gassendi, Lucrèce et Descartes, tous convoqués au banquet de ce théâtre baroque.

Dans ce monde où Dieu n'est pas séparé du réel, où il ne juge ni ne condamne, dans cet univers par-delà le bien et le mal, dans ce cosmos où ce qui est se confond avec la divinité, dans cette logique où réel et fiction, roman et vérité, fable et philosophie subissent la loi des métamorphoses, dans cette fusion du stoïcisme, de l'épicurisme et du cartésianisme en une doctrine qui définit un panthéisme enchanté – voire enchanteur –, la mort ne pose aucun problème. Donc, la vie non plus.

Mourir? Un nouveau jeu de métamorphose. Un changement d'état, juste un changement, rien qu'un changement. Je meurs, certes, mais ce « je » reviendra. Les probabilités d'une Nature sans cesse en transformation permettent de le penser. La mort n'anéantit pas la matière mais son agencement; et cet agencement se représentera. Comment dès lors se plaindre, rechigner à périr, pleurer ou se lamenter? Dans le jeu atomique de la seule matière il n'existe nul perdant. Une certaine béatitude à être s'en trouve même logiquement induite. Spinoza n'est pas bien loin...

Pour conclure : Cyrano a joué. Son histoire se veut comique. La narration emprunte tous les traits du burlesque. Le roman mêle habilement ironie et humour, drôlerie et sarcasmes. La vitesse et l'énergie produisent une multitude d'enchaînements dans lesquels on distingue mal ce qui revient à l'un ou à l'autre. Cyrano agit en marionnettiste ou, lui aussi, comme Gassendi, en ventriloque de ses personnages. Impossible à cerner, à circonscrire, à prendre en défaut, il pourrait détourner la devise de Descartes :

« *larvatus prodeo* », « je m'avance masqué ». Que penser de tout ça? Réponse : « rire de ce monde renversé ». Rire et, par là même, rejoindre la cohorte des grands rieurs de la pensée subversive. Le rire ouvre des abîmes, il fend le monde en deux, libère une lumière à laquelle s'éclaire toute pensée progressiste digne de ce nom.

VI

SPINOZA

et « ce qui conduit à la joie »

1

Peintures d'un visage inexistant. Les portraits de Spinoza abondent, mais aucun n'est vraiment sûr... Son premier biographe, Colerus, en esquisse un verbalement : une allure de Juif portugais, peau sombre, sourcils noirs, cheveux frisés. Certains le reconnaissent dans une peinture de Rembrandt, *David jouant de la harpe devant Saül* (1665), sous les traits du harpiste à genoux devant le roi. D'autres parlent du géographe de Vermeer, vêtu d'une robe de chambre au tissu vert, le regard scrutant une mappemonde dans un cabinet mille fois plus cossu que les chambres modestes de Spinoza.

Jean Colerus, pasteur protestant qui rechigne parfois à suivre son modèle jusque dans les pointes les plus avancées de son génie, rapporte qu'il dessinait des portraits reliés dans un petit livre perdu. Dans ce recueil on trouvait un homme en chemise, filet de pêche sur l'épaule, regard triste avec, en fond, une carte de la Sicile. On a parlé d'autoportrait... Sans rien d'assuré. La comparaison des gravures de portraits prétendus du philosophe achève d'embrouiller l'enquête par leurs dissemblances notables. Spinoza reste sans visage.

On peut aussi extrapoler. La contemporanéité de Rembrandt et Vermeer, leur proximité géographique dans Amsterdam, autorise des rapprochements avec telle ou telle peinture. Pour un portrait du Philosophe, au sens général du terme, sans avoir à chercher une ressemblance physique, songeons par exemple à la toile célèbre de Rembrandt *Le Philosophe* (1633). Laissons de côté la grande pièce avec son escalier, donc les deux étages, l'âge avancé du vieux sage à la barbe blanche (Spinoza meurt très jeune), la servante occupée au feu dans la cheminée (le penseur n'eut jamais personne à son service), et retenons que cette peinture offre le portrait emblématique du philosophe, de tout philosophe, donc aussi de Spinoza : la solitude de la vie méditative, la retraite dans une pièce où se concentre la pensée du monde, le contraste entre les limites d'un cabinet et la vastitude des idées qui y surgissent, le jeu de clair-obscur entre la clarté nimbant le philosophe et les ténèbres qui l'entourent...

Baruch de Spinoza naît d'une famille d'origine juive portugaise le 24 novembre 1632. Cette année est également celle de la naissance de Vermeer et de Locke ; Descartes rédige ses *Règles pour la direction de l'esprit,* La Mothe Le Vayer ses *Cinq autres dialogues.* Dans ses jeunes années, Spinoza met en difficulté les Docteurs juifs du Temple. Imaginons la puissance conceptuelle de qui trouble ces vieux rabbins rompus à la rhétorique talmudique ! Le modèle hagiographique de l'histoire sainte catholique et de son Jésus enfant accomplissant un semblable prodige intellectuel n'est pas bien loin...

Très jeune il perd sa mère. Son père, trois fois veuf, meurt quand il a vingt et un ans, et lui laisse des dettes en héritage. Sa sœur lui refuse la succession. Spinoza envoie l'affaire au tribunal qui lui donne raison. Une fois restauré dans son droit, le philosophe renonce aux biens, à l'exclusion d'un lit. Tournant le dos aux affaires, il choisit un métier manuel et passe sa vie à polir des verres d'optique pour microscope ou télescope. Dans sa partie, il passe pour un excellent spécialiste. Il inhale en permanence des particules de verre, confiné dans un appartement qu'il est parfois trois jours sans quitter. Spinoza, qui a hérité de la mauvaise constitution pulmonique de sa mère, souffre de troubles respiratoires en plus d'une constitution chétive. Il se peut qu'on puisse trouver là une raison à sa mort précoce, inexpliquée et soudaine. Le 21 février 1677, il meurt à quarante-quatre ans, deux mois et vingt-sept jours, précise Colerus.

La fin de Spinoza reste mystérieuse : un médecin venu d'Amsterdam a rencontré le philosophe qui, ce jour-là, a demandé un bouillon de coq. Spinoza meurt pendant l'absence de ses logeurs partis à l'office. Profitant de la situation, le médecin vole les économies, puis un couteau avec un manche d'argent et fuit par le bateau de nuit vers son domicile en abandonnant le cadavre de Spinoza dans sa petite chambre...

2

Juif haï des juifs. Très tôt, la judéité de Spinoza pose problème : intelligent, vif et cultivé, il a du mal avec sa communauté. Excellent connaisseur de l'hébreu (il a rédigé une *Grammaire hébraïque*), il commente le Talmud et aborde la philosophie médiévale de son peuple dans l'école juive où il suit ses études. Avec quelques amis, il parle librement de religion et conteste l'immortalité personnelle, le Dieu anthropomorphisé et quelques autres points de doctrine. Ses interlocuteurs le dénoncent.

La communauté juive lui propose une rente s'il tait ses objections et continue à se rendre aux célébrations comme si de rien n'était, afin que son absence ne soit pas remarquée. Spinoza refuse. A la sortie de la synagogue, un juif l'attend pour le tuer. Le coup de couteau déchire son manteau. Il a gardé toute son existence ce vêtement pour mémoire. Au lendemain de cette tentative d'assassinat, il quitte Amsterdam et s'installe dans la banlieue de Leyde à Rijnsburg.

A cette époque, la communauté juive ne brille pas par sa tolérance. Elle traduit devant son tribunal Uriel Da Costa en 1640 et le condamne à recevoir trente-neuf coups de fouet pour avoir douté de l'immortalité de l'âme, mis en cause la vie éternelle et moqué quelques rites juifs. En 1624 il publie l'*Examen des traditions pharisiennes,* qui critique l'autorité de la loi orale et des traditions. Le livre est brûlé, l'auteur condamné. Il se rétracte, puis revient sur sa rétractation. La communauté lui propose alors une expiation par la flagellation, le met au ban, il refuse.

Huit ans plus tard il accepte : en partie dénudé et attaché à une colonne, ses coreligionnaires lui infligent le fouet. Puis on l'allonge sur le seuil de la synagogue et l'ensemble de la communauté enjambe son corps pour sortir. Il rédige son autobiographie, *Un modèle de vie humaine*, puis se donne la mort. Une peinture du XIXe représente Spinoza enfant sur les genoux d'Uriel Da Costa : scène très improbable. En revanche, le souvenir du calvaire de cet hérétique juif coupable d'avoir philosophé librement a dû le marquer.

Spinoza subit à son tour l'excommunication – le *herem* – le 27 juillet 1656 : il a vingt-trois ans. La cérémonie est d'une extrême violence. N'ayant pu l'acheter avec leurs mille florins, les rabbins vont le casser. Spinoza avoue en privé que cette éviction lui convient, certes il ne l'aurait pas cherchée, n'ayant aucun goût pour le scandale, mais elle lui semble plus conforme à son état d'esprit. On lui reproche de « mauvaises opinions », une « inqualifiable conduite », un engagement dans une « mauvaise voie », on dénonce d'« horribles hérésies », une pratique et un enseignement d'« actes monstrueux », mais sans preuves et sans détail. Quelles thèses? Quelles idées? Quels propos? A cette époque, Spinoza n'a rien écrit ni publié et encore moins enseigné. On ne peut lui reprocher que les conversations trahies par ses faux amis.

La communauté le maudit : le jour et la nuit, pendant son sommeil et sa veille; on appelle la haine de Dieu sur lui pour l'éternité; on demande que toutes les malédictions contenues dans la Loi lui soient infligées; on souhaite que son nom disparaisse à jamais de la planète; on interdit à quiconque d'entretenir une relation avec lui, privée ou professionnelle; on refuse qu'il partage son toit; enfin, on interdit de l'approcher à moins de quatre coudées – deux mètres. Spinoza peut, enfin, devenir le philosophe libre qu'il est déjà.

3

A l'école du libertinage. Spinoza connaissait la tradition théologique juive, mais il ne s'interdisait pas la philosophie de son siècle, Descartes en particulier. Frans Van den Enden l'initie. Cet ancien jésuite devenu médecin apprend le grec et le latin à Spinoza – qui pratiquait l'hébreu, mais aussi le flamand, l'italien, l'espagnol, l'allemand, le portugais. Probablement Van den Enden lui raconte le panthéisme philosophique de Giordano Bruno et sa mort sur un bûcher chrétien à Rome, l'héliocentrisme de Galilée et le procès intenté par l'Inquisition chrétienne, la méthode de Francis Bacon aussi bien que les œuvres d'Erasme, de Montaigne, de Machiavel et de Hobbes. Les auteurs qui comptent pour ce libertin amateur de femmes qu'est Van den Enden ont probablement été lus par Spinoza alors à peine âgé de vingt ans.

Clara Maria, la fille du professeur de latin, sert de répétitrice chez son père. Jean Colerus raconte un Spinoza amoureux de la jeune fille. Mais un autre prétendant lui offrit un collier de perles, ce qui suffit à décider du mariage – un collier, certes, mais aussi une conversion au catholicisme... On ne saura rien d'autre sur Spinoza et les femmes : aucune ne traverse son existence. Lui qui brille par un génie de mille feux sur tous sujets, écrira deux ou trois lignes malheureuses qui suffisent à le classer dans le rang des philosophes misogynes...

Van den Enden fut impliqué dans une affaire politique impliquant des libertins (entre autres Gilles du Hamel de Latréaumont, gentilhomme normand) avec lesquels il entendait soulever la Normandie contre Louis XIV. Le professeur de Spinoza ne cacha jamais ses opinions démocratiques, et finit pendu sur ordre du pouvoir royal français.

Il paraît également probable que Descartes – son nom et ses livres, son œuvre – entre dans la vie du philosophe par le canal du maître libertin. Via le latin que lui enseigne Van den Enden, il accède aux textes majeurs du philosophe exilé aux Pays-Bas. Le cartésianisme existe à cette époque et génère d'importants débats. Spinoza retient cette leçon de Descartes : on peut préférer les lumières naturelles, la raison bien conduite et bien menée, aux lumières surnaturelles, aux arguments d'autorité religieux. Préférons la philosophie à la théologie. Dans son *Traité de la réforme de l'entendement* (rédigé en 1661 mais resté inachevé) il entretient de règles de vérité, de la certitude, de l'erreur, de méthode, de modes de perception, de guérison et de purification de l'entendement, mais aussi de vie philosophique à même de permettre « pour l'éternité la jouissance d'une joie suprême et incessante ». Projet existentiel, donc, mais également eudémoniste – voire hédoniste ! Spinoza a vingt-neuf ans. Deux ans plus tard il rédige les *Principes de la philosophie de Descartes* (1663) pour un élève. Ce sera le seul ouvrage publié sous son nom et de son vivant.

4

Une vie épicurienne. Spinoza vit sa brève existence selon cette éthique : refus des honneurs, des richesses, des biens matériels, des excès sensuels et quête d'une société capable de permettre « au plus grand nombre d'arriver aussi facilement et aussi sûrement que possible à ce but » : la concorde des entendements. Ce projet philosophique se parachève avec un souci revendiqué pour la philosophie morale, la pédagogie, la médecine et la mécanique.

Spinoza vit son existence selon les principes de l'ascèse hédoniste du philosophe au Jardin, une vie proprement épicurienne donc : une vie saine, sobre, dépourvue de passions négatives, tendue vers la coïncidence entre ses principes et sa vie quotidienne ; une vie de composition avec des désirs à sculpter ; une vie d'agencement des plaisirs selon une arithmétique destinée à générer le plus de Joie au moindre coût existentiel ; une vie débarrassée des colifichets de l'avoir mondain, tournée tout entière vers les vertus véritables : la raison, la contemplation, la sagesse, la joie, la béatitude.

La maxime épicurienne enseigne : « Cache ta vie ». Celle de Spinoza figure sur son sceau avec une rose – *espinossa*, Spinoza, épines... – et ses initiales. Elle est : « *Caute* », prudence. La parenté avec Epicure semble évidente. La prudence conduit le philosophe hollandais à changer plusieurs fois de ville, de quartier et de domicile – Amsterdam, Rijnsburg, Voorburg, La Haye –, à refuser de s'exposer publiquement, à éviter de se dévoiler, dans ses correspondances (avec Leibniz par exemple), ou lors d'entretiens, à ne pas enseigner en chaire, à repousser les éditions de ses livres, à les signer d'initiales, voire à désirer une parution anonyme, puis, parfois, à y renoncer, ainsi l'*Ethique*.

A la manière d'Epicure au corps fragile, malingre, malade, Spinoza fait de nécessité vertu : les bombances, les orgies alimentaires ou alcoolisées, son corps ne les supporterait pas. Phtisique depuis ses jeunes années, fatigué par un travail dangereux pour sa santé, Spinoza vit très frugalement. Enfermé pendant de longues journées sans sortir, il se fait porter des repas sobres – une soupe de lait avec un peu de beurre pour unique repas ou bien un mélange de gruau, de raisin et de beurre, un litre de vin par mois...

Colerus rapporte qu'un conseiller d'Etat venu le visiter l'a découvert emmitouflé dans une robe de chambre pas bien nette. Croyant bien faire, il lui en offre une flambant neuve... Le maladroit s'attire le bougonnement du philosophe qui fait à l'imbécile une leçon de morale sur l'important et l'accessoire dans la vie. D'autres sources racontent un Spinoza toujours très bien mis lors de ses apparitions publiques...

On a vu combien l'argent lui importe peu lors de l'héritage paternel. A plusieurs reprises on retrouve ce trait de caractère : il refuse d'hériter une autre fois parce qu'il ne souhaite pas léser l'héritier – frère du défunt – qui lui semble plus légitime. Ce dernier, touché par la délicatesse de Spinoza, lui attribue une pension que le philosophe accepte, à la condition qu'on la baisse un peu afin de l'ajuster à son seul nécessaire. De même il refuse la sinécure et la pension offerte par le prince de Condé qui l'invite à la cour du roi de France. Pauvre, il prête encore de l'argent à des amis dans le besoin...

Spinoza vit dans la perspective épicurienne de la seule satisfaction de ses désirs naturels et nécessaires : de quoi boire et manger, être logé à l'abri des intempéries, sans besoins ni désirs non nécessaires, voilà la recette du plaisir ataraxique. Frugalité, ascétisme, austérité, l'essentiel se trouve dans la libre disposition de soi-même. Voilà pour quelles raisons il se garde d'accepter la proposition de l'électeur du Palatinat – un des Etats de l'Empire germanique – qui lui propose d'enseigner à l'université de Heidelberg. Il affirme n'avoir jamais été tenté par l'enseignement public, et préfère consacrer sa vie à la vérité, à la méditation et à la philosophie, sans le secours d'une institution dans laquelle il n'aurait pu s'exprimer librement. Souvent il écrit que l'université empêche de penser...

Une anecdote dépasse dans cette biographie du sage. Etrangement, elle ne colle pas avec le reste du personnage qui déteste les passions tristes, aime la joie, la vie. Lui, le sage, le philosophe, lui le penseur qui démonte avec précision les affections, les sentiments et les passions, aimait, écrit Colerus, chercher des araignées pour les faire se battre. Parfois, il jetait des mouches dans l'une de leurs toiles pour assister au spectacle devant lequel il éclatait de rire... Plus sage, il se distrayait parfois en dessinant, en fumant une pipe, en conversant avec ses locataires. A sa mort on a retrouvé un échiquier dans ses affaires...

5

Ni rire ni pleurer, comprendre. L'histoire de l'art illustre cet exercice de style qui consiste à peindre sur la même toile Démocrite qui rit et Héraclite qui pleure, deux façons philosophiques d'appréhender le même monde : en le déplorant, en s'en moquant. Sur le mode paradoxal, Rembrandt réalise un autoportrait dans lequel il se représente en Démocrite peignant... le visage d'Héraclite. Spinoza récuse l'alternative et refuse le rire autant que les larmes, il préfère... comprendre.

Cette expression – « ni rire ni pleurer mais comprendre » – ne se trouve pas dans l'*Ethique* mais dans une lettre de réponse de Spinoza à Oldenburg (XXX). L'Anglais lui fait part de ses craintes sur la situation politique de son pays : il redoute l'imminence d'une bataille navale. Spinoza répond : « Pour ma part ces troubles ne m'incitent ni au rire, ni, non plus, aux larmes ; ils m'engagent plutôt à philosopher et à mieux observer ce qu'est la nature. » Qu'est-ce à dire ? Que le jugement de valeur importe peu, qu'il ne s'agit pas de faire de la morale, qu'il faut se situer par-delà le bien et le mal pour tâcher de comprendre ce qui advient, comment, de quelle manière – et ce afin de parvenir à la sérénité du sage. Recette de la béatitude spinoziste.

Spinoza philosophe comme il regarde le détail d'une aile de papillon ou d'un insecte sous la lunette de son microscope – ce qu'il fait parfois ; il agit de la même manière que Galilée, La Mothe Le Vayer,

Gassendi, Cyrano et les libertins, l'œil rivé au télescope : regarder, analyser, démonter, saisir les mécanismes immanents du réel. Autrement dit, éviter la théologie et la religion, qui passent tout par le crible de la morale, et vouloir la philosophie pratiquée comme une science, ce qui suppose le bon usage d'une raison appropriée.

Contrairement à Descartes qui conçoit la raison moderne mais la dispense de fonctionner sur les questions religieuses et politiques, Spinoza ne (se) reconnaît aucunes limites : les problèmes de foi, de croyance, de christianisme, de piété, de miracles, de prière, ou ceux de la république, de l'Etat, de la démocratie, de la monarchie, du souverain, du prince subissent sous sa plume l'examen d'une raison efficace employée comme un outil d'émancipation et de liberté.

L'impératif catégorique de cette volonté de savoir se trouve explicitement énoncé dans le *Traité des autorités théologiques et politiques* : « séparer la philosophie de la théologie ». Emanciper la Raison de la Foi, travailler à l'autonomie de la Philosophie en laissant la Théologie effectuer son travail, certes, mais ailleurs, selon d'autres règles, pour d'autres objectifs. La séparation n'empêche pas l'interpénétration, mais la philosophie doit et peut s'avancer sur le terrain de la théologie. La raison gagne à travailler sur ces domaines pour faire fonctionner les « lumières naturelles » là où, trop longtemps, on s'est contenté des « lumières surnaturelles ». Le but? Mettre au point une « méthode naturelle » pour produire du sens à partir des textes sacrés, décortiqués comme n'importe quel autre document historique. Autrement dit, lire le Nouveau Testament comme les *Métamorphoses* d'Ovide.

6

Le démontage du déraisonnable. En tant que juif habitant un pays protestant, Spinoza peut aborder les textes catholiques sans les hésitations ou les prudences d'un René Descartes, même exilé en Hollande... Expulsé de la communauté juive, ni croyant orthodoxe ni pratiquant, le philosophe travaille muni de sa seule raison laïque, l'instrument philosophique mis au point par le *Discours de la méthode.* Le cartésianisme de Spinoza est hétérodoxe : le dualisme du Poitevin, par exemple, est introuvable chez le Hollandais moniste et panthéiste. Spinoza emprunte à Descartes une raison bien conduite afin de parvenir à des certitudes claires et distinctes, à des vérités philosophiquement démontrées, aux antipodes des actes de foi, des croyances et des dogmes. L'*Ethique* dira plus tard : géométriquement démontrées.

Commençons par les Ecritures. Elles ne sont pas des textes sacrés inspirés ou dictés par Dieu à des hommes sur le principe d'une révélation intangible, mais des pages rédigées par des humains dans un temps historique long. Leur destination ? Toucher la foule et convertir le plus grand nombre. Les conditions d'existence historiques de ces innombrables écrits obligent à une formidable collection d'approximations et d'erreur.

L'enfer ? Bien sûr il existe, mais pas sur le mode de la géographie infernale mise au point par les Pères de l'Eglise pour menacer sur terre les hommes rétifs aux injonctions des clergés. La pastorale chrétienne fait un abondant usage des Enfers... Spinoza, pour sa part, identifie l'enfer aux passions mauvaises. Humaines, trop humaines, très humaines...

Le péché? Là encore, contre la vulgate chrétienne augustinienne qui sexualise la faute commise par Eve, Spinoza avance une idée philosophique : le péché qualifie tout ce qui empêche l'homme de parvenir à sa perfection, à savoir : persévérer dans son être et viser la connaissance de Dieu, donc de la Nature, afin de parvenir à la Béatitude. Rien à voir avec la volonté de savoir devenue acte sexuel par la grâce patrologique !

Les spectres? Spinoza leur consacre un échange de lettres avec Hugo Boxel : ces spectres – fantômes ou esprits... – sont créés par des êtres déraisonnables, ce sont puérilités et amusements de gens simples qu'aucune expérience ne permet de prouver. Extrapolons : l'âme invisible, immatérielle, immortelle, construite sur le principe des spectres, constitue également une fiction indéfendable pour un philosophe.

Ainsi les miracles, eux aussi impossibles, car rien dans la nature ne peut arriver contre nature... Les hommes nomment miracles des effets dont ils ignorent les causes, des faits dont l'occasion échappe à leur entendement. Or, ce qui déborde la compréhension humaine doit rester une énigme sans pour autant générer une réponse abracadabrante. Avec le temps, la raison rendra compte de ce qui semble incompréhensible aujourd'hui.

Et Dieu? Certes il existe. Spinoza combat sincèrement l'athéisme et refuse qu'on fasse de son œuvre un travail impie et négateur de Dieu. Mais Dieu n'a pas forme humaine, on ne peut lui prêter de sentiments humains – colère, jalousie, vengeance, etc. –, il n'est pas séparé du réel. Rien de ce qui définit le Dieu des théistes ne trouve grâce aux yeux du philosophe. Au fameux Boxel des spectres, il affirme qu'un triangle doué de parole dirait la nature triangulaire de Dieu.

On se doute qu'avec pareilles positions, la résurrection du Christ ne puisse être comprise comme chez un chrétien : sûrement pas le retour du corps réel après la mort, aucunement la chair blessée visible à l'œil nu, constatable au doigt de Thomas l'incrédule. L'événement doit se lire de manière symbolique : la résurrection nomme la nouvelle vie après l'ancienne, mais ici et maintenant, dans les limites du monde réel et selon l'ordre des raisons raisonnables. La révélation cause une rupture, un genre de mort : après elle, la vie est autre, nouvelle, mais tout cela se joue sur terre.

Le récit de la Genèse sur la création des hommes s'appréhende lui aussi sur le principe allégorique : la glaise, le souffle, le premier homme, la côte d'Adam ? Spinoza affirme l'existence du corps des hommes antérieurement à leur forme, mais d'une autre manière que celle à laquelle on s'attend. Seule la logique panthéiste permet de conclure – un peu dans l'esprit de la physique épicurienne aussi... – que la substance persiste, mais que ses modes changent. Immortalité de la substance, mortalité de ses modes...

7

Une religion de l'immanence. Dès lors, si l'enfer, le péché, les spectres, les miracles, Dieu, la résurrection du Christ, la création des hommes, sont si peu ce que les Ecritures enseignent, quid de la religion? A sa logeuse qui lui demandait si elle pouvait escompter le salut dans la religion chrétienne, la sienne, il répond oui, pourvu qu'en plus de cette pratique elle porte son attention sur la « piété » et la « vie paisible et tranquille ». Une religion de philosophe, donc.

Spinoza effectue une généalogie de la religion : les hommes inventent des dieux par peur, par crainte. L'idée se trouve déjà chez Lucrèce dans son *De la nature des choses*, on le sait. Peur de l'inconnu, de la mort, du temps qui passe, de leur destin, du réel, de ce qui résiste à l'entendement, peur de vivre. D'où les logiques irrationnelles activées par la pensée magique, tellement pratique pour conjurer l'angoisse existentielle des individus et des collectivités.

A cette analyse généalogique, le philosophe ajoute une mécanique des religions : elles servent aux pouvoirs politiques pour asseoir leur autorité. Les rois s'en servent pour s'assimiler à Dieu en identifiant Sa parole dans le ciel à celle du monarque sur son trône. Lui obéir, c'est obéir à Dieu; se rebeller, c'est se rebeller contre Dieu; désobéir, c'est désobéir à Dieu. Qui, dès lors, oserait mettre en cause le pouvoir du prince?

Voilà pourquoi dans le *Traité des autorités théologiques et politiques* Spinoza affiche clairement son républicanisme et son opposition au pouvoir monarchique. Il trouve qu'on accorde au clergé des honneurs démesurés et qu'il faudrait absolument se dispenser de confier du pouvoir temporel aux personnes ayant déjà d'un pouvoir spirituel. De même, il pense qu'on accorde au pape une autorité illégitime. Séparation, donc, entre les deux registres : le monde des hommes et celui des dieux. La laïcité trouve ici un philosophe conséquent.

En matière de religion, il s'agit de conserver sa liberté de penser et de réfléchir. L'interprétation de la foi relève moins du discours autorisé d'un clergé que du bon usage de sa raison individuelle. Les Ecritures s'adaptent aux mentalités de chaque époque. Voilà pourquoi lire les textes de la Bible au XVIIe siècle suppose des différences de lecture avec les représentants officiels de la religion dominante, figés dans une tradition déconnectée de l'histoire.

Pour en finir avec toutes les transcendances et les arrière-mondes consubstantiels à la religion, Spinoza propose une religion immanente, voire une religion de l'immanence. Pas de Dieu transcendant, pas de vie post mortem, pas de Jugement dernier, pas de destin en dehors de ce que la Nature rend possible. Rien d'irrationnel n'est défendable en matière de religion car la religion doit faire bon ménage avec la raison.

Qu'est-ce qu'une religion immanente ? Une religion réduite à quelques principes essentiels. Nul besoin d'augmenter les prescriptions, les interdits, les prohibitions, les tabous. Epurons la religion et réduisons-la à quelques maximes brèves, simples, compréhensibles par le plus grand nombre. Pour parvenir à cette quintessence, regardons la vie de Jésus et isolons son enseignement incarné dans des exemples.

Dans la totalité de son œuvre, Spinoza enseigne cette religion immanente, qui, je le répète, est aussi religion de l'immanence. Elle dispense une sagesse autant qu'une philosophie. En dépit de tous les discours et circonlocutions possibles, elle se résume à deux mots : « Justice et charité ». A plusieurs reprises la chose est écrite dans le *Traité de l'autorité politique* : pas besoin de plus. A l'évidence, les clergés monothéistes peuvent difficilement accepter une telle quintessence de leurs discours et un semblable discrédit jeté sur leur fonction...

8

Le grand œuvre baroque. L'œuvre de Spinoza comporte des textes de jeunesse sur Descartes – *Les Principes de la philosophie de Descartes,* la matière d'un cours dispensé à un élève en leçons privées –, un *Court Traité sur Dieu, l'homme et sa félicité,* de facture imprécise, peu sûr, qui présente les grandes lignes de son travail, des textes politiques : *Traité des autorités théologiques et politiques,* mais aussi *Traité de l'autorité politique,* une correspondance – quarante-huit lettres de la main du philosophe –, et puis cet ouvrage insolite, sans pareil, sans double, un chef-d'œuvre, un monument d'architecture baroque : l'*Ethique.*

A la manière d'un édifice baroque, l'*Ethique* célèbre le mouvement et la force, la dynamique et l'extension. L'architecture contraignante de l'ouvrage rend la lecture difficile, la progression pénible. La densité des enchaînements mathématiques et logiques ralentit la vitalité d'une pensée qui engage l'énergie du réel, du monde, de Dieu identifiés. La forme apollinienne et géométrique entrave le fond dionysiaque panthéiste et poétique.

L'édifice joue *ad nauseam* des pliages du texte dans une multitude de formules mathématiques contraignantes. A partir de « définitions », d'« axiomes », de « propositions » qui génèrent des « démonstrations » avec leurs « scolies », à quoi s'ajoutent « corollaires » et « appendices », sans oublier bien sûr « lemmes » et « postulats », Spinoza active une prolifération baroque à partir d'une poignée de phrases brèves, simples, qui servent de matériau à tout l'édifice. Dans le corps du texte, pour justifier une idée et la mettre en perspective avec une démonstration antérieure, il utilise des parenthèses qui renvoient explicitement aux thèses en amont, réduites à leur chiffre. A la fin se trouve un laconique CQFD...

Loin du Jardin d'Epicure, l'*Ethique* propose un jardin baroque dans lequel il contraint la Nature à entrer selon le principe géométrique dans les limites imparties par la plume sévère, sèche et austère du philosophe. Les affections, les passions, les noms de Dieu, les genres de connaissance, la béatitude, le vrai, l'éternité, la liberté, le désir, les affects, l'âme, le conatus, l'entendement, l'infini, les modes, l'éternité, l'essence, la raison, l'inadéquat, la substance et mille autres concepts sont classés, enfermés dans des parterres, coincés par des bordures, enserrés dans des carrés tirés au cordeau. La plume littéraire du *Discours de la méthode* paraît bien lointaine...

Quand l'Eglise baroque agit en réceptacle de la lumière divine, l'*Ethique* de Spinoza, loin de toute préoccupation de morale moralisatrice, décline un édifice destiné à recueillir la fameuse « lumière naturelle » chère au philosophe. Dans l'un et l'autre cas, on y plie les énergies, les forces, les dynamiques et les mouvements du monde. L'exposition géométrique voulue par Spinoza empêche l'« esprit de finesse » cher à Pascal. L'ouvrage est un monstre philosophique.

9

Les premiers pliages. Spinoza ouvre le chantier de l'*Ethique* en 1660, à l'âge de vingt-huit ans, et il y travaille toute son existence. D'abord, il souhaite le publier sans nom d'auteur. Car peu importe la signature quand seule l'œuvre compte. Puis, prudent, il renonce à la publication du livre achevé. On visite Spinoza, on connaît un peu ses idées, sa réputation est sulfureuse en Europe, on cherche à savoir à quoi ressemble ce gros œuvre, les malentendus abondent, on y voit, avant même de l'avoir lu, un catéchisme athée, une bible maléfique. Le livre paraît de manière posthume en 1677, six mois après sa mort, signé de ses seules initiales. L'effet de cette publication sera considérable dans toute l'Europe au siècle suivant – celui de la Révolution française.

Le titre exact est : *L'Ethique démontrée selon la méthode géométrique et divisée en cinq parties où il est traité I/. De Dieu. II/. De la nature et de l'origine de l'Esprit. III/. De l'origine et de la nature des sentiments. IV/. De la servitude humaine, ou des forces des sentiments. V/. De la puissance de l'entendement, ou de la liberté humaine.* Un château en cinq étages, donc, avec autant de pièces que les agencements d'axiomes et de lemmes, de postulats et de propositions le permettent – autrement dit, une interminable enfilade de salles minuscules (la définition d'une passion en deux lignes) ou majestueuses (le rôle de la raison dans la production de la béatitude par exemple, en de longues pages).

L'ouvrage propose un salut personnel. Pour ce

faire, on doit parvenir à la conscience de soi, de Dieu et des choses. Savoir qui l'on est, ce que l'on est, comment on pense, quelles affections nous travaillent, la façon dont les passions nous habitent, de quelle manière le désir nous hante; puis : savoir comment nommer Dieu, ce qu'il est, certes, mais surtout ce qu'il n'est pas, son rapport à la nature, à la création, au réel; enfin : savoir ce qui définit le réel, les relations entre la substance une du monde et ses modes multiples d'apparition à l'entendement.

Voilà le projet par lequel l'individu peut trouver sa place dans le monde, le réel, le cosmos, sa raison d'être avec autrui, afin de donner un sens à son existence. Car il s'agit de philosopher pour parvenir à la Joie et créer de la Béatitude. Le projet spinoziste relève donc de l'eudémonisme le plus classique : le souverain bien coïncide avec cette jubilation. On pourrait même préciser la nature hédoniste de ce projet, car la béatitude en jeu met en scène la totalité du corps – dont je dirai au moment utile comment il se définit.

Pour commencer, il s'agit de mettre au point une épistémologie de la connaissance. Que peut-on savoir? Et pour quelles fins? Car la conscience de soi, des autres, du monde et de Dieu suppose une connaissance claire et distincte de ces objets philosophiques majeurs. Après définition, le travail devient facile. Mais il faut avant tout effectuer un patient labeur d'explication. D'où l'abondance de phrases brèves, nettes et précises pour répondre à ce premier objectif.

10

Une épistémologie existentielle. Dans son *Traité de la réforme de l'entendement*, Spinoza distingue d'abord quatre genres de connaissance. Puis, dans l'*Ethique*, il les réduit à trois. La « connaissance du premier genre » s'effectue par « ouï-dire », par expérience, donc de manière incomplète et confuse. Connaître sa date de naissance, le nom de ses parents ; connaître les faits historiques, les affirmations géographiques ou celles qui relèvent des sciences de la nature : Louis XIV, roi de France ; la Seine passe à Paris ; les pommiers produisent des pommes... Tout ceci n'est possible que parce que des tiers nous ont transmis ces informations. On ne remet pas en cause ces certitudes, elles se transmettent sans qu'on interroge. Ce mode de connaissance reste superficiel, il n'atteint pas l'essence des choses.

Cette première connaissance, c'est l'« expérience vague ». Elle s'effectue à partir du réel autour de nous et de ce qu'il semble enseigner. Exemple : une voiture passe ; un homme me parle ; un chien aboie. La vérité n'est pas en jeu, mais seulement la constatation d'un fait. Mais qui prouve que je ne rêve pas ? Que mes sens me renseignent sans me tromper ? Que ma mémoire est fiable ? Le phénomène ne peut se confondre avec l'essence. Ce premier genre de connaissance est l'unique cause de la fausseté.

La « connaissance du deuxième genre » s'effectue par la « raison discursive » à partir des notions communes et des idées adéquates des propriétés des choses. Elle met en jeu la déduction et débouche sur des certitudes, elle produit le vrai. Exemple : la connaissance par démonstration mathématique – exemple dans l'exemple : que la rotation d'un demi-cercle sur son diamètre produit une sphère. Elle procède de prémisses jusqu'à des conséquences et s'appuie sur des axiomes clairs et distincts. Avec elle, on accède à des certitudes, ainsi la connaissance de Dieu, des hommes, du monde, de la nature et du réel devient possible.

Enfin, la « connaissance du troisième genre », connaissance intuitive. Autant la connaissance selon les principes de la raison discursive procède par paliers, autant ce troisième genre suppose la connaissance immédiate, la saisie intuitive directe de la vérité. Ni perception sensible et empirique, ni produit de l'expérience, ni résultat de l'imagination, elle s'effectue à partir de l'idée adéquate de l'essence formelle de certains attributs de Dieu, jusqu'à la connaissance adéquate de l'essence des choses. Elle est saisie immédiate de la relation liant une partie et son tout. Exemple : la saisie d'un rapport mathématique qui permet de savoir que 9 est à 3 ce que 4 est à 2, à savoir le chiffre élevé au carré.

Cette épistémologie de la connaissance produit des effets existentiels. A quoi bon, sinon, opérer ce type de classifications? Distinguer ces trois genres de connaissance permet d'abord d'opposer la connaissance inadéquate, confuse et mutilée, à la connaissance adéquate, claire et distincte. Mais c'est aussi l'occasion de constater l'existence d'un trajet philosophique qui mène de l'erreur (qui asservit) à la vérité (qui libère et génère de la béatitude).

Dire que l'imagination – connaissance du premier

genre – engendre l'erreur anthropomorphique et la superstition en matière de religion, mais aussi l'erreur des passions tristes et négatives en matière de psychologie ou l'erreur de la peur sur le terrain moral et politique, voilà une purification philosophique véritable. Ce qu'il faut viser? Le bien véritable, construit avec une raison bien menée qui suppose le savoir libérateur : quand on sait ce qu'est le monde, à quoi ressemble la nature, ce qui définit Dieu, quelle place on occupe dans cet univers, alors on parvient à la connaissance adéquate qui produit la joie, la béatitude, le souverain bien, la sagesse véritable. L'épistémologie agit en préalable à l'éthique hédoniste.

11

Les noms de Dieu. Le Dieu de Spinoza n'a pas grand-chose à voir avec celui des juifs et des chrétiens, on s'en doute... Ceux-là imaginent un Dieu antérieur au monde, puisqu'un jour il décide de le créer : le créateur et sa créature sont séparés, l'un dispose du droit d'antériorité sur l'autre. Dieu préexiste à tout, et le réel découle de son vouloir propre. Déistes et théistes partagent cette façon de penser, les fidéistes aussi. Juifs, catholiques et protestants, philosophes croyants, l'immense majorité sacrifie à cette vieille idée d'un premier moteur immobile, d'une cause incausée séparée de ses effets conséquentiels.

Le génie de Spinoza se manifeste dans une rupture cardinale : il ne croit pas à un Dieu séparé du monde. Si la comparaison de tous ses livres montre parfois des changements, des infléchissements – trois ou quatre types de connaissance par exemple, suivant l'ouvrage –, il ne varie jamais sur cette idée majeure : l'identité de Dieu et de la nature. Ainsi : le *Court Traité* – « la nature, autrement dit Dieu » –, une lettre à Osten (XLIII) – « Dieu est l'univers » –, l'*Ethique* bien sûr – « Dieu ou la Nature », le fameux « *Deus sive natura* » de la préface au livre IV. Cette constance métaphysique dans l'œuvre permet de faire de Spinoza un panthéiste, à savoir un philosophe pour lequel le créateur et sa créature constituent une seule et même substance diversement appréhendée.

On chercherait en vain un athéisme dans toute la pensée de Spinoza. L'athée nomme le négateur de Dieu, pas l'individu qui le définit en marge de l'orthodoxie. Le Dieu spinoziste est hétérodoxe, certes, mais il existe bel et bien. Certes, il déplaît aux rabbins et aux prêtres, il gêne les pasteurs, mais il n'en a pas moins une réelle existence. Seuls les ennemis d'une pensée libre cherchent pendant des siècles à discréditer cette philosophie puissante pour la faire passer pour son contraire : le comble de l'immoralisme, l'impossibilité éthique absolue.

La correspondance en porte trace, Spinoza se cabre chaque fois qu'on le traite d'athée – voire qu'on se contente même de le suspecter –, ou quand on fait de son système philosophique une machine de guerre dissimulée au service de la négation de Dieu. Un simple comptage permet de pointer plus de cinq cents fois le nom de Dieu dans l'*Ethique*. A chaque occurrence, il s'agit de le nommer, le définir, le circonscrire, lui donner une réelle identité et, surtout, de préciser ce qu'il n'est pas.

Dieu existe donc nécessairement; unique et éternel, il est et agit par la seule nécessité de sa nature; cause libre de toute chose, toutes choses sont en lui et dépendent de lui ; sans lui, rien ne peut être, ni être conçu ; toutes choses sont prédéterminées par sa puissance infinie ; chose pensante et chose étendue, voilà ses attributs ; incorporel, non sujet aux passions, aucunement composé de corps et d'esprit, ne disposant ni de volonté ni d'entendement, il est cause immanente de tout ; son œuvre et son existence définissent une seule et même chose ; en un mot : il est la seule substance à être dans la nature.

Selon la façon dont on appréhende la nature, on peut distinguer une « nature naturante » et une « nature naturée ». La première est en soi, conçue par soi, comme substance et cause. Les attributs de la substance expriment une essence éternelle, infinie : Dieu en tant que cause libre. La seconde – comme effet et mode – définit ce qui suit de chacun des attributs de Dieu, les modes de ses attributs, comme des choses qui sont en Dieu et ne peuvent être ni être conçues sans Dieu. La nature naturante définit la nature en tant qu'elle produit ; la nature naturée, en tant qu'elle est produite : mais il s'agit toutefois d'une même réalité considérée sous deux angles différents.

12

Au-delà du bien et du mal. Dans un monde où Dieu est la Nature, quelle place reste-t-il à la liberté des hommes ? Spinoza l'écrit plusieurs fois sans ambages : le libre arbitre est une illusion. Dans une lettre à Schuller (LVIII) Spinoza l'explique de la manière suivante : si l'on jette une pierre en l'air, elle grimpe, ralentit, se stabilise, puis tombe en vertu de la loi de la chute des corps. Elle obéit à la nécessité naturelle, aux contraintes physiques auxquelles tout est soumis dans la nature.

Hypothèse : donnons à cette pierre une conscience, dotons-la également du langage. Elle dira, évidemment, qu'elle choisit tout ce qui lui arrive : monter, ralentir, se stabiliser, tomber, puis rester sur le sol. Les hommes se croient libres, affirme Spinoza, car ils ignorent les causes qui les déterminent. Sauraient-ils ce qui les meut, les humains abandonneraient ce recours à la fiction du libre arbitre. Nous ne sommes pas libres, nous obéissons. Comme la pierre lancée en l'air, nous subissons une cause que nous ignorons. Nous sommes soumis à un principe qui nous fait être ce que nous sommes.

Quelle est cette cause? Le désir. Non pas le seul désir identifiable à la « libido » qui, elle, désigne l'« appétit sensuel » ou la « lubricité », mais le désir qui peut être « volonté » quand il se rapporte à l'âme, « appétit » quand il se rapporte à l'âme et au corps, et « désir » lorsqu'il nomme l'appétit avec conscience de lui-même. Le désir spinoziste définit ce qui conduit chaque réalité à persévérer dans son être. Ainsi défini, le désir est l'essence de l'homme.

Le désir affecte chacun et le détermine à partir de forces contradictoires. L'esprit ne commande pas le corps comme l'âme un capitaine dans le navire corporel, pour reprendre l'image de Platon, mais le désir est une force qui anime la totalité du réel. De même, Dieu ne peut vouloir non plus ce qui advient : la définition que Spinoza en donne interdit de lui prêter le pouvoir de vouloir à la place des hommes, pour eux. Il ne décide pas du destin des humains, car il ne peut vouloir quoi que ce soit.

A Oldenburg, Spinoza écrit que les hommes ne

sont aucunement justiciables de leurs actes car ils sont entre les mains de Dieu – donc de la nature, précisons... – comme la terre entre les mains du potier qui destine les vases à contenir des liquides précieux ou des matières moins nobles. Ce qui advient à chacun découle de la nécessité divine, donc naturelle. L'ensemble se joue au-delà du bien et du mal.

Le Bien n'existe donc pas; le Mal non plus. Pas d'envolées platoniciennes, Spinoza ne croit pas à une idée du bien qui, générale et universelle, fonctionnerait de manière anhistorique. En revanche, il croit qu'existent un Bon et un Mauvais, en lieu et place des vieilles valeurs Bien/Mal. Nous nommons Bon, écrit-il, ce vers quoi nous allons; et Mauvais ce dont nous nous éloignons. Le Bon nomme l'augmentation de la puissance d'agir, à savoir la Joie; le Mauvais, la diminution de cette puissance : la Tristesse. Le bon, c'est donc l'utile, le mauvais, le nuisible.

Le mauvais conduit à la tristesse et à son augmentation. Le remords, la culpabilité, la pensée de la mort, voilà de mauvaises choses. Il ne sert à rien de regretter ce qui a eu lieu et qui ne pouvait pas ne pas avoir lieu, d'une part. D'autre part, regretter un fait, un geste, un mot, un comportement, c'est souffrir deux fois, ce qui est une de trop. De même, faire de la mort un sujet de méditation récurrent, voilà qui entretient en soi les passions tristes. Mieux vaut une méditation de la vie.

13

Que peut le corps? Le Dieu de Spinoza, on l'a compris, n'existe pas comme la figure judéo-chrétienne du justicier. Hors de question, hors sujet... Nul paradis, nul enfer, encore moins de purgatoire ; nul destin post mortem ; nulle vie après la mort ; aucun arrière-monde : le monde spinoziste est un mécanisme dans lequel le libre arbitre n'existe pas et où règne la nécessité naturelle – ou divine, c'est selon... Sans remords, sans culpabilité, doit-on conclure à l'inexistence de toute punition ?

Non, car dans un monde immanent, la punition est immanente. A savoir ? Si le prix de la vertu, c'est la vertu elle-même, le châtiment de la déraison, c'est la déraison. Ne pas jouir de la tranquillité d'esprit de celui qui ne se maîtrise pas, voilà la punition. Cette morale est bien sans obligation, mais elle n'est pas dépourvue de sanction. Celle-ci n'est pas transcendante, et ne procède pas d'une puissance divine, céleste ou magique, mais immanente. Ne pas connaître la joie et la béatitude, ignorer les jubilations et les libertés consubstantielles au bon usage de la raison, voilà la pénitence.

Mais comment faire un usage correct de sa raison si tout est nécessité ? Quelle liberté, si tout arrive selon l'ordre naturel, donc divin ? Peut-on encore imaginer possible une vie sage, en lieu et place d'une vie mauvaise, si le libre arbitre est une fiction ? Dans un monde animé par le désir et la persévérance de chacun dans son être, quid d'un vouloir libre, autonome et indépendant ? La fameuse pierre de la lettre à Schuller pourrait donc infléchir le cours de son chemin et modifier la courbe de sa chute ? Pour résoudre cette aporie, examinons la question du corps et de ses possibilités. La solution de cette apparente aporie s'y trouve.

L'*Ethique* le dit dans un célèbre passage : si l'âme

ou l'esprit ne guident ni ne commandent le corps, comment résoudre le problème du corps qui agit? Qui le commande? Ou plutôt : de quelle manière en arrive-t-il à être et faire ce qu'il est et fait – au lieu d'autre chose? En vertu des lois de la nature, le corps peut beaucoup de choses, et ceci n'a jamais vraiment été dit, pensé ou examiné. « Que peut le corps? » Voilà une question majeure, considérable – et j'ajoute, éminemment moderne.

Le corps spinoziste est antichrétien : aucun dualisme dans la pensée de Spinoza, aucune âme immatérielle, incorruptible, éternelle, aimable et vénérable, entendue comme une parcelle de la divinité à même de nous relier à Elle, aucune chair corruptible, peccamineuse, corrompue, mortelle, détestable. Mieux : aucune schizophrénie, aucune séparation illogique obligeant aux contorsions cartésiennes sur la glande pinéale pour prétendre résoudre le problème de l'union de la substance étendue et de la substance pensante.

Car il n'y a pas deux substances séparées, distinctes, irréconciliables par nature, mais deux modalités d'une même substance : Dieu, la nature, qu'on peut simultanément, consécutivement, considérer sous l'angle de l'étendue, la chair, ou de la pensée, l'âme (Spinoza ne parle jamais d'âme, « *anima* », il parle d'esprit, « *mens* »), mais qui disent la même chose, car c'est la même chose. Le corps est l'âme; l'âme est le corps. Question de point de vue métaphysique. Le corps est l'objet de l'esprit; l'esprit, l'idée du corps.

A la mort d'un individu, sa substance demeure, pas ses modalités. En tant qu'un corps procède non pas de l'étendue, mais de la pensée, en tant que cette pensée ne peut se séparer de Dieu, puisque c'est aussi la Nature, il existe une éternité, un certain type d'immortalité. Non pas le corps physique, réel, repérable, le visage, la silhouette, l'allure, non pas la forme ou les attributs, mais la substance de ce corps qui, elle, est incorruptible donc nullement concernée par la mort.

14

Sous le signe d'Epicure. Le monisme de Spinoza n'est pas pour autant un matérialisme. Il existe dans l'œuvre de ce grand moderne des traces de scolastique lourdes et encombrantes. Le vocabulaire de l'*Ethique* oblige nombre de fois à composer avec des « substances » et des « attributs », des « causes » et des « effets », des « modes » et des « essences », des « actes » et des « puissances », des « qualités » et des « quantités », des « espèces » et des « genres », et autres concepts de la philosophie médiévale qu'il connaissait très bien et maniait avec une grande dextérité intellectuelle.

On chercherait en vain chez Spinoza les mots du registre matérialiste : pas de « matière », d'« atomes », de « particules », pas de « clinamen » bien sûr, nulle référence dans l'*Ethique* à Démocrite, Epicure ou Lucrèce. Le philosophe échappe là encore aux catégories habituelles de l'histoire de la philosophie : il n'est pas idéaliste, pas spiritualiste, pas matérialiste, pas atomiste. Sa substance reste assez obscurément moyenâgeuse en regard de la théorie atomique d'un Lucrèce par exemple.

Si l'on voulait recourir au terme de « matérialiste » il faudrait le tempérer de manière oxymorique et parler d'un matérialisme vitaliste. Et là encore, il faudrait prendre soin de définir cette Vie à laquelle l'expression renvoie. Elle pourrait nommer ce désir qui parcourt l'ensemble de ce qui est, ce « conatus » qui contribue à l'être, à la durée, à la manifestation, à la dynamique, à l'augmentation, à la dialectique, à la persévérance, à l'affirmation, à l'énergie du réel sous toutes ses formes.

Si Spinoza n'est donc pas matérialiste au sens classique du terme, il confie pourtant à Hugo Boxel une idée cardinale car elle montre qu'il a saisi que l'histoire de la philosophie est traversée par deux lignes de force contradictoires et nettement identifiables. Il semble tant récuser l'une qu'on pourrait l'imaginer compagnon de route de la seconde ! Il s'agit des fameux spectres. Bien sûr, Spinoza n'y croit pas, et il répond à son interlocuteur n'être pas étonné que des philosophes qui ont abondamment eu recours « aux qualités occultes, aux espèces intentionnelles, aux formes substantielles et mille autres niaiseries » aient pu croire pareilles inepties. Or, qui sont ces philosophes ? « Platon, Aristote, Socrate etc. »... On aimerait savoir ce qui se cache derrière ce laconique « etc. »...

En revanche, Spinoza précise que Boxel pourrait mobiliser d'autres philosophes pour sa cause. Lesquels ? « Epicure, Démocrite et Lucrèce, ou l'un des atomistes et partisans des atomes ». Sous sa plume, avare de renvois aux grands noms de l'histoire de la philosophie, la remarque mérite un arrêt. Car il ajoute que les philosophes de ce premier lignage enviaient tant la gloire de Démocrite « qu'ils ont brûlé tous les livres publiés par lui ».

L'information n'est pas juste, encore qu'elle ne soit

qu'à moitié fausse : Diogène Laërce le précise : Platon en eut l'intention, mais deux philosophes l'en dissuadèrent, arguant de trop d'exemplaires en circulation pour que l'autodafé produise vraiment des effets. Mais l'idée est bien là : Platon l'idéaliste contre Démocrite le matérialiste, deux façons de philosopher irréductibles pour l'éternité. Spinoza ne professe pas un ralliement à la philosophie abdéritaine, mais il fustige Platon car sa philosophie permet de cautionner ces fameuses « niaiseries » que sont les spectres, certes, mais aussi la virginité de Marie ou les miracles des saints...

Etrange Spinoza ! Son matérialisme sans matière, son Dieu sans transcendance, son hédonisme sans corps, son épicurisme sans atomes, son éthique sans morale, sa religion sans dogmes, son éternité sans arrière-mondes, sa liberté sans libre arbitre, son désir sans chair, ses vertus sans devoir, voilà une étrange pensée oxymorique ! Donc baroque.

15

Guerre aux passions tristes. L'*Ethique* propose également une physique des passions et une mécanique des sentiments. Le corps est affecté par des passions qui augmentent sa puissance d'agir ou la diminuent. Les sentiments dans leur diversité procèdent tous de la combinaison de trois d'entre eux, primitifs et fondamentaux : le Désir, la Joie et la Tristesse. On le sait, le désir définit « l'appétit accompagné de la conscience de lui-même » ; la joie est la passion par laquelle l'esprit passe à une plus grande perfection ; la tristesse, à rebours, à une perfection moindre. Que faut-il viser ? D'une part : le refus des passions tristes ; d'autre part : l'augmentation de sa perfection : la Joie. Comment mieux définir l'hédonisme de Spinoza ?

Que sont donc les passions tristes ? La honte, la haine, le mépris, la douleur, la mélancolie, l'horreur, l'aversion, la dérision, le désespoir, le dédain, la crainte, l'humilité, la déception, le respect, la pitié, l'appréhension, l'indignation, la pudeur, l'envie, la stupeur, la colère, la vengeance, le blâme, la cruauté, le repentir, la dépréciation de soi et la jalousie. Voilà le mauvais qui amoindrit ma puissance d'être, mon adhésion vitale au monde et au réel. Sans conteste, il faut se détourner de ces invitations à décroître dans son être.

En revanche, il faut consentir à la Joie que définit toute passion qui augmente ma puissance : la gloire, l'admiration, la gaieté, la vénération, l'amour, la dévotion, l'espoir, la reconnaissance, la gratitude, la sécurité, l'amour-propre, le contentement, l'inclination, la faveur, l'orgueil, la louange, la miséricorde, la satisfaction intérieure, la moquerie (!). Autant de vertus qui élèvent.

On s'en doute, cette typologie des passions prend à rebours les vertus judéo-chrétiennes : vouloir l'amour de soi, la considération de sa personne, le rapport joyeux et heureux au monde, viser l'expansion de sa force dans un exercice d'admiration à la vie, tout cela fâche les tenants de l'idéal ascétique chrétien. D'autant que Spinoza récuse ce qui deviendra sous la plume freudienne la pulsion de mort retournée contre soi (honte, crainte, humilité, repentir, etc.), contre autrui (haine, envie, vengeance, colère, cruauté, jalousie, etc.) et contre le monde (douleur, mélancolie, horreur, appréhension, etc.). Et que les trois monothéismes chérissent la pulsion de mort...

Dans la quatrième partie de l'*Ethique,* Spinoza stigmatise « une sauvage et triste superstition qui interdit de prendre du plaisir », car en augmentant notre joie, notre perfection augmente. Ce qui peut aussi se lire ainsi : en augmentant notre tristesse, notre perfection diminue. Participer de la Nature, donc du Divin, génère un sentiment de joie et de béatitude. Au nom de quoi s'interdire cette abondance de vitalité ?

Quelques lignes plus loin, Spinoza brosse le portrait de l'homme sage qui sait réparer ses forces – toujours une physique des états et une mécanique des puissances... – en ayant recours à la nourriture et à la boisson, un être qui profite des parfums, des plantes vertes (!), des parures, de la musique, des jeux du gymnase, des spectacles, etc. « Cette manière de vivre, écrit-il, est la meilleure et la plus recommandable »... Nouvelle profession de foi hédoniste ! Cette fois-ci moins théorétique et plus pragmatique.

Par-delà le Bien et le Mal (judéo-chrétien) n'empêche donc pas un Bon et un Mauvais (spinoziste, donc hédoniste). Habituellement nous appelons bon ce que nous désirons, ce vers quoi nous allons, et mauvais ce qui nous donne de l'aversion. L'éthique de Spinoza est conséquentialiste et nominaliste, non pas prescriptive, mais descriptive. La vertu et le vice (des mots absents dans l'œuvre du philosophe) supposent l'utilité. Est bon ce qui sert le projet hédoniste, en l'occurrence l'augmentation de ma puissance d'être ; et mauvais ce qui le dessert.

16

Raison et béatitude. L'esclave obéit à ses passions et à ses sentiments. Il en est le jouet et subit leur loi sans conscience, sans connaissance. En revanche l'homme libre se soumet à sa raison. Or la raison veut que chacun s'aime et cherche l'utile pour lui. A avoir d'abord ce qui lui permet de persévérer dans son être, ensuite ce qui augmente en lui sa puissance et sa perfection : adhérer de manière jubilatoire à son être au monde.

Où, quand, et comment l'homme soumis à la nécessité peut-il donc bien recouvrer sa liberté ? Comment l'individu obéissant au destin, donc à Dieu, donc à la Nature, a-t-il les moyens de contrarier cette logique ? En la connaissant, puis en y obéissant. Le salut s'effectue dans, par et pour le savoir : quiconque sait ce que sont Dieu, les autres, le réel, la nature, le monde, quiconque connaît les mécanismes de chacune de ces instances, celui-là accède à la liberté, il dispose des moyens de se créer liberté.

D'abord fragment aveugle de la totalité identifiable à Dieu et à la nature, l'individu devient fragment conscient de son état de dépendance au Tout. Dans cette conscience de soi, dans cette connaissance de sa nature divine et de ses modalités, l'individu accède à un état nouveau qui le transforme en être pour la vie, et non plus en être pour la mort. Informé de sa place dans le monde, il y consent sachant qu'il dispose d'une marge de manœuvre très réduite et limitée, mais suffisante pour produire d'immenses effets :

savoir qu'on peut vouloir la Joie et refuser la Tristesse pour orienter son désir vers la connaissance des vérités qui génèrent la béatitude.

La béatitude arrive quand on a choisi la raison, autrement dit opté pour la droite manière de vivre, orientée vers l'augmentation de sa puissance. Dès lors, établissons pour conclure une série d'équivalences : vivre sous la conduite de la raison, c'est pratiquer la vertu; vivre selon les lois de la nature, comprendre et connaître Dieu, acquérir la liberté, pratiquer la véritable religion, c'est être moral, honnête, juste et bienheureux; conserver son être en recherchant ce qui nous est utile, c'est s'approcher de la joie et du bien, réaliser enfin son salut. La béatitude n'est pas récompense de la vertu, mais vertu elle-même. Elle s'obtient uniquement par la pratique de la philosophie qui permet à chacun de découvrir qui il est, ce qu'est Dieu, donc le Monde – trois modes d'être d'une semblable réalité. CQFD !

Conclusion

LE CRÉPUSCULE DE DIEU

1

La force des libertinages. Le Grand Siècle affiché, officiel, mondain et montré, on le sait, présente dans sa galerie de grands hommes des philosophes spiritualistes et dualistes, des abbés et des évêques, des quiétistes et des chrétiens, des jansénistes et des mystiques, des fondateurs d'ordre et des furieux d'apologétique. Tout ce beau monde communie dans un siècle dit classique où triomphent équilibre et harmonie, symétrie et consonance, en un mot : l'ordre. Descartes, Pascal, Malebranche, Fénelon, François de Sales, Bossuet, Boileau, Corneille, Racine. Entendu...

Mais le même siècle, fort heureusement, se trouve travaillé par d'autres forces. Isolons trois de celles-ci, dont deux nous sont désormais mieux connues : le *libertinage baroque* donc, puis *Spinoza et le spinozisme*, mais aussi la *force anonyme libertaire* qui fleurit partout, dans la rue, les cabarets, les lieux publics où la parole se perd par défaut de trace écrite, dans les chansons, les poèmes, les diatribes populaires, mais aussi, fort heureusement consignée par écrit dans nombre de registres dits littéraires et, surtout, dans la circulation de manuscrits anonymes d'une radicalité sidérante et d'une diffusion large autant qu'efficace.

Quelques mots de retour en forme de synthèse sur le libertinage baroque : des plus prudentes assertions fidéistes de Pierre Charron aux plus audacieuses propositions panthéistes de Cyrano de Bergerac en passant par de savants alliages et doctes combinaisons de précaution et de radicalité, chez Gassendi par exemple, la constellation des philosophes baroques, malgré leurs divergences, se retrouve a minima sur deux ou trois points incontestables : d'abord l'élargissement de la raison et son usage méthodique, scientifique et expérimental; puis, conséquence de cet usage plus large, plus grand, plus libre, une critique de la religion entendue comme entrave au libre exercice de son intelligence critique.

Bien sûr, on épargne Dieu en tant que tel. Le Dieu des philosophes l'emporte de loin sur celui d'Abraham, d'Isaac et de Jacob. Chacun s'arrange avec cette puissance et, selon ses options – fidéiste, déiste, panthéiste –, se concentre sur l'ici et maintenant. En épargnant Dieu, les philosophes laissent entendre qu'il serait bienvenu que Dieu épargne les hommes. Chacun chez soi, même si la guerre n'est pas encore déclarée avec Dieu lui-même... On sent que cette relégation épistémologique annonce un combat à venir. Cette retraite de Dieu prend date sur une future gestion athée de ce problème. L'ensemble du courant libertin baroque contribue à une dialectique désormais connue de cheminement vers la mort de Dieu. Le Ciel s'éloigne, la Terre devient le seul horizon. La morale accède à un statut immanent : on édicte des règles pour ici et maintenant, entre les hommes, par les hommes, et pour les hommes.

Même brève synthèse sur Spinoza : le spinozisme a évidemment besoin de la mort du philosophe pour exister pleinement. Le spinozisme embryonnaire de la fin du Grand Siècle irrigue la totalité des Lumières. Par nombre de points de convergence, Spinoza peut être lu comme un libertin baroque : sa revendication d'une liberté d'analyse totale, absolue, sur tous les domaines, sans exception, définit le souci premier du libertin : l'affranchissement; l'usage libéré de la raison, y compris sur le terrain de la monarchie et du christianisme; l'abandon des modèles théologiques au profit du modèle scientifique, géométrique en l'occurrence; la proposition d'une morale par-delà le bien et le mal, définitivement débarrassée du ciel et soucieuse des seuls effets produits sur terre; le rôle cardinal joué par la nature dans l'économie d'une éthique eudémoniste, voire hédoniste – joie, plaisir, béatitude identifiés au souverain bien; la considération pacifiée du corps et de la chair dans la sagesse pratique; la séparation – bien avant Kant! – des registres de la Foi et de la Raison, de la Théologie et de la Philosophie, du spirituel et du temporel; voilà qui fait de Spinoza un penseur baroque et libertin dont la force de frappe philosophique décuple celle des libertins français éclipsés par la gloire de Descartes.

2

L'esprit libertin du temps. A ces deux forces qui travaillent le Grand Siècle – libertins baroques et Spinoza –, ajoutons l'esprit de l'époque visible dans les productions intellectuelles. Certes, la vie quotidienne des anonymes, leurs faits et gestes, leurs pensées, les discours tenus par eux dans les chaumières sans mémorialiste, sans témoin pour consigner ces propos dans les annales, oblige à laisser à l'historien des mentalités la description de l'esprit libertin de l'époque.

Pourtant, on imagine un peu à quoi il ressemble en lisant quelques mines : les *Historiettes* de Tallemant des Réaux, les *Mémoires* de Saint-Simon, du moins pour les premiers volumes concernant la queue de cette époque, l'*Histoire amoureuse des Gaules* de Bussy-Rabutin, mais aussi nombre de correspondances. On peut également dépouiller des recueils de chansonniers, tout autant que les œuvres de Retz, lire la poésie de Théophile de Viau, les romans de Sorel ou Scarron, les sublimes *Fables* de La Fontaine, le théâtre, et pas seulement celui de Saint-Evremond ou de Cyrano de Bergerac. L'ensemble témoigne : le Grand Siècle ne se réduit pas à la peinture religieuse de Simon Vouet, il est aussi l'abondance de chairs, de pampres et de vin d'un Rubens !

On trouve dans ces ouvrages une époque qui aime le vin, les femmes, la vie, la littérature, la musique, la chanson, l'amitié, la conversation, tout ce que la religion chrétienne poursuit de ses foudres. Certes le XVIIe siècle n'est pas athée, mais il conduit vers l'athéisme. D'où son combat moins dirigé contre Dieu, relativement épargné, que contre la religion, très exposée et, pour tout dire, attaquée de toute part. L'anticléricalisme, l'antireligion, l'antichristianisme se soucient moins de nier l'existence de Dieu, textuellement introuvable au Grand Siècle, que de saper les effets de la religion dans le quotidien. On récuse moins la puissance de Dieu que le pouvoir exprimé en son nom.

L'époque croule sous les niches de potache, les provocations infantiles, les clowneries en bande dirigées contre les curés, les prédicateurs, les processions, etc. Des Barreaux, l'homme de l'omelette au lard, charrie le Père Garasse, ce jésuite furieux, l'auteur fulminant de la perfide *Doctrine curieuse*, au sortir de son prêche ; il chante des chansons à boire lors d'un prêche protestant ; il décalotte un prêtre qui porte le corps du Christ afin de lui apprendre la politesse ! Bussy-Rabutin, dit-on, déterre des cadavres pour les faire danser ; le prince de Condé, flanqué de l'abbé Bourdelet et de la Princesse palatine, tâche (vainement, précise le rapporteur de l'anecdote...) de faire brûler un (gros) morceau de la (vraie) croix : le même charge le crucifix porté en tête de procession par un curé au cri de : « voilà l'ennemi ! » ; le maréchal de Fervaques, quant à lui, administre un clystère d'eau bénite à une nonne... possédée ; le cardinal de Retz improvise une messe dans l'enceinte d'un jeu de paume, puis baptise des chiens avant de les marier ; Ninon de Lenclos, l'inoxydable amie de Saint-Evremond, esquisse un pas de danse quand on lui parle d'oraison ; et passim... On n'en finirait pas de relever les anecdotes, bons mots, traits d'esprit, voie de fait contre le jeûne et le carême, les hosties et le saint sacrement, les saintes huiles et les processions, sinon la gent cléricale ! Dieu reste globalement épargné, mais pas ceux qui le servent, y croient ou s'en réclament...

3

La pensée clandestine. Au milieu de tout ce brouhaha libertin circulent des manuscrits clandestins : *L'Ecole des filles,* superbe texte d'un Sade solaire, *Theophrastus redivivus, Les Trois Imposteurs* ou *L'Esprit et la Vie de Monsieur Spinoza* parmi d'autres. Des textes sans nom d'auteur, souvent avec de fausses dates et des références farfelues à des imprimeurs ou éditeurs. L'avantage saute aux yeux : on évite les poursuites et les affaires avec la justice, du moins avec les forces de l'ordre à la botte des chrétiens. La pensée s'y exprime plus clairement, les mots y apparaissent sans fioritures, les thèses se manifestent au grand jour du papier.

Pourtant, malgré cette liberté radicale permise par l'anonymat, on ne trouve toujours pas de textes franchement athées. La thèse très répandue dans le milieu universitaire des spécialistes en libertinage d'une écriture à double entrée ne tient pas : que la persécution entraîne des incidences sur l'art d'écrire, on peut le penser, mais si l'on est exposé et que l'on risque gros. Que craindre, en effet, en restant dans l'anonymat ? Pourquoi dès lors parler de précaution dans la formulation ? Ce qui est écrit c'est ce qui est pensé, voilà tout. Au XVIIe siècle, l'athéisme n'existe pas, ni larvé, ni en douce, ni caché, ni dissimulé, ni entre les lignes. Dieu vit ses dernières heures, la religion s'effondre, mais on ne peut encore parler de mort de Dieu.

4

L'exception de l'apostat zen. Brillant de tous ses feux, dans ce siècle de libertins tous azimuts, on trouve une pépite ignorée des philosophes : un bref texte d'une soixantaine de feuillets intitulé *La Supercherie dévoilée*, signé Cristovao Ferreira (1580-1650). Le texte paraît en 1637, la date, rappelons-le, de la parution du *Discours de la méthode*. Pendant que Descartes ménage la chèvre monarchiste et le chou catholique, ce jésuite portugais missionnaire au Japon, raflé par l'équivalent de l'Inquisition, échappe à la mort, mais pas à la torture, en écrivant cette rétractation qui constitue le texte le plus proche de la destruction intégrale du christianisme, donc le plus au bord de la naissance de l'athéisme. Mais, pour en faire le premier manifeste athée, il faudrait l'amputer des quelques lignes de fin où l'auteur avoue avoir changé de religion par sa conversion au bouddhisme zen. Le boulet ne passe pas bien loin, ce jésuite faillit avoir eu l'honneur d'être le premier théoricien de la négation de Dieu... A défaut, il a le premier porté le fer au plus loin dans le corpus chrétien. Jugeons-en.

Voici la liste des thèses visionnaires et subversives de ce philosophe ignoré par toutes les histoires de la philosophie – et des religions : Dieu n'a pas créé le monde qui existe de toute éternité ; l'âme est mortelle, périssable ; l'enfer n'existe pas, ni le paradis, ni le péché originel, ni la prédestination ; les enfants morts avant le baptême ne sont pas coupables ; le christianisme est « une pure invention » ; le Décalogue, une sottise contraire à la raison ; il critique le pape qui justifie la conquête violente de nouveaux territoires et la spoliation des peuples indigènes, puis mène une politique cupide contraire aux intérêts du peuple ; il critique le paiement de messes et les indulgences ; de même l'excommunication, les interdits alimentaires du jeudi saint ; il envisage la virginité de Marie comme une fable, même chose pour les Rois mages ; il récuse les sacrements, baptême, confession, eucharistie ; il trouve « inouï » qu'on croie au Jugement dernier ; « déraisonnable », « ridicule », « scandaleux » la croyance à la résurrection de la chair ; enfin, régulièrement, il en appelle à la raison – en ignorant l'usage qu'en fait Descartes dans son poêle... – pour affirmer à maintes reprises l'incompatibilité absolue entre la religion, les histoires de foi, les fables chrétiennes et l'usage sain d'une raison correcte... Le tout sur une poignée de pages d'un fascicule, véritable dynamite pour l'Occident chrétien !

5

Philosopher sous le manteau. On ne sache pas que ce texte ait traversé les océans puis gagné la terre européenne. En revanche, un anonyme ose lui aussi, vers 1659, un texte audacieux qui joue au XVIIe siècle le rôle de synthèse des thèses du libertinage dit érudit. Il s'agit du *Theophrastus redivivus* – *Théophraste rendu à la vie*, ou, plus moderne : *Théophraste, le retour...* – un épais livre de mille cinq cents pages manuscrites en latin, jamais intégralement traduit en français !

Dans ces pages, l'auteur inconnu ne ménage pas la

religion, les religions, certes, mais il n'avoue aucun athéisme, ce que lui permettrait pourtant l'anonymat. Bien mieux, il revendique une étrange position rhétorique : celle de l'individu chrétien qui pointe la pensée athée, en donne les détails, explique, raconte, montre, mais dans le dessein avoué, dès l'introduction, de permettre aux théologiens d'affûter plus correctement leurs armes... Ironie ? Supercherie ? Dissimulation ? Mensonge ? Ou réelle position qui témoignerait de l'esprit du siècle : un tiraillement entre la critique du christianisme orthodoxe et le sentiment de l'existence pourtant, malgré tout, d'une transcendance ? A défaut de plus amples informations sur l'auteur, on ne conclura pas...

Ce boutefeu prétendument papiste entame donc un combat qui réjouit l'historien de l'athéisme : il affirme la réalité d'une pensée athée, en donne le détail, réfute les preuves de l'existence du Dieu des chrétiens, critique les oracles, les prophéties et les miracles, il affirme le caractère douteux de l'authenticité des Evangiles, il sape les articles de foi, démonte l'Eucharistie, la Trinité, le Purgatoire, il transforme l'Enfer et le Paradis en pures et simples allégories, il fustige le culte des saints et des reliques, il enseigne l'inexistence d'une âme immortelle, il réfute la divinité du Christ, il dénonce les papes... De fait, voilà un chrétien pas très catholique...

Par ailleurs, il donne des recettes humaines, très humaines, pour vivre avec la mort, bien mourir, et, en passant, justifie le suicide. Un peu de stoïcisme... En eudémoniste modéré, il souhaite qu'on n'entretienne pas un culte à la vie : ni trop, ni trop peu, se contenter, plein de bons sens, de vivre au jour le jour, à chaque jour suffisant sa peine. Un peu d'épicurisme...

Il invite à suivre la nature, bonne conseillère, à jeter par-dessus bord tout souci d'honneur, d'argent, de richesse. A quoi il ajoute une mise en accusation des sciences, des lois, de la technique, de la religion bien sûr. Un peu de cynisme ancien... Il célèbre la frugalité, la pauvreté, l'autonomie du sage, l'indépendance, la vie libre à l'écart des autres. Beaucoup de sagesse pratique en provenance directe de l'agora et du forum...

Dieu n'est pas explicitement nié, il est même peu ou prou assimilé au soleil qui donne la vie et, avec les autres astres, détermine la destinée de chacun. Un peu de panthéisme... N'hésitant pas à établir le thème astral du Christ, l'auteur invite à adhérer aux lois de la nature, ce qui découle de ses positions astrologiques. L'ouvrage étonne la critique érudite qui ne retrouve pas ses points de repère : pas vraiment athée, antichrétien revendiquant une posture chrétienne, touffu d'érudition sans idée originale, plutôt créateur d'un assemblage qui manifeste assez bien l'esprit du temps et l'énergie libertine critique qui traverse le siècle.

6

L'effet Spinoza. Parmi les textes anonymes, il existe un serpent de mer intitulé *Traité des trois imposteurs,* autrement dit Moïse, Jésus, Mahomet. Le texte princeps pourrait remonter au Moyen Age. On ne lui connaît pas d'auteur, même si les attributions ont été nombreuses. Le manuscrit, copié, recopié, a été amendé en fonction des époques et de leurs intérêts. A l'origine, semble-t-il, l'ouvrage regorge de références à l'Antiquité. La version datée des alentours de 1645 est explicitement travaillée par le pyrrhonisme, signe distinctif, on le sait, du travail libertin.

Autres points communs avec les libertins baroques, une option élitiste du savoir réservé aux seuls érudits, loin de la populace à qui l'accès demeure déconseillé à cause de la charge potentiellement destructrice de lien social ramassée dans le corpus libertin; de même, sur le terrain de la religion, Dieu ne s'y trouve pas nié, mais la religion démontée selon les principes lucrétiens. Les deux thèses fusionnent dans cette autre position : la religion procède de l'imposture, certes, mais elle est fatale et nécessaire. Au siècle suivant, Voltaire ne pense pas autrement...

L'édition baroque du livre propose un théisme réduit aux acquêts : on ne peut définir Dieu autrement que négativement, par supputations sans grand rapport avec la raison. Son essence semble inatteignable par des moyens humains. Voilà donc Dieu à l'abri des épreuves de l'intelligence humaine. Deux ou trois piliers de la religion concentrent les attaques : la foi, associée à l'intérêt bien trivial d'une récompense post mortem; le choix du bien, soumis à l'espoir d'un bénéfice social ou à l'évitement d'une sanction publique; les miracles, inconciliables avec un exercice minimal de la raison, sinon du bon sens. A quoi s'ajoute une démonstration en règle que la religion sert d'abord à légitimer le pouvoir politique.

La version de 1712, probablement très augmentée et très remaniée selon le goût du jour et l'esprit du temps, paraît sous un titre nouveau : *L'Esprit de M. Benoît de Spinosa* précédé d'une biographie : *La Vie de M. Benoît de Spinosa.* On y trouve un franc et net éloge de la raison et de la loi naturelle. Des passages de Pierre Charron sont repérables, ainsi que des références à Vanini, Hobbes, Naudé et Spinoza bien sûr. Les éditions anciennes et celle-ci défendent cette même idée que la religion est une imposture, certes, mais diffèrent sur un point majeur : la version qui paraît à l'orée du XVIIe siècle porte déjà en elle les potentialités des Lumières et ne se résout pas à l'idée que cette imposture puisse durer toujours.

D'où la nécessité d'agir à la manière de Spinoza. Dès lors, le philosophe inconnu lance la raison contre tout ce qui lui paraît suspect : la religion, Dieu, le christianisme, mais aussi l'ordre social qui s'en réclame. Le Dieu du philosophe hollandais permet ce progrès dans l'Histoire. La lecture de l'*Ethique* s'effectue désormais dans la direction d'un *matérialisme athée*. Certes, le *monisme panthéiste* de Spinoza a été mis de côté, puis dépassé. Mais on ne peut empêcher cet infléchissement. L'histoire de cet infléchissement constitue très exactement l'aventure du matérialisme sensualiste et de l'utilitarisme français de ceux que j'appelle les « ultras des Lumières » – à savoir l'abbé Meslier, La Mettrie, Maupertuis, Helvétius, d'Holbach et Sade. A suivre donc...

BIBLIOGRAPHIE

L'envers, l'avers, l'autre. On parle généralement du Grand Siècle pour caractériser le XVIIe. Michelet, quant à lui, utilise l'expression pour qualifier le XVIIIe... Grand? Pour le catholicisme et la monarchie, oui. Mais les auteurs choisis et prélevés dans le corpus pour fabriquer ce siècle sur mesure disposent de puissants antidotes dans le même siècle que, pour ma part, à défaut de « grand » je préfère appeler « baroque ». René Pintard ouvre son travail célèbre intitulé *Le Libertinage érudit dans la première moitié du XVIIe siècle*, Slatkine, 1943, réédition 1983 – une référence encore aujourd'hui pour le meilleur (le défrichage) et le pire (les présupposés idéologiques) –, par un chapitre intitulé « L'envers du "Siècle des Saints" ». Avant lui, Félix Gaiffe avait publié *L'Envers du Grand Siècle*, Albin Michel, 1924. Beau titre pour un livre très anecdotique. Trop même.

Travaux anciens sur l'ensemble de l'époque : F.T. Perrens, *Les Libertins en France au XVIIe siècle*, Calmann-Lévy, 1899. J.S. Spink, *La Libre Pensée française de Gassendi à Voltaire*, traduit par Paul Meir pour le compte des Editions sociales en 1966. Antoine Adam, *Histoire de la littérature française au XVIIe siècle*, cinq volumes, voir plus particulièrement le premier : « L'époque d'Henri IV et de Louis XIII », Domat, 1956, un chapitre consacré à « Erudits et philosophes » sur le cercle des frères Dupuy, Pierre Gassendi, l'Académie Putéane, François de La Mothe Le Vayer, Gabriel Naudé et René Descartes. Du même Antoine Adam, *Les Libertins au XVIIe siècle*, textes choisis et présentés, Buchet-Chastel, 1964.

Pour une lecture plus alternative du siècle, voir *Histoire littéraire de la France*, Editions sociales, tome II, « De 1600 à 1715 ». Ce travail collectif mené sous la direction de Pierre Abraham et Roland Desné offre une bonne mise en perspective des biographies, des pensées, des œuvres et de l'histoire. Sur les conditions et tendances de la création littéraire, le contexte politique, la langue à l'époque, la situation matérielle et sociale des écrivains, le baroque, la libre pensée, etc., Georges Dupeyron a rédigé le chapitre sur Cyrano et les libertins, Roland Desné sur Saint-Evremond, François Hincker sur Fontenelle.

*
* *

Portraits du libertin. Difficile exercice. Où y a-t-il libertinage? Et quand? D'ailleurs : libertinage ou libertinisme? Les actes du colloque international de Sommières, *Aspects du libertinisme au XVIe siècle*, Vrin, 1974, s'ouvrent sur un article très documenté de Jean-Claude Margolin,

« Réflexions sur l'emploi du terme libertin au XVIe siècle ». Suit un texte de Charles Béné, « Erasme et le libertinisme ».

Intéressante synthèse de Françoise Charles-Daubert qui, en bout de course d'un petit livre ayant pour titre *Les Libertins érudits en France au XVIIe siècle*, PUF, 1998, brosse en trente et un points un portrait du libertin érudit, pages 113-114. Sur Molière, ami des libertins et de Gassendi entre autres, voir Olivier Bloch, *Molière/Philosophie*, Albin Michel, 2000. Lire ou relire le *Dom Juan* bien sûr !

Une revue est exclusivement consacrée à ces questions par l'Institut Claude-Longeon, *Libertinage et Philosophie au XVIIe siècle*, aux Presses de l'Université de Saint-Etienne, 6 volumes parus, « La Mothe Le Vayer et Naudé » : numéro 2, 1997 ; « Le public et le privé » : numéro 3, 1999 ; « Gassendi et les gassendistes » et « Les passions libertines » : numéro 4, 2000 ; « Les libertins et le masque : simulation et représentation » : numéro 5, 2001 ; « Libertins et esprits forts du XVIIe siècle : quelques modes de lecture » : numéro 6, 2002 ; « La résurgence des philosophies antiques » : numéro 7, 2003. Universitaire, très universitaire...

Enfin, il faut par nécessité plonger dans l'océan d'immondices du Père Garasse, jésuite inventeur de la propagande, du dénigrement et de la littérature de combat philosophique : *La Doctrine curieuse des beaux esprits de ce temps, ou prétendus tels*, etc. Réédition prévue aux éditions Encre marine. La mauvaise réputation des libertins procède de cette entreprise de dénigrement systématique et d'insultes ad hominem. L'historiographie classique a beaucoup puisé dans ce vivier perfide pour déconsidérer le courant libertin...

La préface de Jacques Prévot, à qui l'on doit l'édition des deux tomes des *Libertins du XVIIe siècle*, Pléiade, Gallimard, mérite d'être lue pour un examen critique des textes qui entrent dans le corpus libertin – poèmes, fictions, extraits de Gassendi, pour le bilan et l'état des recherches sur le mot même de libertin. Questions ouvertes... Voir aussi en Pléiade la préface de l'inévitable Antoine Adam sur les *Romanciers du XVIIe siècle* – Charles Sorel, Scarron, Furetière, Mme de La Fayette.

*
* *

Pliures baroques. Je préfère aborder cet autre grand siècle avec les catégories du baroque : philosophie baroque, penseurs baroques, libertins baroques. Pour approcher la définition problématique et contradictoire de ce terme : Eugenio d'Ors, *Du baroque*, traduction Agathe Rouart-Valéry, pour Gallimard en 1935. Le texte propose vingt-deux acceptions du terme « baroque », de la préhistoire à l'immédiat après-guerre. Définition historique et anhistorique du mot. Voir aussi, plus dogmatique, Wolflin, *Renaissance et Baroque*, Poche Pluriel, qui transforme le baroque en moment décadent de chaque période de l'histoire de l'art.

Pour un abord philosophique de la question, se reporter à

l'indispensable ouvrage de Gilles Deleuze, *Le Pli. Leibniz ou le baroque*, éditions de Minuit, 1988. Définitions du terme, passages brillants sur la poésie de Mallarmé, la peinture de Pierre Hantaï, la musique de Pierre Boulez et, bien sûr, la philosophie de Leibniz. Voir également de Christine Buci-Glucksmann, *La Folie du voir. De l'esthétique baroque*, Galilée, 1986.

*
* *

In memoriam Pierre Charron. Pierre Charron souffre de la mauvaise réputation fabriquée par Garasse. L'historiographie reprend les ragots de ce perfide jésuite pendant des siècles : amateur de petits garçons, père de nombreux enfants abandonnés, vêtements luxueux, train de vie extravagant et autres calomnies sans fondements. Même chose pour son absence de pensée propre, Charron se serait contenté de découper Montaigne et de le recoller sans citer ses sources, de piller les *Essais*, de n'avoir pas une idée originale, de mettre de la lourdeur dans une œuvre qui excelle dans la légèreté, etc.

Ces bêtises se retrouvent malheureusement chez les auteurs pillards de leurs prédécesseurs, par exemple dans Paul Bonnefon, *Montaigne et ses amis* – mêmes sottises sur Marie de Gournay... –, Armand Colin, 1898, tome II, un ouvrage heureusement épuisé. Malheureusement on retrouve tout cela dans nombre de livres ou de textes, dont le fourre-tout de Maurice de Gandillac qui exécute Montaigne et Charron dans un exercice de style pour classes terminales, mais publié dans *Histoire de la philosophie*, Pléiade, tome II, « La Renaissance, l'âge classique, le siècle des Lumières, la révolution kantienne », voir son *La Philosophie de la « Renaissance »*, pp. 3-336.

On lira avec profit le très honnête travail de Michel Adam, *Etudes sur Pierre Charron*, Presses Universitaires de Bordeaux, 1991, un recueil d'articles consacrés à ce philosophe qui fut l'homme et le sujet de sa vie. Belles analyses sur les rapports de Charron à son temps, ses choix philosophiques, la vertu de prud'homie, la relativité des lois. J'eus plaisir à converser avec ce charmant vieux monsieur sur son héros dans le bureau de Denis Mollat à Bordeaux. Dans la ville où il enseignait.

Rien ne remplace la lecture directe du texte, *De la sagesse*, un quasi-dictionnaire de 887 pages édité par le Corpus des œuvres de philosophie en langue française, Fayard, 1986. La langue n'est pas modernisée, l'orthographe non plus, les citations pas traduites, aucune note, pas de préface – c'est le parti pris de la collection, ce qui ne rend pas la progression facile. On comprend que, devant la tâche, nombre de rédacteurs de notices pour dictionnaires, histoires et autres encyclopédies de philosophie, préfèrent piller les articles de leurs confrères passés. Ainsi, des erreurs cent fois répétées deviennent des vérités universitaires. Economiser tout ce monde, et aller au texte.

Dans les cahiers *Libertinage et Philosophie au XVIIe siècle*, numéro 7, voir

Christian Nadeau, « Sagesse “sceptique” de Charron ? L’articulation du scepticisme et du stoïcisme dans *De la sagesse* de Pierre Charron », pp. 85-104. Et puis, sous la direction de Pierre-François Moreau, dans *Le Scepticisme au XVIe et XVIIe siècle. Le retour des philosophies antiques à l’âge classique,* Albin Michel, tome 2, 2001, lire Nicolas Stricker, « Le sage de Charron : une réévaluation », pp. 164-173. Le même éditeur a également publié *Le Stoïcisme au XVIe et XVIIe siècle,* même sous-titre, tome 1.

*

* *

Les clairs-obscurs de La Mothe Le Vayer. Biographie datée et imprécise de René Kerviler, *François de La Mothe Le Vayer. Précepteur du Duc d’Anjou et de Louis XIV. Etude sur sa vie et sur ses écrits,* Edouard Rouveyre, 1897. Erreur sur la date de naissance, pour commencer ! Approximations diverses : l’important pour l’auteur, lauréat de l’Académie française, consiste à minimiser le libertinage du personnage pour exacerber le côté grand homme précepteur des puissants, académicien, compagnon des diplomates, etc. L’inverse de ce qu’il faut faire...

Préférer les préfaces et introductions de Lionel Leforestier au *Petit Traité sceptique sur cette commune façon de parler : N’avoir pas le sens commun,* Le Cabinet des lettrés, 2003 ; de Philippe Joseph Salazar, *De la patrie et des étrangers et autres petits traités sceptiques,* Desjonquières, 2003. Présentation, chronologie, bibliographie. Et de Jean-Pierre Cavaillé à *L’Antre des nymphes,* la sixième journée de l’*Hexameron rustique,* éd. Anacharsis. A ces textes on ajoutera La Mothe Le Vayer, *Dialogues faits à l’imitation des Anciens,* Corpus, Fayard.

De nombreux articles dans les cahiers *Libertinage et Philosophie* : Jean-Michel Gros, « Le masque du scepticisme chrétien chez La Mothe Le Vayer » ; Sophie Gouverneur, « La Mothe Le Vayer et l’entretien de soi », dans le numéro 5. Egalement : Emmanuel Bury, « Ecriture libertine et sources doxographiques : le cas La Mothe Le Vayer », numéro 6. Et : Nicole Gengoux, « Place et fonction de l’épicurisme dans les *Dialogues faits à l’imitation des Anciens* de La Mothe Le Vayer » ; Sophie Gouverneur, « La Mothe Le Vayer et la politique, ou l’usage libertin du sceptique antique ». Très universitaire...

*

* *

La pyrotechnie Saint-Evremond. Le taoïste bas-normand confirme sa présence en Pléiade (déjà dans *Nouvelles du XVIIe siècle* avec *Le Prophète irlandais*), mais comme philosophe dans le volume second des *Libertins du XVIIe siècle.* Il y apparaît avec les œuvres les plus couramment éditées par ailleurs. L’*œuvre en prose* existe en quatre volumes aux éditions Marcel Didier sous la responsabilité de René Ternois qui fit beaucoup pour son sujet. Longue introduction dans le premier volume. Même responsable, même éditeur, les *Lettres* en deux volumes. Editions vieillottes avec un français non modernisé.

Les éditions rassemblent presque toujours les mêmes textes et diffèrent seulement avec un ou deux ajouts ou retraits. Version marxiste-léniniste, Saint-Evremond, *Textes choisis*, édition d'Alain Niderst pour les Editions sociales : une explication, voire une réduction du philosophe aux accidents de l'histoire du XVIIe siècle. Version libertaire, Jean-Pierre Jackson, *Ecrits philosophiques*, éditions Alive : un parti pris démenti par les textes : Saint-Evremond athée (p. 163)... Une ou deux approximations : une erreur sur les études (droit et non philosophie p. 7), une page dans laquelle il rencontre *probablement* Spinoza (p. 16), une autre où il converse *sûrement* avec lui (p. 21). Version universitaire : Saint-Evremond, *Entretiens sur toutes choses*, Desjonquières – présentation David Bensoussan –, puis, autre livre, *Condé, Turenne et autres figures illustres*, pour le même éditeur – présentation Suzanne Guellouz. Chez Ombres, on lira les *Lettres sur la vieillesse*, qui rassemblent la correspondance avec Ninon de Lenclos, le tout se complète par un texte de Sainte-Beuve qui présente le philosophe comme « un Montaigne adouci »...

Une biographie assez laborieuse, mais détaillée, sauvée par son écriture légère : Claude Taittinger, *Saint-Evremond ou le bon usage des plaisirs*, Perrin. Pas de thèse, des faits. Du moins, si, une thèse : le chef-d'œuvre du philosophe ? Avoir lancé la mode du champagne dans les salons parisiens. Claude Taittinger, patron d'une maison célèbre de vin de Champagne, défend donc son premier voyageur de commerce illustre. De bonne guerre...

Sur l'œuvre, très peu de choses : d'Albert Marie Schmidt, *Saint-Evremond ou l'humaniste impur*, Editions du cavalier, 1932. Je dispose d'une édition avec autographe qui parle d'une « petite biographie spirituelle ». Petite, oui, certainement. L'auteur semble ne pas aimer son sujet plus que ça ; on voit mal ce qui motive ce livre, sinon l'apologétique chrétienne : ah ! si Saint-Evremond avait disposé de la grâce, mais voilà... Dommage que le seul ouvrage consacré à Saint-Evremond sente ainsi l'eau bénite...

La rencontre Spinoza/Saint-Evremond est mystérieuse : a-t-elle eu lieu ? Si oui, quand ? Comment ? Dans quelles circonstances ? En présence de qui ? Les conversations se sont tenues dans quelle langue ? Etc. Débat dans le détail chez Gustave Cohen, *Le Séjour de Saint-Evremond en Hollande et l'Entrée de Spinoza dans le champ de la pensée française*, Honoré Champion, 1926. Une synthèse chez Paul Vernière, *Spinoza et la pensée française avant la Révolution*, PUF, 1954. Rien de neuf depuis cette date sur ce sujet.

Un colloque universitaire (Cerisy, sept. 1998) – avec le meilleur et le pire, comme toujours dans ce genre d'exercice : *Saint-Evremond entre baroque et Lumières*, Presses Universitaires de Caen, sous la direction de Suzanne Guellouz. Saint-Evremond et la musique, et l'opéra, et l'histoire, et la poésie, et la correspondance, et l'honnêteté, et l'histoire romaine, et la dévotion, et la religion naturelle, et Voltaire, et Montaigne, et Ninon, etc. Utile.

Pour envisager l'aspect pyrotechnique de Saint-Evremond, considérer son génie de l'aphorisme, son talent pour les jeux d'eaux baroques dans l'écriture et saisir le rythme et la cadence de sa prose faite pour enchâsser la phrase définitive, se reporter à : *La Pointe ou l'art du génie* de Baltasar Gracián, un contemporain jésuite espagnol. Un monument, un régal de rhétorique, une jubilation langagière avec les ficelles de la conversation ! Traduction Michèle Gendreau-Massaloux et Pierre Laurens, préface de Marc Fumaroli, L'Age d'homme.

A lire, également sous la plume de Marc Fumaroli, dans *Trois Institutions Littéraires*, Folio, le chapitre intitulé « La conversation ». Puis la préface substantielle de Jean Lafond à *Moralistes du XVIIe siècle. De Pibrac à Dufresny*, Bouquins, Laffont, où il est question de la forme brève, de l'aphorisme. On peut aussi regarder Bérengère Parmentier, du moins son livre : *Le Siècle des moralistes*, Points Seuil, quatre pages sur Saint-Evremond, cinq ou six allusions dans le restant du livre...

*
* *

Pierre Gassendi l'oxymorique. Pauvre Gassendi ! L'histoire de la philosophie lui laisse peu de place ! Il faut dire qu'il a un peu gâché son talent a publier plutôt contre que pour – et quand il a choisi la positivité, il l'a fait avec une étrange façon de ne pas se mettre en avant.

Contre : contre Aristote, écrit inachevé de jeunesse : *Dissertations en forme de paradoxes contre les aristotéliciens*, Vrin ; contre Descartes – inutile polémique sur la forme malgré le fond catholique et monarchiste commun... : *Recherches métaphysiques, ou doutes et instances contre la métaphysique de René Descartes et ses réponses*, Vrin. Excellente préface de Bernard Rochot qui réalise également l'édition des *Lettres familières à François Luillier*, Vrin, plus précieuses par la préface, justement, que par le contenu des missives sans grand intérêt philosophique.

Gassendi a joué son destin contre Descartes – et perdu. Pour ce chapitre : François Azouvi, *Descartes et la France. Histoire d'une passion nationale*, Fayard. Où l'on apprend qu'en persécutant Descartes, l'Eglise catholique, apostolique et romaine, bien inspirée, a fait du philosophe l'inventeur, et donc le héraut, de la raison moderne. Voir également la bonne biographie de Geneviève Rodis-Lewis, *Descartes*, Calmann-Lévy.

Pour : Gassendi défend un matérialisme épicurien et chrétien, antinomique donc, car à un moment il faut choisir l'un des deux termes. Il a choisi le christianisme et de la sorte mis le matérialisme dans l'impasse. Dans *Vie et Mœurs d'Epicure*, Alive, 2001, il réhabilite le philosophe grec dans sa vie, son œuvre, ses idées, sa pensée, contre les calomnies chrétiennes. Travail inaugural ayant produit un grand effet dans le XVIIe siècle.

Singulièrement, Gassendi invente la ventriloquie philosophique, car il rédige un *Traité de la philosophie d'Epicure* dans lequel il parle en lieu et place d'Epicure ! Gassendi dit « Je » et il faut entendre, « Moi, Epicure »... Etonnant. De temps en temps, le philosophe chrétien reprend la parole pour corriger chrétiennement le Grec ! Seule la IIIe partie est traduite : *L'Ethique ou la morale*, in *Les Libertins du XVIIe siècle*, Pléiade, tome 1.

Il n'existe pas de biographie de Gassendi. On peut lire ce qui aurait pu en tenir lieu si l'ouvrage de Sylvie Taussig, *Pierre Gassendi (1592-1655). Introduction à la vie savante*, Brepolis, n'était pas un modèle de confusion et de désordre malgré l'abondance d'informations qui s'y trouve. L'auteur, qui ne se remet pas d'avoir fait un travail universitaire sur la présentation des lettres latines de Gassendi, recycle en permanence des informations déjà largement réutilisées dans l'édition de la *Vie d'Epicure* au détriment d'une vision générale ou d'une thèse lisible et claire.

De vieilles choses parues à l'occasion du tricentenaire – déjà la manie commémorative – en 1955 : *Pierre Gassendi. Sa vie et son œuvre*, Centre International de Synthèse, Albin Michel – informations utiles chez Koyré et Antoine Adam. *Tricentenaire de Pierre Gassendi*, Actes du Congrès de Digne, PUF : le meilleur, les mêmes, Koyré, Adam, et le pire, des historiens locaux tout à la célébration de leur gloire départementale.

Plus récemment (1997), *Gassendi et l'Europe*, Vrin, édition de Sylvia Murr. Où l'on découvre l'incroyable rayonnement du philosophe de son vivant dans une quantité de pays européens. Voir aussi « Gassendi et les Gassendistes » in *Libertinage et philosophie au XVIIe siècle*, Publications de l'Université de Saint-Etienne, 2000. Et le numéro 20/21 de la revue *Corpus* : *Bernier et les gassendistes.* Dans ces revues, quelques interventions de Jean-Charles Darmon dont on lira *Philosophie épicurienne et littérature au XVIIe siècle. Etudes sur Gassendi, Cyrano de Bergerac, La Fontaine, Saint-Evremond*, PUF.

*
* *

Le monde en anamorphose de Cyrano. Ma lecture de *L'Autre Monde. Les Etats et Empires de la Lune* puis *Les Etats et Empires du Soleil*, comme roman anamorphosique, a été facilitée par le travail de Jurgis Baltrusaïtis, *Anamorphoses. Les perspectives dépravées, II*, Champ Flammarion. On lira aussi, Cyrano, *Lettres satiriques et amoureuses*, précédées de *Lettres diverses*, Desjonquières. Sur Cyrano, le spécialiste est Jacques Prévot, on lui doit, chez Belin : *Cyrano de Bergerac poète et dramaturge*, puis *Cyrano de Bergerac romancier*, enfin introduction générale à Cyrano de Bergerac, *Œuvres complètes.*

Une ancienne biographie a servi de modèle à presque toutes celles qui suivent, normal. Il s'agit de Pierre-Antoine Brun, *Savinien de Cyrano de Bergerac*, Slatkine. On préférera Michel Cardoze, *Cyrano de Bergerac 1619-1655 : libertin libertaire*, Maisonneuve et Larose, 1996. Sur ses idées, Olivier Bloch, *Matière à histoires*, Vrin, voir le chapitre intitulé « Cyrano de Bergerac et la philosophie », pp. 225 à 239.

*
* *

Spinoza, la star philosophique du XVIIe siècle. Le « Prince des philosophes » – tradition reprise même par Deleuze... – fait basculer le Grand Siècle vers le génie du siècle des Lumières. Sur sa biographie : soit on se contente des deux brefs textes intégrés dans l'édition de la Pléiade, *Œuvres complètes* : *La vie de B. de Spinoza* par Jean Colerus et *La vie de Spinoza par un de ses disciples*, en l'occurrence le médecin Lucas de La Haye ; soit on lit Steven Nadler, *Spinoza*, Bayard. Mais cette grosse biographie est surtout celle des à-côtés : être juif au XVIIe, habiter Amsterdam à l'époque, commercer avec les Pays-Bas dans ce temps-là, ce que signifie être marrane au Grand Siècle, et autres digressions pas toujours utiles pour saisir la pensée du philosophe. Pour le contexte religieux juif de l'époque, voir l'édition faite par Daniel Bensaïd du livre d'Uriel Da Costa, *Images d'une vie humaine*, Arc-en-Ciel. Bensaïd affirme que Spinoza était présent le jour où Da Costa a subi le fouet sur décision de la synagogue d'Amsterdam. Pour sa part, Nadler affirme l'événement impossible, et le prouve....

Il existe une édition numérique avec entrées multiples et présentations intelligentes de la géométrie et de l'architecture de l'*Ethique*, avec renvois internes, versions et traductions multiples, fichiers statistiques, version souterraine à partir d'une idée de Deleuze (le DVD lui est d'ailleurs dédié) qui permet de lire le livre du point de vue des scolies, et tout l'appareillage numérique utile pour naviguer dans le livre : résultats surprenants, passionnants : *Lire l*'Ethique *de Spinoza*, Phronésis. Maître d'œuvre, Bruno Picot.

La bibliographie spinoziste est considérable. Laissons de côté les références aux textes politiques. Deux livres d'introduction : Alain, *Spinoza*, Idées Gallimard, clair, professoral, concis, dense, va à l'essentiel. Gilles Deleuze, *Spinoza. Philosophie pratique*, éditions de Minuit : un beau texte sur la vie du philosophe – par un autre philosophe qui, pourtant, n'a jamais caché son mépris pour la biographie... –, défini comme un « Grand Vivant », superbe expression. Son *Spinoza ou le problème de l'expression*, éditions de Minuit, a tous les défauts de Deleuze, autrement dit toutes ses qualités : Deleuze *deleuzise* Spinoza, comme il cannibalise les philosophes auxquels il touche – Kant, Bergson, Hume ou Nietzsche –, mais c'est la loi du genre.

Aux antipodes, lecteur extrêmement fidèle et scrupuleux, on lira avec bénéfice Robert Misrahi, spinoziste de toujours, et son *L'Etre et la Joie*, Encre marine. L'ouvrage rassemble nombre d'interventions sur ce sujet – préface, contribution à des ouvrages collectifs, colloques, notices d'encyclopédie, etc. – parfois des répétitions, mais jamais gênantes. Lire également, du même auteur, *Le Corps et l'Esprit dans la philosophie de Spinoza*, Les Empêcheurs de penser en rond. Cette difficile question est très clairement traitée et résolue.

Paul Vernière a rédigé une somme avec *Spinoza et la Pensée française avant la Révolution*, PUF. On y apprend comment la pensée du philosophe hollandais pénètre la France, avec qui, par quel canal, les effets qu'elle produit dans les manuscrits clandestins qui circulent sous le manteau et produisent un réel effet sur la pensée de l'époque. Une seconde partie examine les rapports que les philosophes du siècle des Lumières entretiennent avec Spinoza. Un travail considérable.

Une somme récemment parue : Jonathan Irvine Israel, *Les Lumières radicales : la philosophie, Spinoza et la naissance de la modernité (1650-1750)*, éd. Amsterdam. Le livre tient absolument à montrer que toutes les Lumières tiennent leur génie d'une lecture de Spinoza, ce qui est exagéré, mais la démonstration permet sur plusieurs centaines de pages d'assister à une belle fresque de cette époque et de suivre les méandres de la diffusion de la pensée du philosophe hollandais en Europe.

*
* *

L'esprit du temps. Pour l'esprit du temps, voir Tallemant des Réaux, *Historiettes*, Pléiade, tomes 1 et 2. Le premier volume des *Mémoires* de Saint-Simon, Pléiade. Egalement : *Romanciers du XVII*[e] *siècle*, Pléiade. Les frasques des libertins, les omelettes au lard le vendredi saint, les mariages de chiens, les cadavres déterrés, les clystères administrés aux nonnes, les curés pris à partie et autres gaudrioles philosophiques se trouvent là, dans ces textes. Difficile à trouver, mais intéressant, *Voyage de Chapelle et Bachaumont, suivi de leurs poésies diverses*, Paris, 1826. Les poètes libertins – Théophile de Viau, Vauquelin des Yvetaux, Saint-Amant, Des Barreaux, etc. : un choix de leurs textes dans la Pléiade, *Libertins*, tome 2. On ajoutera *L'Ecole des filles*, un texte anonyme montrant ce que peut être l'érotisme solaire en exact contrepoint à sa version nocturne sadienne...

*
* *

Avant la mort de Dieu. Le XVIIe siècle n'est pas athée, contrairement aux nombreux présupposés de la poignée d'universitaires qui travaille sur cette époque, mais il prépare la mort de Dieu. Pour s'en rendre compte, lire cet étrange et sublime texte de Cristovao Ferreira que la fatuité d'un universitaire prive de son nom sur la couverture de *La Supercherie dévoilée*, sous-titré *Une réfutation du catholicisme au Japon au XVII*[e] *siècle*, chez Chandeigne. Le préfacier Jacques Proust a en effet effacé le nom du jésuite portugais (qui réfute admirablement le christianisme en 1637, l'année du *Discours de la méthode*), pour y étaler le sien, comme s'il était l'auteur du fameux livre ! Cet admirable déconstructeur du christianisme méritait mieux que cet autodafé de faculté...

Theophrastus redivivus est partiellement accessible – le VIe traité seulement... – dans l'édition des *Libertins* en Pléiade, tome II. Le *Traité des trois imposteurs. Moïse, Jésus, Mahomet* existe chez Max Milo éditeur. Il est également titré *L'Esprit de Spinoza.* Une autre édition, établie par Raoul Vaneigem, qui la préface, chez Rivages : *L'Art de ne croire en rien,* suivi du *Livre des trois imposteurs.*

1541 : naissance de Pierre Charron.
1588 : (août) naissance de La Mothe Le Vayer.
1592 : mort de Montaigne, naissance de Gassendi.
1594 : *Le Proumenoir de Monsieur de Montaigne*, Marie de Gournay.

1596 : naissance de Descartes.

De 1588 à 1669 : trente-quatre éditions des *Essais*.

1600 : Giordano Bruno brûlé par l'Eglise à Rome.

1601 : (30 juin) *De la sagesse*, Pierre Charron
1603 : condamnation et (1606) mise à l'index de *De la sagesse*.
1603 : (16 novembre) mort de Charron.

1608 : François de Sales, Introduction à la vie dévote

1610 : assassinat d'Henri IV

1613 : naissance de Saint-Evremond.

1615 : *Amphithéâtre de l'éternelle providence*, Vanini.

1616 : premier procès de Galilée.
1619 : supplice et mort de Vanini à Toulouse.

1619 : (6 mars) naissance de Cyrano de Bergerac.

1622 : *Egalité des hommes et des femmes*, Marie de Gournay.

1623 : naissance de Blaise Pascal.

1623 : arrestation et emprisonnement du poète Théophile.

1624 : *Dissertations en forme de paradoxes contre les aristotéliciens*, Gassendi.

1627 : (27 sept.) naissance de Bossuet.

1630 : *Quatre Dialogues faits à l'imitation des Anciens*, La Mothe Le Vayer.

1632 : (24 nov.) naissance de Spinoza.

1632 Garasse, La Doctrine curieuse.

1633 : second procès de Galilée.

1637 : Cristovao Ferreira, *La Supercherie dévoilée*

1637 : Discours de la méthode, *Descartes.*

1638 : naissance de Malebranche

1638 : répression de la révolte des va-nu-pieds en Normandie.

1640 : Augustinus, *Jansénius.*

1641 : Méditations métaphysiques, *Descartes.*

1642 : *De la vertu des païens*, La Mothe Le Vayer.

1643 : Saint-Evremond, *Œuvres*, dont *Sur la morale d'Epicure.*

1643 : *Opuscules et Petits Traités*, La Mothe Le Vayer.

1644 : Principes de la philosophie, *Descartes.*

1644 : Marie de Gournay lègue ses papiers et sa bibliothèque, partiellement celle de Montaigne, à François de La Mothe Le Vayer.

1644 : Gassendi, *Discussion métaphysique contre Descartes.*

1645 : mort de Marie de Gournay.

Vers 1645 : *Traité des trois imposteurs.*

1646 : naissance de Leibniz.

1647 : *Vie et mort d'Epicure*, Gassendi.

Vers 1647 : *Sur les plaisirs,* de Saint-Evremond.

1649 : Gassendi, *Traité de la philosophie d'Epicure.*

1649 : Les Passions de l'âme, *Descartes.*

1650 : mort de Descartes.
1654 : conversion de Pascal.

1655 : (22 janv.) mort de Gassendi et (28 juillet) de Cyrano de Bergerac.

1657 : naissance de Fontenelle.
1657 : Cyrano de Bergerac, *Histoire comique des Etats et Empires de la Lune.*

1656-1757 : Les Provinciales, *Pascal.*

Vers 1659 : *Theophrastus redivivus.*

1662 : *Histoire comique des Etats et Empires du Soleil* , Cyrano de Bergerac.

1662 : mort de Pascal.

1663 : Descartes à l'index.

1664 : (15 juin) naissance de Jean Meslier.

1670 : *Tractatus theologico-politicus*, Spinoza.
1670 : *Soliloques sceptiques* et *Hexameron rustique,* de La Mothe Le Vayer.
1672 : mort de La Mothe Le Vayer.

1670 : Pensées, *Pascal.*

1676 : Les *Essais* mis à l'Index.
1677 : (21 fév.) mort de Spinoza, parution de l'*Ethique*.

1681 : Discours sur l'histoire universelle, *Bossuet.*
1683 : Malebranche, Méditations chrétiennes *et* Traité de morale.

1685 : révocation de l'édit de Nantes.
1685 : Code Noir.

1685 : naissance de Berkeley.

1686 : Fontenelle, *Entretiens sur la pluralité des mondes.*

1687 : Fénelon, Traité de l'éducation des filles.
1688 : Malebranche, Entretiens sur la métaphysique.

1691 : Albert Baillet, Vie de Monsieur Descartes.

LA CONSTELLATION HÉDONISTE

1703 : (9 sept.) mort de Saint-Evremond.

1705 : Colerus, *Vie de Spinoza.*

1709 : naissance de La Mettrie.

1718/1729 : écriture des *Mémoires* de l'abbé Meslier.
1729 : (28 ou 29 juin) mort de Jean Meslier.

LA CONSTELLATION IDÉALISTE

1695 : Leibniz, Système nouveau de la nature.
1697 : Malebranche, Traité de l'amour de Dieu.

1704 : (12 avril) mort de Bossuet.

1708 : Malebranche, Entretiens d'un philosophe chrétien et d'un philosophe chinois.

1710 : Leibniz, Théodicée.
1710 : Berkeley, Principes de la connaissance humaine.
1713 : Fénelon, Démonstration de l'existence de Dieu.
1714 : Leibniz, Monadologie.
1715 : mort de Malebranche.
1717 : mort de Leibniz.

INDEX

V – Modernes

VI – Ouvrages cités

DU MÊME AUTEUR

PHYSIOLOGIE DE GEORGES PALANTE, *Portrait d'un nietzschéen de gauche*, Grasset, 2002.
LE VENTRE DES PHILOSOPHES, *Critique de la raison diététique*, Grasset, 1989. LGF, 1990.
CYNISMES, *Portrait du philosophe en chien*, Grasset, 1990. LGF.
L'ART DE JOUIR, *Pour un matérialisme hédoniste*, Grasset, 1991. LGF, 1994.
L'ŒIL NOMADE, *La peinture de Jacques Pasquier*, Folle Avoine, 1993.
LA SCULPTURE DE SOI, *La morale esthétique*, Grasset, 1993 (Prix Médicis de l'essai). LGF, 1996.
ARS MORIENDI, *Cent petits tableaux sur les avantages et les inconvénients de la mort*, Folle Avoine, 1994.
LA RAISON GOURMANDE, *Philosophie du goût*, Grasset, 1995. LGF, 1997.
MÉTAPHYSIQUE DES RUINES, *La peinture de Monsu Desiderio*, Mollat, 1995.
LES FORMES DU TEMPS, *Théorie du sauternes*, Mollat, 1996.
POLITIQUE DU REBELLE, *Traité de résistance et d'insoumission*, Grasset, 1997. LGF, 1999.
A CÔTÉ DU DÉSIR D'ÉTERNITÉ, *Fragments d'Egypte*, Mollat, 1998.
THÉORIE DU CORPS AMOUREUX, *Pour une érotique solaire*, Grasset, 2000. LGF, 2001.
ANTIMANUEL DE PHILOSOPHIE, *Leçons socratiques et alternatives*, Bréal, 2001.
ESTHÉTIQUE DU PÔLE NORD, *Stèles hyperboréennes*, Grasset, 2002, LGF, 2004.
L'INVENTION DU PLAISIR, *Fragments cyrénaïques*, LGF, 2002.
CÉLÉBRATION DU GÉNIE COLÉRIQUE, *Tombeau de Pierre Bourdieu*, Galilée, 2002.
SPLENDEUR DE LA CATASTROPHE, *La peinture de Vladimir Vélikovic*, Galilée, 2002.
LES ICÔNES PAÏENNES, *Variations sur Ernest Pignon-Ernest*, Galilée, 2003.
ARCHÉOLOGIE DU PRÉSENT, *Manifeste pour l'art contemporain*, Grasset-Adam Biro, 2003
FÉERIES ANATOMIQUES. *Généalogie du corps faustien*, Grasset, 2003, LGF, 2004.
EPIPHANIE DE LA SÉPARATION, *La peinture de Gilles Aillaud*, Galilée, 2004.
LA COMMUNAUTÉ PHILOSOPHIQUE, *Manifeste pour l'Université populaire*, Galilée, 2004.
TRAITÉ D'ATHÉOLOGIE. *Physique de la métaphysique*, Grasset, 2005.
LA PUISSANCE D'EXISTER, *Manifeste hédoniste*, Grasset, 2006.
THÉORIE DU VOYAGE, *Poétique de la géographie*, Biblio Essais, 2006.
SUITE À LA COMMUNAUTE PHILOSOPHIQUE, Galilée, 2006.
TRACES DE FEUX FURIEUX, *La Philosophie féroce*, tome 2, Galilée, 2006.

Journal hédoniste :
I. LE DÉSIR D'ÊTRE UN VOLCAN, Grasset, 1996. LGF, 1998.
II. LES VERTUS DE LA FOUDRE, Grasset, 1998. LGF, 2000.
III. L'ARCHIPEL DES COMÈTES, Grasset, 2001. LGF, 2002.
IV. LA LUEUR DES ORAGES DÉSIRÉS (à paraître chez Grasset).

Cet ouvrage a été imprimé par

FIRMIN DIDOT

GROUPE CPI

Mesnil-sur-l'Estrée

pour le compte des Éditions Grasset
en avril 2007

Imprimé en France
Dépôt légal : avril 2007
N° d'édition : 14816 - N° d'impression : 84502